KB069672

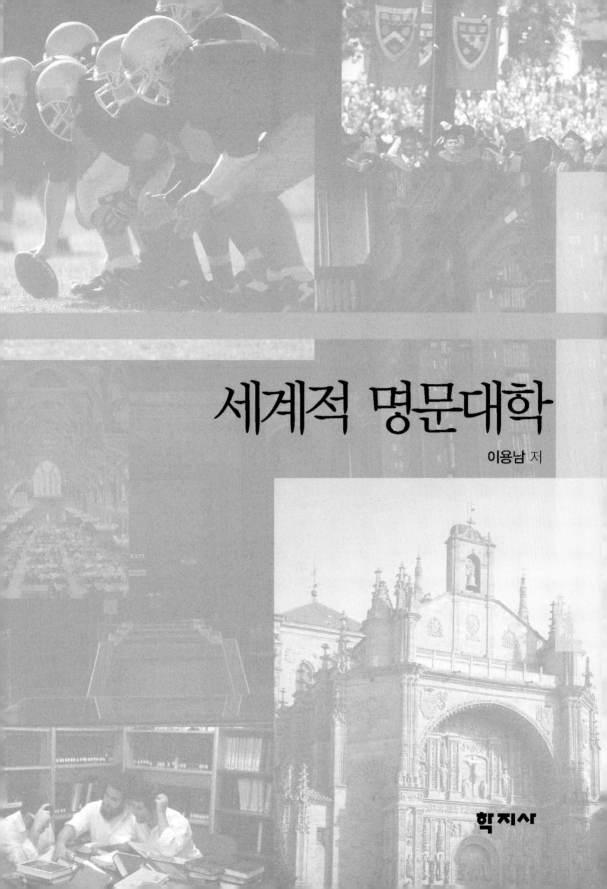

세계적 명문대학

이용남 저

학지사

학문의 세계에서도 악화는 양화를 구축한다.

유유상종, 좋은 말이다.

그러나 학문계에서는 가끔 독이 되기도 한다.

분석이 만연한 시대에 때로는 종합도 필요하다.

요즈음 우리나라에서는 소위 각 분야의 국제화, 세계화 또는 글로벌 시대를 맞이하여 교육도 이를 지향하고 있다. 그런데 대학교육의 경우 국제화, 세계화, 글로벌화를 지향한다고는 해도, 대부분 미국 대학들과의 관계에 편향되어 있는 것이 사실이다. 실제로 학생들의 유학 및 교류나 교수들의 방문, 파견, 초빙, 스카우트 등은 대체로 미국 대학과 이루어진다. 이는 실제 세계 대학 평가에서 미국의 대학이 상위권에 대다수 포진해 있다는 것에 기인한 현상일 것이다. 세계 3대 대학 평가 전문기관인 영국의 QS(Quacquarelli Symonds) 사의 세계 대학 순위, 영국의 *The Times*의 고등교육 세계 대학 순위, 그리고 중국의 상하이 교통대학의 세계 대학 학문순위, QS 사와 함께 미국의 대학들을 평가하는 *US News & World Report*의 보도를 보더라도, 미국의 대학들이 세계적인 명문대학의 상위권을 독차지하고 있다. 한 가지 예로, 최근 상하이 교통대학의 평가 결과 세계 대학 학문순위를 보면, 상위 45개 대학 중에서 30개 이상이 미국의 대학이다.

그런데 19세기 말까지만 해도, 미국의 대학들은 그들보다 역사가 훨씬 더 깊고 또 그들이 모방하려고 했던 유럽의 대학들을 따라가지 못했다. 그래서 미국의 대학생들은 졸업 후 유럽의 대학원으로 유학을 가는 것이

꿈이었고, 또한 이것이 대세였다. 그런데 20세기에 들어와 그 흐름이 역전되어 지금은 세계적인 학문의 주도권을 미국의 대학들이 쥐고 있다고 해도 과언이 아니다. 그렇다면 도대체 어떻게 그런 일이 가능해졌을까?

미국의 명문대학이란 어느 대학들을 말하는가? 이런 질문이 제기되면, 우리는 소위 아이비리그에 속하는 하버드(Harvard)나 예일(Yale) 대학, 그 외에 매사추세츠 공대(MIT)나 스탠퍼드(Stanford) 대학 정도를 거명하기 십상이다. 물론 이 대학들은 학문적으로 명문 중의 명문이고, 또 전 세계적으로도 잘 알려져 있다. 그러면 그 대학들은 어떻게 세계적인 명문대학이 되었는가? 또 그 대학에 있는 모든 학과가 다 세계적인 수준인가? 그 외에 다른 명문대학들이 미국에는 더 이상 없는가? 그리고 아이비리그란 무엇이고, 왜 미국의 대학들은 무슨 리그나 컨퍼런스에 속하는지를 중요하게 따지는가? 만일 아이비리그가 동부 사립 명문 8대학 스포츠 리그라면, 하버드나 예일 대학은 스포츠에서도 두각을 보이는가? 또 아이비리그에 속하는 다트머스(Dartmouth) 대학은 왜 미국과 캐나다의 최고 연구중심 명문대학들이 모여 만든 단체라고 알려진 미국 대학협의회 AAU(Association of American Universities)의 멤버가 아닌가? 도대체 AAU란 무엇인가? 하버드 공대는 '하버드'라는 대학의 명성에 걸맞은 수준일까? MIT에도 의대와 법대가 있을까?

필자는 교육학을 전공하고 미국에서 유학생활도 했지만 이런 문제들에 대해 깊이 있게 생각해 보지는 않았기에 책을 쓸 생각은 전혀 없었다. 그런데 얼마 전 필자가 전남대학교 대학원장 겸 전국대학원장협의회 회장을 지내면서 이런 문제들에 대해 생각해 볼 기회를 가지게 되었다. 필자가 각 대학에서 국제교류나 대학원 업무를 담당하는 인사들을 만나 본 결과, 의외로 사람들이 명문대학에 대해 잘 아는 것 같아도 미처 알지 못하는 부분이 있다는 사실을 발견하였다. 더구나 하버드나 예일 대학의 경우는 워낙 유명한 대학이라 유학을 다녀온 사람들이나 관심 있는 사람들이 쓴 심층적인 보고서나 안내서도 많지만, 그 외의 대학들에 대해서는 사람들이 생각보다는 잘 모르고 있는 것 같았다.

그런데 하버드나 예일 대학에도 학과나 전공에 따라 그 대학의 전체적인 명성에 한참 뒤지는 곳이 있고, 또 우리가 잘 모르고 이름도 생소한 명문대학도 많이 있다. 연구중심 대학의 하나인 케이스 웨스턴 리저브(Case Western Reserve) 대학이나 브랜다이스(Brandeis) 대학에 대해 들어본 적이 있는가? 아니면 학부중심 명문 인문대학인 윌리엄스(Williams) 대학이나 애머스트(Amherst) 대학에 대해서는 어느 정도나 아는가?

또한 필자가 만나 본 사람들 중 명문대학에 유학을 다녀온 많은 사람들은 자신이 다녔던 대학, 학과 또는 전공과 관련해서는 대체로 잘 알고 있었으나, 미국 대학 전체에 대한 큰 그림을 그리고 있는 경우는 별로 없었다. 더구나 국가 간의 두뇌전쟁이 더욱 치열해진 21세기를 맞아 대학

교육도 이제는 학부중심에서 대학원중심으로 그 축이 옮겨 가는 것을 감지하는 사람들은 별로 많은 것 같지 않았다. 이제 21세기 대학원의 시대를 맞아, 미국의 명문대학들은 연구중심, 즉 대학원중심으로 바뀌어 가고 있다. 이에 어떤 대학에서는 대학원생들이 학부생보다 더 많은 현상이 나타나고 있는 실정이다. 따라서 필자는 이에 대해 간략하게나마 종합적인 안내를 할 필요가 있다고 느껴 천학비재(淺學菲才)를 무릅쓰고 감히 이 책을 세상에 내놓게 되었다.

이 책에서는 먼저 대학의 역사를 간단하게 다룬다. 우선 중세 유럽에서 대학이 생겨난 배경과 그 발달과정, 그리고 최근 유럽의 연구중심 명문대학들의 단체와 그 소속 대학들에 대해 언급한다. 그다음 대학의 주도권이 미국으로 넘어간 배경과 미국의 연구중심 명문대학들의 발달과정을 다룬다. 그리고 나서 캐나다, 호주, 일본, 중국 등 우리와 교류가 비교적 많은 나라들의 연구중심 대학들에 대해서도 소개한다.

그러나 이 책의 초점은 우선 미국의 명문대학들에 맞춰져 있다. 그래서 미국의 연구중심 명문대학들의 단체 AAU의 멤버인 62개 대학들(캐나다 소재 2개 대학 포함)을 중심으로 다룬다. 이 책에서는 간단하게나마 각 대학별 두각을 나타내는 전공영역과 그 대학 출신의 저명인사를 소개한다. 그리고 나서 각 대학의 소재지, 설립연도, 유형, 미국 내 및 세계 대학 순위, 재산 및 연구비, 학부생과 대학원생 및 교수의 수, 그리고 세계적으로 유명한 학술상의 수상자 수 등을 간단하게 정리된 표로 제시한다.

이 책은 또한 다른 나라와는 달리 특히 미국 대학에서 중요한 비중을 차지하고 있는 스포츠를 중심으로 형성된 명문대학들의 컨퍼런스에 대해서도 다룬다. 물론 예외도 있지만, 미국의 명문대학들은 대체로 스포츠를 중심으로 컨퍼런스나 리그를 결성하여 서로 결속되어 있기 때문이다. 여기에서는 미국 대학에서 스포츠의 위상, 주요 컨퍼런스의 변천사, 그리고 주요 컨퍼런스 및 리그와 그에 속한 대학들의 그간의 성적에 대해서도 안내한다.

이 책의 나머지 부분에서는 먼저 세계 400대 명문대학과 아시아 100대 명문대학을 소개하였다. 그러고 나서 미국의 100대 명문 종합대학과 100대 명문 인문대학 명단을 실었다. 마지막으로 미국의 전공별 명문대학원들을 실었다. 이는 *US News & World Report*의 2012년 세계 대학 평가결과, QS의 세계 대학 평가결과, 그리고 조선일보의 아시아 대학 평가결과를 중심으로 그 외 여러 다른 자료들도 참고하여 선정하였다. 그러나 순위라는 것은 해마다 바뀌므로 여기에서는 A, B, C, D 등 집단으로 묶어 제시하였다. 다음으로 각 대학에 관한 정보는 참고문헌과 해당 대학의 홈페이지 및 소개 책자, 인터넷 등에 소개된 정보를 토대로 하여 정리하였다.

그러나 우리가 유념해야 할 한 가지 사실은 국내외 각 언론기관이나 대학 평가기관들이 대학에 대해 매기는 순위란 어디까지나 참고사항이지 크게 유념할 바는 못 된다는 것이다. 각 언론기관이나 대학 평가기관들은 해마다 대체로 10개 내외의 기준으로 여론의 반향을 일으키고 독자들의 구미에 맞도록 대학들을 자기 식대로 평가하고 순위를 정해 발표하는 것이지, 객관적으로 인정받은 기준에 따라 엄정하게 평가하는 것은 아니다. 그렇지만 완전히 무시할 것도 아니다. 따라서 그러한 것들은 명문대학에 대한 대체적인 윤곽을 그리는 데는 어느 정도 도움이 될 것이다.

아무쪼록 이 책이 우리나라 학생, 교수 및 대학들의 해외 유학 및 방문, 파견, 초빙, 스카우트 등 교류의 폭을 넓혀, 우리나라 전체 대학들의 학문의 다양성과 수준 향상에 조금이라도 기여하기를 바라는 마음 간절하다. 아무리 우리나라 대학들이 국제화, 세계화, 글로벌화를 지향한다고는 해도, 어떤 기준도 없이 아무 대학이나 비싼 비용을 들여 인재의 교류를 추진한다는 것은 재고의 여지가 있다고 생각되기 때문이다. 최고의 명문대학이어야만 도움된다는 것은 아니지만, 적어도 그 결과가 대학과 학생의 이력이나 경력에도 실질적인 도움이 되도록 하기 위함이다.

그리고 독자 여러분에게 미리 양해를 구하는 바, 이 책에는 많은 통계자료가 제시되는데, 특히 학생 수나 대학의 재산 등은 출처나 회계연도에 따라 같은 대학이라도 표 간에 약간 차이가 있다는 점이다. 또한 이 책에서는 미국의 대학들을 중점적으로 다루고 유럽이나 아시아의 명문대학들에 대한 자세한 서술은 다음 기회로 미루기로 한다. 마지막으로 출

판계의 어려운 사정에도 불구하고 이 책의 출판을 흔쾌하게 허락하신 학
지사 김진환 사장님과 정승철 부장님, 그리고 이 책을 만드는 데 수고를
아끼지 않은 이호선 선생님을 비롯한 관계된 모든 분에게도 깊은 감사를
드리는 바다.

2013년 11월

저자 이용남 지(識)

차례

대학의 역사

1. 대학의 의미

1) 동양적 의미

우리에게 있어서 대학(大學), 즉 큰 배움이라 하면 두 가지 의미가 있다. 하나는 고대 중국의 사서, 즉 『논어』 『맹자』 『대학』 『중용』 중의 하나다. 또 하나는 고등교육을 담당하는 기관의 이름이다. 먼저, 전자는 고대 중국의 5경인 『시경』 『서경』 『역경(주역)』 『춘추』 『예기』 중, 송나라 주희(주자)가 『예기』의 특정 부분을 분리해 『대학』과 『중용』으로 명명한 데서 연유한다. 『대학』은 『예기』 전체 49개 장 중의 하나인 42장에 해당되는 부분이다. 주자는 『대학』을 '대인의 학(大人之學)', 즉 군자의 학문이라 하였다. 이는 '경(經)' 1장과 '전(傳)' 10장으로 구성되어 있는데, 전자는 공자의 말씀을 증자가 기술한 것이라고 하고, 후자는 증자의 생각을 그의 문인(대체로 자사로 추정함)이 기술한 것으로 전해진다.

그런데 『대학』의 '경'에 나타난 대의는 대체로 3강령 8조목에서 찾아

볼 수 있다고 한다. 여기에서 '강령'이란 '으뜸이 되는 큰 줄기'를 말하고, '조목'이란 '구체적인 부분'을 말한다. 먼저『대학』의 3강령은 밝은 덕을 밝혀(明明德), 백성을 거듭나게 하며(親民 또는 新民), 지극한 선(至善)에 이르게 하는 것이다. 그리고 8조목은 사물의 이치를 궁리하면(格物), 참다운 앎에 이르고(致知), 뜻이 성실하면(誠意), 마음이 바르게(正心) 되며, 자기를 잘 닦고(修身), 가정을 잘 다스리면(齊家), 나라를 잘 다스리게 되고(治國), 드디어 천하를 태평하게(平天下) 한다는 뜻이다. 그런데 오늘날 대학교육을 받은 사람들 중 이러한 깊은 뜻을 새기고 대학에 입문하거나 대학을 떠날 때라도 이러한 뜻을 이루는 사람이 얼마나 될 것인가? 이는 서양의 문헌에서는 어디에서도 찾을 수 없는 부분이다.

'고등교육 담당기관'이라는 대학의 또 다른 의미는 고대 중국의 태학 (太學)에서 온 것으로, 이는『대학』을 가르치는 곳이라는 의미였다. 태학은 고대 중국의 주나라 때부터 있었다는 설과 한나라 무제 때 동중서의 건의에 의해 세워졌다는 설이 있다. 아무튼 우리나라 고대 고구려 소수림왕 때에도 이를 받아들여 같은 이름의 고등교육기관이 존재하였다.

2) 서양적 의미

오늘날 '대학'은 영어로 'university' 또는 'college'라고 한다. 그리고 서양의 많은 나라에서 대학을 지칭하는 용어의 어원은 이와 관련이 있다. 그런데 이 두 단어의 어원과 사용에는 약간 미묘한 차이가 있다. 대학을 'university'라고 하는 것은 대학이 교수와 학생들의 조합 또는 공동체 (universitas magistrorum et scholarium)라는 데서 연유한다. 즉, 원래 이 단어는 중세 때 교수나 학생들의 이익을 지키기 위한 조합(guild)인 우니베르시타스(universitas)에서 유래하였다. 이에 비해 'college'는 콜레기움(collegium)에서 유래하였다. 콜레기움은 원래 학생들의 기숙사인 '학료'를 지칭하는 것이었다가 훗날 대학교육의 중심지가 된 것이다. 아무튼 지금은 'university'나 'college'는 대학을 가리키는 용어로 정착되었는데, 그러기 전에는 지중해 지방에서는 대학을 스투디움 게네랄레(studium generale, 여러 나라에서 모인 학생들의 공부 장소)로, 그리고 북유럽에서는 아카데미(academy)라는 용어를 더 선호하였다.

그렇지만 구어체에서는 보통 대학을 가리킬 때 'university'보다는 'college'를 주로 사용한다. 예를 들면, '대학에 다닌다.'는 'go to college'라고 하지, 'go to university'라고 하면 어딘가 어색하여 보통 사용하지 않는다. 후자는 구체적으로 대학명에 'university'가 붙는 경우에 사용하는 것이 일반적이다. 예를 들면, 하버드 대학에 다닌다는 것은 'go to Harvard University'라고 한다. 그런데 구어체로 대학을 가리킬 때도 독일에서는 대학을 흔히 'uni'라 하고, 뉴질랜드나 남아프리카에서는 'varsity'를 더 즐겨 사용한다.

최근 미국에서는 대체로 'university'는 종합대학을 지칭할 때, 그리고 college는 단과대학을 지칭할 때 많이 사용한다. 그러나 미국에는 종합대학 중에서도 여전히 대학 명칭에 'college'를 붙인 경우가 있다. 예를 들면, 다트머스 대학(Dartmouth College), 보스턴 대학(Boston College), 윌리엄 앤 매리 대학(The College of William & Mary)의 경우가 그렇다. 그러나 미국에 있는 또 다른 보스턴 대학(Boston University)은 'university'를 붙이는데, 둘은 서로 완전히 다른 종합대학이다. 그리고 미국에는 단과대학 성격을 띤 인문대학 중에서도 'university'를 붙인 경우가 있다. 예를 들면, 웨슬리언 대학(Wesleyan University)의 경우가 그렇다. 그런데 우리나라에서는 신학대학이나 교육대학처럼 단과대학의 성격을 갖는 경우도 거의 모두 영어로 자기 대학을 명명하는 경우는 'university'를 붙인다.

한편, 영국이나 미국의 특정 주에서는 대학 이름에 'university'를 사용

할 때, 이를 엄격하게 제한하는 경우도 있다. 예를 들면, 미국의 매사추세츠(Massachusetts) 주에서는 박사학위를 2개 이상을 수여하는 대학의 경우에만 명칭에 'university'를 붙일 수 있다. 그리고 영국에서는 이를 허용하는 인가 위원회(Privy Council)에서 인가를 해야 대학 명칭에 'university'를 붙일 수 있다.

한편, 영국이나 프랑스에서는 'university' 또는 'université(위니베르시테)'는 어떤 지역에 있는 대학 전체를 통틀어 지칭하는 경우에 주로 사용한다. 예를 들면, 옥스퍼드 대학은 그곳에 있는 38개 'college'와 6개의 'hall' 전체를, 그리고 케임브리지 대학은 그곳에 있는 31개 대학 전체를, 또 런던 대학은 그곳에 있는 18개 대학과 10개의 'institute' 전체를 통칭하여 지칭할 때 사용한다. 그리고 파리 대학은 파리 시에 있는 13개 대학 전체를 말한다. 그런데 영국 'university' 내의 각 'college'는 각자 독자적으로 운영되는 서로 독립된 대학이다. 예를 들면, 케임브리지 내의 킹 대학(King's College)이나 로빈슨 대학(Robinson College)은 서로 전혀 다른 대학이라고 할 수 있다. 또 영국에서는 각 대학 명칭에 'college' 대신 'house' 'hall' 또는 'institute'를 붙이기도 한다. 그리고 영국을 비롯한 영연방 국가에서는 고등학교에도 'college'를 붙이는 경우가 있고, 프랑스에서는 우리나라의 중학교에 해당되는 학교에 'college'를 붙이기도 한다.

오래전 캘리포니아 대학(University of California, Cal-Berkeley) 총장을 지낸 커(Kerr)는 현대의 종합대학을 지칭하는 경우 'university' 대신 'multiversity'를 사용해야 한다고 제안한 적이 있다. 이는 대학의 기능이나 역할이 한 가지(uni)가 아니라 여러 가지(multi)라는 발상에서 비롯된 것이라고 할 수 있다. 그러나 대학의 기능이나 역할이 다양해졌다고는 해도, 세계 각 국의 종합대학들 중 'multiversity'를 사용하는 대학은 아직 없다.

2. 유럽의 대학

1) 대학의 기원

대학의 기원은 고대 동양이나 서양에서 모두 찾아 볼 수 있다. 동양의 경우 앞에서 언급하였듯이, 고대 중국에는 태학(太學)이라는 고등교육기관이 있었다. 이는 오랫동안 명칭은 조금씩 변했지만, 주변국들에 많은 영향을 주었다. 그러나 현재 동양 여러 나라에 설립되어 운영되고 있는 대학들과는 직접적인 관련이 없다.

서양의 경우는 고대 헬라스(Hellas), 즉 그리스에 플라톤(Plato)이 세운 아카데미아(Academia)가 대학의 효시라 할 수 있는데, 이는 그 후 약 1,000년간 지속되었고 유럽의 여러 나라에 영향을 주었을 뿐 아니라 지금까지도 중등 및 고등교육기관의 명칭에 그 잔영이 남아 있는 경우가 많다. 그리고 그의 제자였던 아리스토텔레스(Aristoteles)가 세운 리케이온(Lykeion)도 이 시기 대학의 하나다. 그러나 이 명칭은 오늘날 프랑스의 고등학교인 리세(lycée)에 그 잔영이 남아 있을 뿐, 대학 명칭에는 남아 있지 않다. 그런데 엄격하게 말해서, 이 고등교육기관들을 오늘날과 같은 형태의 대학의 원형이라고 하기는 어렵다. 왜냐하면 이 기관들이 고등교육기관으로서 상당히 오랫동안 지속되었고, 또 서양 각 나라에 많은 영향을 미쳤지만, 오늘날의 대학과 직접적인 연계성은 없기 때문이다.

현재 전 세계적으로 널리 퍼져서 융성하고 있는 대학들의 효시는 중세로 거슬러 올라가는 것이 역사학계의 정설이다. 서양에서는 14, 15세기 본격적인 문예부흥인 르네상스가 일어나기 훨씬 전인 11, 12세기경에 이미 학문의 부흥이 먼저 일어나기 시작하였다. 따라서 이를 서양사에서는 '12세기의 르네상스'라고 부른다. 당시 이탈리아나 스페인과 같은 남유럽에 아라비아 학자들을 통해서 고대 그리스에서 아라비아 반도로 유출된 아리스토텔레스, 에우클레이데스(Eukleides, Euclid), 프톨레마이오스(Ptolemaeos, Ptolemy)의 자연과학, 수학 및 천문학, 그리고 히포크라테스(Hippocrates), 갈레노스(Galenos, Galen) 등의 의학 서적들이 역으로 유입되었다. 그리고 중세라는 암흑시대를 거치는 동안 감추어졌던 고대 로마의 유스티니아누스(Justinianus) 황제의 「로마법 대전」이 재발견되었다.

연대상으로 보면, 이탈리아 남부의 살레르노(Salerno)에는 이미 11세기 중엽에 의학교가 있어, 그 분야에서 상당한 영향력을 가졌다는 기록이 있다. 그러나 살레르노 의학교는 의학의 역사에서는 중요하지만, 대학제도의 성장을 위해서는 아무런 영향을 주지 못했으므로 살레르노를 대학의 발상지라고는 하지 않는다.

2) 대학의 발상지: 볼로냐 대학

역사적으로 대학의 발상지는 1088년 이탈리아 북부에서 발달하기 시작한 볼로냐(Bologna)를 지칭하는 것이 일반적이다. 볼로냐는 북부 이탈리아의 교통의 요충지로서, 상업의 발달과 함께 그에 따른 법률문제가 많이 발생하였다. 그래서 이곳에서는 자연스럽게 법률을 가르치고 배우는 것이 성행하게 되었다. 이렇게 해서 볼로냐가 법률학교의 중심이 되었는데, 볼로냐는 로마법의 부활로도 중요하지만 대학의 정의에서 가장 중요한 아이디어인 학문의 자유(academic freedom)가 볼로냐 대학에서는 이미 12세기 중엽에 상당한 정도로 보장되었다는 문헌이 있다. 따라서 이 대학의 창립 900주년을 기념하는 해인 1988년에 전 세계의 대학에서 모인 약 430명의 총장과 학장들이 이러한 취지를 살린 '대학의 대헌장(Magna Charta Universitatum)'에 서명하였고, 지금도 그에 동의하는 대학의 수는 증가 추세에 있다. 그 외에도 볼로냐 대학은 최초의 학위라 할 수 있는 교수면허(licentia docendi)와 박사학위(doctor, 원래 교수자의 의미)를 수여하는 등, 오늘날의 대학과 유사한 기능을 다루었던 것으로 보아 현대 대학의 효시라 해도 손색이 없다.

볼로냐 대학에는 초기에 로마법의 대가인 이르넬리우스(Irnelius)와 교회법의 대가인 그라티아누스(Gratianus)가 있어 법률학교로서의 명성을 쌓아 유럽 각지에서 학생들이 몰려들었다. 그러나 이로 인해 볼로냐의 물가가 급등하였다. 이에 학생들은 자신들의 대표를 통해 시민들을 상대로 하여 방값이나 하숙비, 생활필수품 비용, 책값 등을 조정하였다. 조정이 잘 되지 않을 때는 집단퇴거라는 무기로써 대항하였다. 그래서 볼로냐는 학생들의 조합의 힘이 커 말 그대로 학생들의 대학이었다. 다시 말해서 볼로냐 대학에서는 우니베르시타스는 도제의 지위에 있는 학생들의 조합으로 자신들의 방어를 위해 외국에서 온 학생들이 조직한 국가별로 된 조직이었다.

볼로냐 대학의 학생들은 또 교수들에 대해서도 저항할 수가 있었다. 당시의 교수들은 학생들의 수업료로 생활하였기 때문에 학생들은 교수가 마음에 들지 않는 경우 집단적으로 수업을 포기하여 교수들을 위협하였다. 그래서 학생들은 교수들에게 다음과 같은 사항을 요구하기도 하였다.

첫째, 교수들은 학생들의 동의 없이 마음대로 휴강하지 말라.
둘째, 수업시간을 정확히 지켜 달라.
셋째, 강의를 대충 하지 말라.
넷째, 어려운 문제라고 설명을 제대로 하지 않고 넘어가지 말라.
다섯째, 폭 넓은 강의 내용을 원한다.

또한 학칙에는 교수가 도시 밖으로 나가는 경우 반드시 돌아오겠다는 의미로 공탁금을 걸어야 했으며, 5명 이상의 수강생을 확보하지 못한 경우 휴강하는 경우처럼 벌금을 물어야 했고, 또 학기마다 일정한 분량을 규칙적으로 진행하도록 되어 있었다. 이처럼 볼로냐 대학은 학생들의 천국이었으며, 이러한 전통이 오래 지속되어 지금도 이탈리아의 대학에서는 학생들의 발언권이 다른 나라 대학생들에 비해 더 센 편이다.

그 후 볼로냐 대학은 이탈리아의 다른 지역 그리고 남 프랑스 등 남부 유럽의 대학 발달에 적지 않은 영향을 주었다. 이탈리아의 파도바(Padova, 1222) 대학은 볼로냐에서 이탈한 사람들이 만든 대학이다. 한편, 교황파 중심의 북부 이탈리아의 볼로냐 대학에 대항하여 남부 이탈리아 시칠리아 왕국에서는 황제파 중심의 나폴리(Napoli, 1224) 대학을 만들었다. 남 프랑스의 오를레앙(Orléans, 1230) 대학은 파리 대학의 탄압으로 망명한 사람들이 모여 일으킨 대학이지만, 볼로냐 대학 출신들과 교류하였다는 기록이 있고, 또 몽펠리에(Montpellier, 1289) 대학도 법학 분야에서 볼로냐 대학의 영향을 받았다는 기록이 있다. 아무튼 볼로냐 대학은 그 후로도 역사가 끊어지지 않고 맥을 이어, 현재도 23개 학부에 학생 수 약 10만 명이 적을 둔 거대한 대학이 되었다.

3) 파리 대학과 그 영향력

대학의 기원을 두고는 볼로냐 대학과 서로 논란을 벌일 수도 있으나, 볼로냐 대학이 남유럽에서 영향력을 확대하고 있던 비슷한 시기에, 북유럽에서는 파리가 대학 발달의 중심에 있었다. 파리는 교통의 요충지로서 프랑스의 수도가 되었으며 노트르담(Notre Dame) 성당이 건축되고, 그 안에는 부속 성당학교가 세워졌다. 또한 성 즈느비에브(Sainte-Geneviéve)

수도원을 비롯한 여러 수도원이 건립되었으며 수도원 마다 부속학교가 있었다. 파리 대학(Université de Paris, 1150~60?)은 이러한 부속학교가 발전한 것이라고 봐도 무방하며 자연히 신학의 중심지가 되었다. 그 후 유럽 및 전 세계 대학의 발달에 파리 대학이 가장 큰 역할을 했다고 할 수 있다.

파리 대학의 발달에는 그 지리적 위치 외에도 프랑스 국왕 필립 2세와 〈제학(諸學)의 아버지〉라는 대칙서를 발표한 교황 그레고리우스 9세의 학문 진흥 정책도 중요한 역할을 하였다. 그리고 무엇보다도 초기에는 앞의 볼로냐 대학의 경우처럼 파리 대학에도 유명한 교수들이 있었다. 그 중에서도 특히 아벨라르(Abélard, Abaelardus)는 여러 가지 일화를 남긴 것으로 아주 유명하였다.

그는 우선 당시의 대표적인 스콜라 철학자 및 신학자로서 『긍정과 부정』 『로마서 주해』 그리고 『나의 불행한 이야기』와 같은 책들을 남겼다. 그는 집요하게 물음을 던지고, 권위나 명성에 과감하게 도전하는 과격론 자로서, 싫어하는 사람들도 많았지만 학생들에게는 아주 인기가 많았다. 그는 스콜라 철학의 핵심적 논쟁거리인 보편 문제에 있어서는 실재론자 안셀무스(Anselmus)와 유명론자 로스켈리누스(Roscellinus)의 중간적인 입장을 취하여 양 진영에 대해 자신의 입장을 방어하였다. 또 그는 토론 을 할 때 스승 기욤 드 샹포(Guillaume de Champeaux)를 궁지에 몰아넣기 일쑤여서 스승의 미움을 사 파리에서 내쫓기기도 했으나, 스승이 파리를 떠난 뒤 다시 돌아오자 유럽 각지에서 학생들이 몰려들었다. 그런데 그 는 그 사이 자신이 가정교사로서 가르치던 약 20세나 어린 17세의 엘로 이즈(Heloïse)와 사랑에 빠져 아들까지 낳았다. 그래서 여자는 수도원으 로 보내졌고, 그는 그녀의 친척들에 의해 궁형(거세)을 당했다. 즉, 그들 은 중세의 대표적 스캔들이라 할 수 있는 금단의 사랑을 한 셈이다. 그 후 그들 사이에 오간 서신이 지금까지도 전해지고 있고, 아벨라르 사후 엘로이즈가 그의 무덤을 돌봤으며, 또 그녀도 사후 그의 곁에 묻혔다. 그들은 그 후 몇 차례 분리 매장되는 치욕을 당하기도 하였으나, 그로부터 수백 년이 지난 19세기에 둘의 무덤이 파리 시 공동묘지인 페르 라쉐즈(Père Lachaise)에 이장되어 비로소 다시 만날 수 있었다. 이곳은 쇼팽(Fryderyk Franciszek Chopin), 발자크(Honore de Balzac), 모딜리아니(Amedeo Modigliani), 이브 몽땅(Yves Montand), 에디트 피아프(Edith Piaf) 등 세계적인 명사들이 묻혀 있는 곳이기도 하지만, 아벨라르와 엘로이즈로 인하여 이제는 세계 각지에서 모인 연인들의 사랑의 순례지가 되었다.

그런데 파리 대학은 볼로냐 대학과는 달리 학생들의 조합에 대항해 교수들의 조합의 힘이 센 곳이었다. 이 교수조합에 가입하려면 학생들은 교수면허(licentia docendi)를 얻어야 했는데, 이는 장차 다른 직종에 진출하더라도 어떤 과목을 잘 알고 또 잘 가르칠 수 있다는 자신의 실력을 증명하는 증명서가 되었다. 이것이 바로 대학에서 수여하는 학위가 된 것이다.

파리 대학은 하급학부라 할 수 있는 학예학부, 상급학부라 할 수 있는 신학부, 법학부, 의학부의 4개 학부(faculty)로 구성되었다. 여기에서 학예학부는 교양학부 내지는 문리과대학과 같은 것으로, 이를 마친 후 상급학부인 신학부, 법학부, 의학부로 진학할 수 있었다. 학예학부의 교육과정은 7자유과, 즉 3학 4과로 구성되었다. 먼저 3학은 문법, 수사학, 논리학, 그리고 4과는 산수, 음악, 기하학, 천문학으로 구성되었는데, 나중에는 수사학의 비중이 줄어들어, 이는 심리학으로 대체되었다. 그리고 4과 외에 아리스토텔레스의 형이상학, 자연철학과 윤리학이 여기에 추가되었다.

학예학부는 대체로 11~12세 아동들이 입학하여 18~19세 청년기까지 다녔다. 학예학부는 요즈음 연령대로 따지면, 중·고등학교에 해당되는 셈인데, 그 학생들은 기숙사인 학료, 즉 콜레쥬(college)에 입사하여 생활하였고, 파리 대학에는 한때 45개의 콜레쥬가 있었다. 학예학부 학생들은 19세가 되면 졸업시험인 바칼로레아(baccalauréat)를 보았다. 바칼로레아는 주로 3학을 중심으로 시험을 치르는 것이었다. 이것이 오늘날까지도 프랑스에 남아 있는 대학입학 자격고사라 할 수 있다.

그런데 당시에는 학예학부 교수가 되려면, 바칼로레아를 통과하고 대가인 선생 밑에서 교생(student-teacher)이 되어 도제식으로 짧게는 2~3년, 길게는 5~7년 정도의 보충교육을 받았다. 그러고 나서 21~26세 정도가 되면 노트르담 사원장에게 교수면허를 신청할 수 있었고 구두시험을 본 후 사원장과 4명의 시험관 앞에서 강의와 논변을 하여 통과되어야 교수로서의 유자격자가 되었다. 이는 오늘날 대학제도로 이야기하자면 학사학위에 해당되는 셈이다. 그런데 오늘날 학사학위(bachelor)라는 명칭은 어원적으로는 리켄티아(licentia, licence)보다는 바칼로레아(baccalauréat)에서 유래한다고 할 수 있다.

그리고 또 정식으로 교수(magister, master)가 되기 위해서는 입회식에서 조합 내 다른 교수들의 승인을 받아야만 했다. 교수들 앞에서 예비강의를 하고 논변을 통과한 뒤에야 정식 교수가 되어 교수의 예모를 쓰고 교수의 의자(magisterial chair)에 앉을 수 있었다. 우리가 오늘날 대학원을 졸업하고 먼저 받는 석사(master)학위는 바로 여기에서 유래한다. 그런데 원래 이 마기스터(magister, master)는 어떤 조합의 장 또는 도제를 가르치는 장인이라는 의미였다.

한편, 파리 대학의 신학부, 법학부, 의학부는 학사학위를 받은 후 4~6년의 교육이 추가로 요구되었다. 그리고 이들 상급학부를 마치면 박사학위(doctorate, doctor)를 수여받았다. 아무튼 이러한 학위제도는 앞에서 언급한 볼로냐 대학의 영향을 받은 듯하다.

파리 대학은 흔히 소르본느(Sorbonne) 대학이라고 불린다. 이는 꼴레쥬 드 소르봉(College de Sorbon)에서 기원하는데, 소르봉은 13세기 파리 대학의 신부로서 가난한 신학생들에게 숙식과 학업을 위한 학료, 즉 학사를 지었다. 교황, 국왕, 추기경, 주교, 부자들의 기부금을 받아 무료로 운영하였으며, 도서관을 지어 교수와 학생들의 교육과 연구에 많은 도움을 주었다.

그러다가 16~17세기에 소르본느 대학은 리슐리에(Richelieu) 추기경 덕분에 더욱 비약적인 발전을 하여 파리 대학 신학부 전체를 가리키게 되었다. 그러나 18세기 무렵에는 대학의 보수화가 짙어져 신교도, 백과전서파 등의 계몽사상가, 예수회(jesuit)까지 탄압하였고, 1789년 프랑스 혁명으로 인해 이 대학은 구체제(ancient regime)의 상징으로 간주되어 1793년에 폐교를 당했다.

그 대신 새로운 고등교육기관으로 여러 그랑제콜(grandes écoles)이 설립되었다. 그랑제콜은 새로운 엘리트 양성기관으로서 바칼로레아 합격 후 2~3년의 준비과정을 거쳐 진학하게 되어 있다. 현재 프랑스 전체의 그랑제콜은 약 300개에 학생 수 12만 5,000명 정도이고 가장 대표적인 그랑제콜에는 고등사범학교(ENS), 이공대학(Politecknique, X), 파리정치대학(시앙스포, Sciences Po), 국립행정학교(에나, ENA), 파리경영대학(HEC Paris) 등이 있다.

프랑스의 일반 대학들은 그 후 대략 한 세기가 지나 다시 부활되어 지금은 전국에 약 80여 개의 대학이 있고, 전체 재학생 수는 약 130여 만 명 정도다. 파리 대학도 다시 부활하여 지금은 세계적인 인문학의 요람이 되었고, 현재 13개 대학으로 나누어져 있다.

4) 영국 대학의 발달: 옥스브리지

영국의 옥스퍼드 대학과 케임브리지 대학을 합하여 흔히 옥스브리지(Oxbridge)라 한다. 또는 케임퍼드(Camford)라고 말하기도 한다. 두 대학은 그만큼 이란성 쌍생아처럼 출발부터 밀접한 관련을 가지고 있었고, 또 그 후로도 계속해서 서로 앞서거니 뒤서거니 경쟁하면서 상생을 하여 지금은 모두 세계적인 연구중심 명문대학이 되었다. 이들의 배경과 현황을 간단히 살펴보면 다음과 같다.

먼저 영국에서 가장 오래된 대학인 옥스퍼드(Oxford) 대학은 그 기원이 확실하지 않으나, 1096년에 이곳에서 가르침이 있었다는 기록이 남아 있는 것으로 보아 대학의 원년으로 삼는다.

1167년 파리 대학이 외국인들을 추방하기 시작하자, 영국 왕 헨리 2세는 영국 학생들이 파리 대학에 입학하는 것을 금지하였다. 그 뒤 프랑스에서 돌아온 사람들이 옥스퍼드에 모여 들고, 또 영국 내에서 대학에 가려는 사람들도 이곳으로 모이자 이를 계기로 옥스퍼드 대학은 급격한 발달을 하게 되었다. 당시의 옥스퍼드 대학은 파리 대학의 영향이 컸던 것으로 보이며, 실제로 파리 대학의 본을 따랐다는 증거들이 다수 존재한다.

옥스퍼드 대학은 그 긴 역사만큼이나 세계적인 지도자들을 많이 배출하였다. 각국의 유명한 정치가들을 제외하더라도, 종교개혁가 위클리프(J. Wycliffe)와 감리교의 창시자 웨슬리(J. Wesley)를 비롯하여 철학자 오컴(W. Ockham), 로크(J. Locke), 홉스(T. Hobbes), 벤담(J. Bentham) 시인인 셸리(P. B. Shelley)와 엘리엇(T. Eliot), 작가 캐럴(L. Carroll), 헉슬리(A. L. Huxley), 와일드(O. Wilde) 등도 이 대학 출신이다. 또한 경제학자 스미스(A. Smith)와 물리학자 보일(R. Boyle)도 옥스퍼드 대학 출신이다.

이처럼 옥스퍼드 대학은 인류의 역사에 큰 공헌을 하였다. 현재 옥스퍼드 대학은 38개의 college와 6개의 hall로 되어 있고, 각각 독자적으로 운영되는 대학이다. 재학생은 학부생 약 1만 1,700명과 대학원생 약 9,300명을 합해서 약 2만 1,000명 정도다. 또한 이 대학은 자산 33억 파운드(약 53억 달러)를 보유한 세계적인 연구중심 대학이다.

케임브리지(Cambridge, 1209) 대학은 옥스퍼드에서 주민들과 마찰을 빚은 사람들이 옮겨와 만든 대학으로 여러 가지 면에서 옥스퍼드 대학과 비슷하다. 그러나 케임브리지 대학은 줄곧 옥스퍼드와 경쟁하면서 서로 발달을 거듭하여 지금은 우열을 가리기 힘든 정도다.

케임브리지 대학 또한 수많은 인재를 배출하여 세계사에 공헌하였다. 특히 수학 및 과학 분야에서 많은 인재들을 배출하여 이 대학 출신 중 65명이 노벨상 수상자이고, 이 대학과 관련된 인물들까지 합하면 80여 명을 상회하므로 세계 최고의 대학이라고 할 수 있다. 대표적인 이 대학 출신으로는 우선 철학자인 베이컨(F. Bacon), 러셀(B. Russell), 비트겐슈타인(L. Wittgenstein), 역사학자인 니담(J. Needham)과 카(E. H. Carr) 등을 들 수 있다. 또 수학자로는 하디(G. H. Hardy), 드 모건(De Morgan), 월리스(J. Wallis) 등이 있고, 과학자로는 뉴턴(I. Newton), 맥스웰(J. C. Maxwell), 다윈(C. Darwin), 러더퍼드(E. Rutherford), 톰슨(J. J. Thompson), 배비지(C. Babbage) 등 이루 헤아릴 수 없을 정도로 많다.

현재 케임브리지 대학에는 31개 소속 대학이 있으며, 재학생 수는 학부생 약 1만 2,000명, 그리고 대학원생 약 6,000여 명으로 전체 약 1만 8,000명 정도의 규모다. 그리고 자산은 약 43억 파운드(약 68억 달러)로, 유럽 및 영국에서 가장 많은 자산을 가진 세계적인 연구중심 명문대학이다.

한편, 영국에서는 스코틀랜드 지방의 세인트 앤드루스(St. Andrews, 1411) 대학과 글라스고(Glasgow, 1451) 대학 등 몇몇 대학을 제외하면, 수

세기 동안 대학이 설립되지 않았다. 그러다가 19세기를 전후하여 근대적인 대학들이 곳곳에 세워졌는데, 그 중에서 런던 대학(University of London)이 대표적이라 할 수 있다. 런던 대학은 1836년 London University(지금의 University College London)와 King's College(지금의 King's College London)가 통합되어 탄생되었다. 그 후 확장을 거듭하여 현재는 18개의 college와 10개의 institute로 구성되어 있다. 그런데 2007년에는 Imperial College London은 런던 대학으로부터 독립하여, 독자적인 대학이 되었다. 현재 런던 대학의 재학생 수는 전체 약 13만 5,000명 정도인데, 적은 대학의 경우는 재학생이 수백 명에 불과한 것도 있고, 큰 대학의 경우는 재학생이 2만 명 정도 되는 것도 있다. 한편, 런던 대학은 1878년 영국에서 최초로 여성을 대학에 받아들여 학위를 준 것으로 알려져 있다.

참고로 현재 영국의 대학은 유럽 대륙의 여타의 대학과는 달리 학비를 받는다. 학비는 연간 약 9,000파운드(1,500~1,600만 원) 정도로 영국의 거의 모든 대학이 거의 비슷하다.

5) 기타 유럽의 대학

유럽의 대학들은 11세기 후반에 설립되기 시작한 뒤 폭발적으로 증가하여, 15세기에 이르면 전 유럽에 약 90개 대학이 설립되었고, 18세기경에는 약 140개의 대학이 생겼다. 중세 때(11~15세기) 설립된 대학들을 국가별로 그 수와 대표적인 대학, 설립연도를 표로 나타내면, 다음 〈표 1-1〉과 같다.

표 1-1 중세 유럽의 대표적 대학

국가	대학 수	대표적 대학	소재지	설립연도
이탈리아[1]	26	볼로냐(Bologna)	볼로냐	1088
		파도바(Padova)	파도바	1222
		나폴리(Napoli)	나폴리	1224
		로마(Roma)	로마	1303
프랑스	16	파리(Paris)	파리	12세기
		툴루즈(Toulouse)	툴루즈	1229
		오를레앙(Orleans)	오를레앙	1230
		몽펠리에(Montpellier)	몽펠리에	1289
스페인[2]	13	살라망카(Salamanca)	살라망카	1134
		세비야(Sevilla)	세비야	1254
		바르셀로나(Barcelona)	바르셀로나	1450
독일	13	하이델베르크(Heidelberg)	하이델베르크	1386
		쾰른(Köln)[3]	쾰른	1388
		뷔르츠부르크(Würzburg)	뷔르츠부르크	1402
		라이프치히(Leipzig)	라이프치히	1409
영국	6	옥스퍼드(Oxford)	옥스퍼드	1096
		케임브리지(Cambridge)	케임브리지	1209
		세인트 앤드루스 (St Andrews)	세인트 앤드루스	1411
스웨덴	2	룬드(Lund)	룬드	1425
		웁살라(Uppsala)	웁살라	1477
포르투갈	1	코임브라(Coimbra)	코임브라	1290
아일랜드	1	더블린(Dublin)	더블린	1311
체코	1	프라하(Praha)	프라하	1348
폴란드	1	야겔로니아(Jagiellonia)[4]	크라쿠프	1364

오스트리아	1	빈(Wien)	빈(비엔나)	1365
헝가리	1	페취(Pécs)	페취	1367
벨기에	1	뢰번(Leuven)	뢰번(루뱅)	1425
스위스	1	바젤(Basel)	바젤	1459
슬로바키아	1	프레스부르크(Pressburg)	프레스부르크	1465
덴마크	1	코펜하겐(Copenhagen)	코펜하겐	1479

1) 이탈리아에는 11세기 초에 설립된 의학 중심의 살레르노(Salerno) 대학이 있었으나, 나중에 문을 닫음. 지금의 살레르노 대학은 1968년에 개교된 전혀 새로운 대학임.
2) 스페인에는 13세기 초에 설립된 팔렌시아(Palencia) 대학이 있었으나, 이는 얼마 안 가서 폐교됨. 그리고 살라망카 대학은 대학 명칭에 university를 붙인 최초의 대학임.
3) 쾰른 대학은 프랑스어로 콜로뉴(Cologne) 대학이라는 별칭을 가지고 있고, 설립연도가 2개임. 원래 쾰른 대학은 중세 때 신성로마제국에서 프라하 대학(1348), 빈(비엔나) 대학(1365), 하이델베르크 대학(1386)에 이어 네 번째로 건립된 전통 있는 대학이었으나, 쾰른 지방이 프랑스에 점령된 뒤로 1798년부터 폐쇄됨. 그러나 1919년 다시 독일 정부에 의해 부활됨.
4) 폴란드의 야겔로니아 대학은 흔히 그 소재지와 구 명칭을 본 따 크라쿠프(Kraków, Cracow) 대학이라고도 함.

　　앞에서 언급했듯이, 볼로냐 대학은 이탈리아 내부와 남 프랑스의 대학들의 모델이 되었다. 그러나 파리 대학은 프랑스는 물론이고, 영국의 옥스퍼드를 비롯하여 다른 나라의 대학들도 모델로 하였다는 기록들이 있다. 특히 체코의 프라하(Praha, Prague) 대학, 오스트리아의 빈(Wien, Vienna) 대학, 그리고 독일의 하이델베르크(Heidelberg) 대학의 경우 14세기 중엽 내지 말엽에 파리 대학을 모델로 하여 설립되었다는 기록이 있다. 따라서 향후 유럽 대학의 발달에는 볼로냐 대학보다는 파리 대학의 영향이 더 컸다고 할 수 있다.

6) 현대의 대학: 베를린 대학

앞에서 보았듯이, 오늘날 대학들의 효시는 중세인 11세기에 창립된 살레르노 대학이나 볼로냐 대학 또는 파리 대학에까지 거슬러 올라갈 수 있다. 이 대학들은 주로 의사, 법률가, 성직자 등 전문직업인의 양성에 초점을 두었으므로 이후 대학의 기능도 자연히 교육에 초점이 있었고, 보다 엄격한 도제식 교육을 실시했다고 할 수 있다.

그런데 대학의 기능이 교육에서 연구로 초점이 바뀐 것은 한참 후인 19세기 초 독일(당시는 프러시아)에서라고 할 수 있다. 프랑스의 나폴레옹(Napoleon)이 독일을 점령하자 훔볼트(von A. Humboldt), 슐라이어마허(F. E. D. Schleiermacher), 피히테(J. G. Fichte) 등 독일의 선각자들은 독일의 교육을 개혁하고자 하였다. 그 결과 교육부 장관이 된 훔볼트는 학문의 자유, 세미나, 과학적 실험실, 지식의 창조 등을 강조한 슐라이어마허의 아이디어를 받아들여, 1810년 베를린(Berlin) 대학을 창설하고 피히테를 초대 총장으로 임명했다. 이때부터 대학의 기능이 교육중심에서 연구중심으로 이동했다고 할 수 있으며 베를린 대학(훔볼트 대학이라고도 부름)을 최초의 현대적 연구중심 대학이라 할 수 있을 것이다.

그 후 베를린 대학은 독일 대학들의 모범이 되었고, 여러 나라에서 독일의 대학을 모방하고자 하였다. 대표적으로 미국의 존스 홉킨스(Johns Hopkins) 대학은 베를린 대학을 모델로 삼아 연구중심 대학으로 출발하였다. 베를린 대학보다 훨씬 더 역사가 깊은 독일 내의 다른 대학들도 이를 따랐고, 영국, 프랑스 대학들뿐 아니라 러시아, 미국, 일본의 대학들도 독일의 새로운 대학의 기능을 모방하고자 했다. 이러한 배경하에 최근에는 세계적 명문대학이라 함은 곧 연구중심 대학을 일컫게 되었다.

베를린 대학의 교수 또는 동문들의 면면을 잠깐 살펴보면, 이 대학이

19, 20세기에 전 세계적으로 얼마나 영향이 컸는가를 쉽게 알 수 있을 것이다. 우선 독일 통일의 기수인 철혈재상 비스마르크(Bismarck), 철학자 헤겔(G. W. F. Hegel), 쇼펜하우어(A. Schopenhauer), 딜타이(W. Dilthey), 포이어바흐(L. A. Feuerbach)와 카시러(E. Cassirer), 문예비평가 벤야민(B. Benjamin), 신학자 본회퍼(D. Bonhoeffer), 경제학자 마르크스(K. Marx)와 엥겔스(F. Engels), 시인 하이네(H. Heine), 작곡가 멘델스존(F. Mendelssohn), 언어학자 소쉬르(Saussure)와 그림(Grimm) 형제, 사회학자이자 철학자 짐멜(G. Simmel)과 마르쿠제(H. Marcuse), 역사학자 랑케(Ranke), 물리학자 아인슈타인(A. Einstein), 플랑크(M. Planck), 하이젠베르크(W. K. Heisenberg), 헬름홀츠(Helmholtz) 그리고 슈뢰딩거(E. Schrödinger), 의학자 코흐(R. Koch), 화학자 하버(F. Haber)와 한(O. Hahn), 생화학자 피셔(H. Fisher) 등 이루 열거하기 힘들 정도다. 그리고 노벨상 수상자만 해도 그간 약 30명 정도 배출하였다.

그런데 베를린 대학은 히틀러(A. Hitler)의 국가사회주의인 나치(NAZI) 치하와 제2차 세계대전, 그리고 전후에는 대학이 동베를린 쪽에 위치한 까닭에 구소련의 지배를 거치면서 상당히 쇄락하였다. 그 사이 서베를린 쪽에는 미국의 영향하에 베를린 자유대학(Free University of Berlin)이 1948년에 설립되어 발전을 거듭하고 있었다.

1989년 동서 베를린을 가로막는 장벽이 무너지고 독일이 다시 통일된 후, 베를린 대학은 다시 옛 명성을 되찾기 위해 많은 노력을 기울이고 있다.

7) 유럽의 연구중심 대학

이제 베를린 대학을 비롯한 연구중심 대학들은 대학의 새로운 발전 방안 모델이 되었다. 이를 재빨리 집단적으로 수용한 대학들이 사실은 유

럽 대학들보다는 미국 대학들이었다. 미국의 대학은 19세기 말까지만
해도 유럽에서 거의 인정을 받지 못했다. 따라서 미국 대학생들은 더 나
은 연구를 위해 유럽의 대학원으로 유학을 가는 것이 대세였다. 이를 목
격한 미국 대학의 지도자들은 장차 이를 극복하고 유럽의 대학에 맞먹는
연구중심 대학을 육성하기로 결의하여, 이미 1900년에 미국 대학협의회
라 할 수 있는 AAU(Association of American Universities)를 결성하였다.
이 후 미국의 대학 및 대학원의 교육과 연구의 질을 꾸준히 관리하여, 그
결과 지금은 미국의 대학들이 연구중심 대학들의 선두가 되어 세계적으
로 인정받게 된 것이다.

　이에 자극을 받아 유럽의 대학들도 최근에 와서는 이와 비슷한 단체를
만들어 상호교류 및 발전을 도모하고 있다. 먼저 1985년 유럽의 40개 명
문대학이 포르투갈의 가장 오래된 대학 도시 코임브라(Coimbra)에 모여
코임브라 그룹을 결성했다. 여기에 가입한 대학의 명단을 국가별로 보
면, 다음〈표 1-2〉와 같다.

표 1-2　코임브라 그룹 소속대학

국가명	대학명	소재지	설립연도
오스트리아	그라츠(Graz)	그라츠	1585
벨기에	루뱅(Louvain) 가톨릭(프랑스어)[1]	루뱅	1425
	뢰번(Leuven) 가톨릭(홀란드어)[2]	뢰번	1834
체코	프라하(Praha)	프라하	1348
덴마크	아르후스(Aarhus)	아르후스	1928
에스토니아	타르투(Tartu)	타르투	1632
핀란드	오부 아카데미 (Åbo Akademi)(스웨덴어)[3]	투르쿠	1918
	투르쿠(Turku)	투르쿠	1920

프랑스	리옹(Lyon)	리옹	2007
	몽펠리에(Montpellier)	몽펠리에	1289
	파티에르(Poitiers)	파티에르	1431
독일	괴팅겐(Göttingen)	괴팅겐	1734
	하이델베르크(Heidelberg)	하이델베르크	1386
	예나(Jena)	예나	1558
	뷔르츠부르크(Würzburg)	뷔르츠부르크	1402
그리스	테살로니키(Thessaloniki)[4]	테살로니키	1925
헝가리	외트뵈시 로란트(Eötvös Loránd)[5]	부다페스트	1635
아일랜드	국립 아일랜드-Galway	갤웨이	1849
	더블린(Dublin)	더블린	1592
홀란드	그로닝겐(Groningen)	그로닝겐	1614
	라이덴(Leiden)	라이덴	1575
노르웨이	베르겐(Bergen)	베르겐	1946
폴란드	아젤로니아(Jagiellonia)	크라쿠프	1364
포르투갈	코임브라(Coimbra)	코임브라	1290
러시아	국립 성 페테르스부르크(Petersburg)	페테르스부르크	1724
루마니아	알렉산드루 이오안 쿠사 (Alexandru Ioan Cuza)[6]	이아시	1860
스페인	바르셀로나(Barcelona)	바르셀로나	1450
	그라나다(Granada)	그라나다	1531
	살라망카(Salamanca)	살라망카	1134
스웨덴	웁살라(Uppsala)	웁살라	1477
스위스	제네바(Geneva)	제네바	1559
터키	이스탄불(Istanbul)	이스탄불	1453

영국	브리스톨(Bristol)	브리스톨	1876
	케임브리지(Cambridge)	케임브리지	1209
	에든버러(Edinburgh)	에든버러	1583
	옥스퍼드(Oxford)	옥스퍼드	1196

1) 1968년 홀란드어 사용 대학과 분리하여 옮겨감.
2) 1968년 프랑스어 사용 대학이 옮겨감으로써 서로 분리됨.
3) 오부(Åbo)는 투르쿠 시의 스웨덴 명칭임.
4) 테살로니키 대학은 일명 아리스토텔레스 대학이라고도 함.
5) 원래 부다페스트 대학이라고도 부름. 현재 명칭은 1950년 헝가리 출신 물리학자 외트뵈시 로란트의 이름에서 따옴.
6) 알렉산드루 이오안 쿠사 대학은 대학이 소재한 지명 및 구 명칭인 이아시(Iaşi) 대학으로도 불림.

한편, 2001년에는 유럽대학협의회(European University Association: EUA)가 결성되었다. 그러나 이 단체는 유럽 47개국 850여개의 다양한 성격을 가진 대학이 참여하고 있어, 특별히 연구중심 대학들의 모임이라고 보기는 어렵다. 그 대신 2002년에는 유럽 연구중심 대학 리그(League of European Research Universities: LERU)가 결성되었다. 이는 유럽의 연구중심 명문 21개 대학으로 구성되었는데, 그 명단을 국가별로 보면 다음 〈표 1-3〉과 같다.

표 1-3 유럽의 연구중심 대학 리그

국가	대학명	소재지	설립연도
벨기에	뢰번(Leuven)	뢰번	1834
핀란드	헬싱키(Helsinki)	헬싱키	1640
프랑스	파리 6(Paris VI)[1]	파리	1971
	스트라스부르(Strasbourg)	스트라스부르	1538
	파리 11(Paris XI)[2]	파리	1971

독일	프라이부르크(Freiburg)	프라이부르크	1457
	뮌헨(Müchen)	뮌헨	1472
	하이델베르크(Heidelberg)	하이델베르크	1386
이탈리아	밀라노(Milano)	밀라노	1924
홀란드	암스테르담(Amsterdam)	암스테르담	1632
	라이덴(Leiden)	라이덴	1575
	유트레흐트(Utrecht)	유트레흐트	1636
스페인	바르셀로나(Barcelona)	바르셀로나	1450
스웨덴	룬드(Lund)	룬드	1666
	카롤린스카(Karolinska Institute)	솔나(Solna)	1810
스위스	제네바(Geneva)	제네바	1559
	취리히(Zürich)	취리히	1833
영국	런던 황립(Imperial College London)	런던	1907
	런던 U 칼리지(University College London)	런던	1826
	에든버러(Edinburgh)	에든버러	1583
	옥스퍼드(Oxford)	옥스퍼드	1096

1) 전에는 피에르 & 마리 퀴리(Pierre & Marie Curie) 대학이었음.
2) 전에는 남 파리(Paris-Sud) 대학이었음.

그리고 영국의 경우 최근에 옥스퍼드, 케임브리지, 런던을 잇는 황금의 삼각주(golden triangle)를 축으로 5개의 명문대학을 흔히 비공식적으로 G5(Oxford, Cambridge, Imperial College London, University College London, 그리고 King's College London 또는 London School of Economics)라한다. 또 영국에서는 1994년부터 연구중심 대학을 러셀 그룹(Russell Group)이라 하여 구성하였는데, 지금은 24개 대학이 소속되어 있고, 이곳에서 영국 박사의 절반 이상을 배출하고 있다. 여기에 소속된 대학을 나열하면 다음 〈표 1-4〉와 같다.

표 1-4	영국 러셀 그룹 대학과 연구비(2010~2011)			(천 파운드)
순위	대학명	소재지	설립연도	연구비
1	옥스퍼드(Oxford)	옥스퍼드	1096	376,700
2	런던 황립(Imperial College London)	런던	1907	299,200
3	케임브리지(Cambridge)	케임브리지	1209	283,700
4	런던 U 칼리지 (University College London)	런던	1826	283,383
5	맨체스터(Manchester)	맨체스터	1824	196,242
6	에든버러(Edinburgh)	에든버러	1583	180,990
7	런던 왕립(King's College London)	런던	1829	147,099
8	글라스고(Glasgow)	글라스고	1451	128, 047
9	리즈(Leeds)	리즈	1904	123,975
10	리버풀(Liverpool)	리버풀	1903	110,400
11	브리스톨(Bristol)	브리스톨	1876	106,700
12	버밍햄(Birmingham)	버밍햄	1900	101,540
13	셰필드(Sheffield)	셰필드	1897	101,300
14	노팅엄(Nottingham)	노팅엄	1881	100,300
15	사우스햄턴(Southampton)	사우스햄턴	1902	93,624
16	뉴캐슬(Newcastle)	뉴캐슬	1834	88,500
17	워릭(Warwick)	워릭	1965	88,200
18	카디프(Cardiff)	카디프	1883	84,633
19	런던 매리 여왕(Queen Mary London)	런던	1785	73,675
20	벨파스트 여왕 (Queen's University-Belfast)	벨파스트	1849	63,069
21	요크(York)	요크	1963	51,242
22	더럼(Durham)	더럼	1832	48,740
23	엑서터(Exeter)	엑서터	1922	46,323

| 24 | 런던 정경대(LSE)* | 런던 | 1895 | 24,068 |

* 원 명칭은 London School of Economics and Political Science.

한편, 독일에서는 2012년 11개의 최우수 대학(universities of excellence) 을 발표하였다. 이를 독일어의 알파벳순으로 제시하면, 다음 〈표 1−5〉 와 같다. 이들이 곧 독일의 대표적 연구중심 명문대학이라 할 수 있다.

표 1−5 독일의 연구중심 명문대학(알파벳 순)

번호	대학명	소재지	설립연도
1	아헨(공대)(Aachen)	아헨	1870
2	베를린 자유(Freie U Berlin)	베를린	1948
3	베를린(Berlin)	베를린	1810
4	브레멘(Bremen)	브레멘	1971
5	드레스덴 공대(Technische U Dresden)	드레스덴	1828
6	하이델베르크(Heidelberg)	하이델베르크	1386
7	쾰른(Köln)	쾰른	1388
8	콘스탄츠(Konstanz)	콘스탄츠	1966
9	뮌헨(München)	뮌헨	1472
10	뮌헨 공대(Technische U München)	뮌헨	1868
11	튀빙겐(Tübingen)	튀빙겐	1477

그런데 위에서 언급한 내용들을 볼 때, 유럽의 연구중심 대학들은 여 러 단체에 소속되어 있고, 또 단체마다 그 소속 대학들이 다르다. 이는 북미의 AAU처럼 연구중심 대학 전체를 포괄적으로 관리하는 단일한 단 체가 없기 때문이다. 그러나 여기에 언급한 단체의 어디엔가 소속되어 있는 대학들은 대체로 명문대학이라 할 수 있다.

3. 미국의 대학

1) 대학의 천국

미국에는 현재 약 4,500개의 대학이 있으며, 대학에 다니는 인구도 약 2천만 명 정도인 것으로 알려져 있다. 이러한 수치는 세계 최고 수준이라고 할 수 있다. 미국의 대학은 다시 2년제 단기 초급대학, 학부중심대학, 석사학위까지 주는 대학, 그리고 박사학위까지 주는 대학들로 나눌 수 있다. 이 중에서 A.A.(Associate of Arts) 학위를 주는 2년제 단기 초급대학은 대체로 'junior college' 또는 'community college'라고 하는데, 이는 대략 1,700개 정도다. 그리고 나머지 약 2,800개 대학이 4년제 학부중심 대학, 그리고 학부 및 대학원까지 보유한 대학이다. 그 중에서도 소위 박사다운 박사학위를 주는 대학은 또 그것의 약 10분의 1 정도인 약 280개 대학인 것으로 알려져 있다.

미국에는 4년제 이상의 대학만 해도 약 2,800개나 되다 보니, 이름이 비슷하거나 똑같은 대학들도 많이 있다. 그 중에서도 가장 많은 것은 미국 건국의 아버지인 '워싱턴(Washington)'이 들어간 대학일 것이다. 먼저 매릴랜드 주에는 독립 직후 설립된 인문대학으로 Washington College (1782)가 있다. 그리고 'Washington'과 'University'가 들어간 대학은 세인트루이스에도 있고 시애틀에도 있다. 전자는 Washington University로서 사립대학이고, 후자는 University of Washington으로서 주립대학이다. 그러나 이 세 대학은 우리말로 번역하다 보면 모두 워싱턴 대학이라고 번역될 가능성이 크다. 그리고 또 수도 워싱턴 DC(District of Columbia)에 있는 George Washington 대학 등, 미국에는 대학 이름에 워싱턴이라는 단어가 들어가는 대학만 20여 개나 된다.

그 외에도 같은 이름을 가진 대학이 많은 것은 로욜라(Loyola) 대학과 컬럼비아(Columbia) 대학일 것이다. 먼저 가톨릭 예수교 계통의 로욜라 대학(Loyola University)은 시카고에도 있고, 볼티모어에도 있으며, 뉴올리언즈에도 있다. 그리고 로스앤젤레스에는 로욜라 매리마운트 대학(Loyola Marymount University)도 있다. 또한 Columbia University는 뉴욕에 있는 명문 사립대학이며, Columbia College는 시카고에도 있고, 미주리 주 컬럼비아 시에도 있는 사립대학이다. 그러나 이들을 우리말로 번역하면 모두 컬럼비아 대학이 될 것이다.

또한 마이애미(Miami) 대학은 오하이오 주(Miami University)에도 있고, 플로리다 주(University of Miami)에도 있다. 그리고 보스턴 시에는 보스턴 대학이 Boston College도 있고 Boston University도 있다. 이 둘은 모두 상당히 오래된 사립 종합대학이며 서로 전혀 다른 대학이다.

그리고 미국에는 같은 주에 있는 주립대학이지만, 'State'가 붙는 경우도 있고, 안 붙는 경우도 있다. 예를 들면, 미시간 대학(University of Michigan)과 미시간 주립대학(Michigan State University), 오하이오 대학(Ohio University)과 오하이오 주립대학(Ohio State University), 노스캐롤라이나 대학(University of North Carolina)과 노스캐롤라이나 주립대학(North Carolina State University)은 다 같은 주립대학이지만, 서로 전혀 다른 대학이다. 이러한 예가 미국에는 거의 모든 주에 다 있다.

이처럼 현재 미국에는 수많은 대학이 있다. 그리고 세계 최고의 대학부터 조그만 단기 초급대학까지 별별 종류의 대학들이 다 있다. 그래서 미국을 대학의 천국이라 할 만하다. 그러나 그 시작은 아주 미미하였다. 다음에서 미국 대학의 역사를 간단히 고찰해 보기로 한다.

2) 미국 대학의 시작: 하버드 대학

1636년에 설립된 하버드(Harvard) 대학이 미국에서 가장 오래된 대학이라는 사실은 널리 알려져 있다. 그러나 하버드 대학의 원래 이름은 New College였다. 그리고 처음 개교했을 때는 학생 9명에 교사(master)는 한 명뿐이었다. 그런데 영국의 케임브리지 대학 출신 성직자인 존 하버드(D. Harvard)가 대학에 약 400권의 저서와 전 재산의 약 절반인 779파운드를 대학에 기부하자, 그의 이름을 따서 1639년 Harvard College라고 개명하였다. 그리고 대학이 설립된 그곳을 케임브리지 시라고 하였다.

하버드 대학은 원래 개신교 성직자 양성이 주목적이었다. 그래서 대학의 학장도 계속해서 성직자였다. 당시의 하버드 대학에는 캘빈주의 회중파(congregationalist) 및 유일신파(unitarian)의 사람들이 많았다. 그러다가 1708년 레버렛(J. Leverett) 총장부터 성직자가 아닌 사람이 총장이 되어, 종교로부터 점점 분리되기 시작했다.

하버드 대학의 발전에 역사적으로 중요한 역할을 한 2명의 총장들이 있었다. 그 중 한 명은 1869년부터 무려 40년 동안 총장을 지낸 엘리엇(C. W. Eliot)이고, 다른 한 명은 1933년부터 20년 동안 총장을 지낸 코난트(J. B. Conant)라고 할 수 있다. 전자는 교육과정의 세속화를 통해 종교적 색체에서 탈피하고, 연구중심 대학들의 단체인 북미대학협의회(AAU)를 창립하는 등, 하버드 대학이 연구중심 대학으로 변신하여 획기적인 발전을 하는 데 크게 기여하였다. 또 후자는 제2차 세계대전을 거치면서 우수한 인재 발굴 및 육성, 많은 교육 및 연구비의 유치, 교육개혁안의 제출, 교양교육의 확립 등을 통해 하버드 대학이 비약적인 발전을 하도록 하였다.

한편, 하버드 대학은 오랫동안 남학생만의 대학이었으나, 1977년 이웃에 있는 여자대학인 래드클리프(Radcliffe) 대학과 통합하여 남녀공학이 되었다. 그리고 2007년에는 하버드 대학 역사상 최초의 여자총장인 파우스트(D. Faust)를 총장으로 맞이하였다. 하버드 대학은 현재 12개 학부(공학 및 응용과학부가 2007년에 생김), 재학생 2만 1,000여 명(학부 약 7,000명, 대학원생 1만 4,000명), 교수요원 2,100여 명, 그리고 재산 320억 달러의 세계 최고의 대학이 되었다.

3) 식민지 시대의 대학

하버드 대학 이후에 설립된 영국 식민지 시대의 다른 대학들도 대체로 성직자를 양성하는 것이 주요 목적이었다. 왜냐하면 이 시기에 신대륙에 이민 온 사람들은 대부분 신앙의 자유를 찾아서 온 개신교도들이었기 때문이다. 그런데 이들 중에는 영국 국교인 성공회를 전파하기 위해서 건너온 사람들도 있었다. 그렇다고 해서 이 시기의 모든 대학이 종교적 목적으로 설립된 것은 아니다. 미국의 초기에 설립된 대학들을 '식민지 시대의 9개 대학(Colonial 9)'이라 하는데, 그들의 현재 명칭, 원래 명칭, 설립연도, 관련된 종파를 보면 다음 〈표 1-6〉과 같다.

표 1-6 미국 식민지 시대 대학들의 관련 종파

현 대학명칭	원 대학명칭	설립연도	관련 종파
하버드(Harvard)	New College	1636	회중파, 유일신파
윌리엄 앤 매리 (William & Mary)	같음	1693	성공회
예일(Yale)	Collegiate School	1701	보수적 회중파
프린스턴(Princeton)	College of New Jersey	1747	무, 장로교설립
펜실베이니아 (Pennsylvania)	Academy of Pennsylvania	1749	무

컬럼비아(Columbia)	King's College	1754	성공회
브라운(Brown)	Rhode Island College	1764	침례교
러트거스(Rutgers)	Queen's College	1766	홀란드 개혁파
다트머스(Dartmouth)	같음	1769	회중파

윌리엄 앤 매리 대학의 명칭은 설립 당시의 영국 왕과 왕비의 이름에서 따온 것이다. 설립자 블레어(J. Blair) 신부는 사망할 때까지 50년 동안 혼자 총장을 지냈으며 제퍼슨(T. Jefferson)과 먼로(J. Monroe) 등 미국의 대통령을 배출하고 처음으로 법학 전문대학원을 개설하는 등, 미국의 고등교육을 선도하였다. 그러나 남북전쟁(American Civil War, 1861~1865)이 일어나자 남군과 북군의 치열한 교전의 중심지가 되어 캠퍼스가 황폐화되었고, 한때는 재정난으로 인해 대학이 문을 닫기도 하는 등 어려움을 겪었다. 그래서 버지니아 주 정부는 원래 사립대학인 이 학교를 1906년 주립으로 받아들였다.

한편, 예일(Yale) 대학은 하버드 대학의 자유스러운 분위기에 불만을 가진 보수파 성직자들이 떨어져 나와 설립하였다. 그 후 동인도 회사 사장인 예일(E. Yale)이 당시로서는 거금인 560파운드와 책 417권을 희사하자, 학교 설립에 앞장섰던 마서(Mather) 등이 중심이 되어 그의 이름을 딴 교명으로 바꾸게 되었다. 예일 대학은 그 후 발전을 거듭하여 미국에서 최초로 박사(Ph. D.)를 수여하기도 하였다. 그리고 지금은 12개 단과대학 및 전문대학원에 학부생 5,200여 명, 대학원생 6,300여 명, 교수요원 3,600여 명, 그리고 재산 194억 달러로(하버드에 이어 2위) 하버드와 쌍벽을 이루는 세계 최고의 명문대학 중 하나가 되었다.

프린스턴(Princeton) 대학은 하버드 대학, 예일 대학과 함께 미국에서 'Big Three'로 통한다. 그러나 이름에 걸맞지 않게 학교의 규모는 그렇게 크지 않다. 학부생 5천여 명에 대학원생 2,500명 정도의 규모다. 그리고 요즈음 말로 소위 잘 나가는 의학, 법학, 경영 전문대학원도 없다. 그러나 수많은 노벨상 수상자들과 명사들이 배출되었거나 재직하고 있고, 재산 171억 달러의 세계적인 명문대학이다.

펜실베이니아 대학(University of Pennsylvania, U Penn)은 1740년에 세워진 자선학교(Charity School)를 기원으로 보는 견해도 있으나, 대체로 1749년 벤저민 프랭클린(Benjamin Franklin) 등이 주도하여 설립했다는 것이 정설이다. 이 대학은 출발부터 성직자 양성보다는 공공 서비스를 제공할 수 있는 인력을 배출하는 것을 주목적으로 하였다. 그래서 미국 최초의 의학 전문대학원(Perelman School)과 경영 전문대학원(Wharton School)도 이 대학에서 출발하였다. 그리고 이 대학은 미국에서 최초로 대학 명칭에 'university'를 붙인 대학으로 잘 알려져 있다.

컬럼비아(Columbia) 대학은 영국 왕 조지 2세(George II)의 인가하에 설립되었다. 설립자이자, 교수 겸 초대 총장인 새뮤얼 존슨(Samuel Johnson)이 개설할 당시 교수는 자신 한 명에 학생은 8명이었다. 그리고 영국과의 독립전쟁 중에는 대학이 폐쇄되었다가 1784년에 다시 문을 열기도 하였다. 그런데 컬럼비아 대학은 미국에서 최초로 의학박사(MD) 학위를 수여한 것으로 알려져 있다. 지금은 20개 단과대학 및 전문대학원에 학부생 약 8,000명, 대학원생 약 2만 명의 거대한 세계적 연구중심 대학이 되었다.

브라운(Brown) 대학은 대학 발전에 혁혁한 공헌을 한 브라운(N. Brown)가의 사람들을 기리기 위해 원래의 교명이었던 로드아일랜드를 바꾼 것이다. 그리고 러트거스(Rutgers) 대학은 원래 영국 왕 조지 3세(George III)의 배우자를 기리기 위해 퀸스 대학으로 교명을 지었으나, 차후에 미국 독립전쟁 영웅 중 한 명이며 대학 발전에 큰 공헌을 한 러트거스(H. Rutgers)를 기리기 위해 교명을 바꾸었다. 또 러트거스 대학은 원래 사립대학이었으나, 나중에 뉴저지 주에 의해 주립대학으로 변신하였고, 지금은 학부생 약 4만 2,000명에 대학원생 1만 5,000명의 거대한 대학이 되었다. 그리고 다트머스(Dartmouth) 대학은 원래 원주민 성직자 양성을 목적으로 설립되었으나, 나중에는 그 정책을 바꾸어 원주민을 비롯한 모든 젊은이를 받아들였다.

4) 주립대학의 발달

미국의 초기 대학들은 북동부를 중심으로 발달하였다. 예수회 계통의 가톨릭 신부들이 중심이 되어 지금의 수도 워싱턴 근처에 조지타운(Georgetown, 1789) 대학을 설립한 것은 영국으로부터 독립을 쟁취한 후였다. 그리고 각 주는 주민들의 고등교육을 위해 주립대학들을 설립하기 시작했다. 맨 처음 주립대학을 설립한 곳은 조지아(Georgia, 1785)였다. 그다음은 노스캐롤라이나(North Carolina, 1789), 버몬트(Vermont, 1791), 테네시(Tennessee, 1794), 사우스캐롤라이나(South Carolina, 1801), 오하이오(Ohio, 1804), 미시간(Michigan, 1817), 버지니아(Virginia, 1819), 인디애나(Indiana, 1820) 등의 순으로 대학들이 설립되었다.

미국의 대학들이 미시시피 강을 건너 서부로 발달하여 가는 데는 미주리 주 세인트루이스 시가 관문 노릇을 하였다. 그곳에 서부에서 맨 처음으로 예수회 선교사들에 의해 세인트루이스(Saint Louis, 1818) 대학이 설립되었다. 그리고 주립대학으로는 맨 처음으로 미주리(Missouri, 1839) 대학이 설립되었다. 그 후 미시시피 강 서부에도 많은 주립 및 사립대학이 설립되었다.

특히 이 무렵을 전후하여 각 주에 설립된 대표적인 주립대학들은 그 이후에도 발전을 거듭하여 많은 주립대학들이 명문 사립대학에 결코 뒤지지 않게 되었다. 주립대학들은 해당 주의 주민들에게는 저렴한 학비로 고등교육을 시키기 때문에, 우수한 학생들을 유치할 수가 있다. 각 주의 대표적인 주립대학과 그 설립연도, 대학이 소재한 도시를 보면 대체로 〈표 1-7〉과 같다.

표 1-7 미국의 대표적 주립대학

주명	대학명	소재지	설립연도
Alabama	앨라배마	터스컬루사(Tuscaloosa)	1831
	오번	오번(Auburn)	1856
Alaska	알라스카	페어뱅크스(Fairbanks)	1917
Arizona	애리조나	투산(Tucson)	1885
	애리조나 주립	피닉스(Phoenix)	1885
Arkansas	아칸소	페이엇빌(Fayetteville)	1871
California	캘리포니아-버클리	버클리(Berkeley)	1868
	캘리포니아-LA(UCLA)	로스앤젤레스 (Los Angeles)	1918
	캘리포니아-데이비스	데이비스(Davis)	1908
	캘리포니아-산타 바버라	산타바버라(Santa Barbara)	1909
	캘리포니아-샌디에이고	샌디에이고(San Diego)	1960
	캘리포니아-어바인	어바인(Irvine)	1965
Colorado	콜로라도	불더(Boulder)	1876
Connecticut	코네티컷	스토어스(Storrs)	1881
Delaware	델라웨어[1]	뉴어크(Newark)	1743
Florida	플로리다	게인즈빌(Gainesville)	1853
	플로리다 주립	탈라하시(Tallahassee)	1851
Georgia	조지아	애선스(Athens)	1785
	조지아 공대	애틀랜타(Atlanta)	1885
Hawaii	하와이	마노아(Manoa)	1907

Idaho	아이다호	모스코우(Moscow)	1889
Illinois	일리노이	어바나(Urbana)	1867
Indiana	인디애나	블루밍턴(Bloomington)	1820
	퍼듀(Purdue)	웨스트라피엣 (West Lafayette)	1869
Iowa	아이오와	아이오와 시티(Iowa City)	1847
	아이오와 주립	에임스(Ames)	1858
Kansas	캔자스	로렌스(Lawrence)	1865
	캔자스 주립	맨해튼(Manhattan)	1863
Kentucky	켄터키	렉싱턴(Lexington)	1865
Louisiana	루이지애나 주립	배턴루지(Baton Rouge)	1860
Maine	매인	오로노(Orono)	1865
Maryland	메릴랜드	칼리지 파크(College Park)	1856
Massachusetts	매사추세츠	애머스트(Amherst)	1863
Michigan	미시간	앤아버(Ann Arbor)	1817
	미시간 주립	이스트 랜싱(East Lansing)	1855
Minnesota	미네소타	미니애폴리스(Minneapolis)	1851
Mississippi	미시시피	옥스퍼드(Oxford)	1848
	미시시피 주립	스타크빌(Starkville)	1878
Missouri	미주리	컬럼비아(Columbia)	1839
Montana	몬태나	미줄라(Missoula)	1893
Nebraska	네브래스카	링컨(Lincoln)	1869
Nevada	네바다	리노(Reno)	1874
New Hampshire	뉴햄프셔	더럼(Durham)	1866
New Jersey	러트거스	뉴브런즈윅(New Brunswick)	1766

New Mexico	뉴멕시코	앨버커키(Albuquerque)	1889
New York	뉴욕 주립-올버니	올버니(Albany)	1844
	뉴욕 주립-버펄로	버펄로(Buffalo)	1846
	뉴욕 주립-스토니브룩	스토니브룩(Stony Brook)	1957
North Carolina	노스캐롤라이나	채플 힐(Chapel Hill)	1789
	노스캐롤라이나 주립	랠리(Raleigh)	1887
North Dakota	노스다코타	그랜드 폭스(Grand Forks)	1883
Ohio	오하이오	애선스(Athens)	1804
	오하이오 주립	콜럼버스(Columbus)	1870
Oklahoma	오클라호마	노먼(Norman)	1890
	오클라호마 주립	스틸워터(Stillwater)	1890
Oregon	오리건	유진(Eugene)	1876
	오리건 주립	코밸리스(Corvallis)	1868
Pennsylvania	펜실베이니아 주립	유니버시티 파크 (University Park)	1855
	피츠버그[2]	피츠버그(Pittsburgh)	1787
Rhode Island	로드아일랜드	킹스턴(Kingston)	1892
South Carolina	사우스캐롤라이나	컬럼비아(Columbia)	1801
	클렘슨	클렘슨(Clemson)	1889
South Dakota	사우스다코타	버밀리언(Vermillion)	1862
Tennessee	테네시	녹스빌(Knoxville)	1794
Texas	텍사스 농공(A&M)	칼리지스테이션 (College Station)	1876
	텍사스	오스틴(Austin)	1883
	텍사스 공대(Texas Tech)	러벅(Lubbock)	1923
Utah	유타	솔트레이크시티 (Salt Lake City)	1850

Vermont	버몬트	벌링턴(Burlington)	1791
Virginia	윌리엄 앤 매리	윌리엄스벅(Williamsburg)	1693
	버지니아	샬롯스빌(Charlottesville)	1819
	버지니아 공대	블랙스벅(Blacksburg)	1872
Washington	워싱턴	시애틀(Seattle)	1861
	워싱턴 주립	풀만(Pullman)	1890
West Virginia	웨스트버지니아	모건타운(Morgantown)	1867
Wisconsin	위스콘신	매디슨(Madison)	1848
Wyoming	와이오밍	래러미(Laramie)	1886

1) 델라웨어 대학은 1743년 사립으로 출발, 1843년 주 인가, 공사립 대학.
2) 피츠버그 대학도 1787년 사립으로 출발, 1966년 주 인가, 공사립 대학.

위 표에서 나타나듯이, 미국의 대학이 소재한 도시들은 우리에게 잘 알려진 대도시들도 있지만, 거의가 생소한 이름이 많다. 이는 대도시는 범죄가 많고 물가가 비싸서 학생들이 공부하기에는 적당하지 않으므로 한적한 곳에 대학도시를 만들어 면학 분위기를 조성하기 위한 것임을 알 수 있다. 그리고 이 표에 나타난 대학들이 모두 명문대학이라고 할 수는 없지만, 각 주를 대표하는 대학이므로 적어도 괜찮은 대학이라고는 할 수 있다.

5) 명문 사립대학의 증가

한편, 19세기 중후반 미국 대학들의 발달 과정에서 두 가지 주목할 만한 일들이 일어났다. 하나는 여전히 돈 많은 자선가들이 거금을 대학에 기부하거나 대학을 설립하는 데 직접 기여했다는 것이고, 다른 하나는 두 차례에 걸쳐 대학에 무상으로 토지를 증여하도록 하는 「모릴 토지증여 법안(Morill Land-Grant Colleges Act)」(1862, 1890)의 통과였다.

먼저 이 시기에 돈 많은 자선가들이 거액의 기부를 하거나 대학의 설립에 크게 관여한 대표적인 대학들로는 케이스 웨스턴 리저브(Case Western Reserve, 1826), 툴레인(Tulane, 1834), 듀크(Duke, 1838), 코넬(Cornell, 1865), 밴더빌트(Vanderbilt, 1873), 존스 홉킨스(Johns Hopkins, 1876), 시카고(Chicago, 1890), 스탠퍼드(Stanford, 1891) 대학을 들 수 있다. 먼저 케이스 웨스턴 리저브 대학은 먼저 설립된 웨스턴 리저브 대학과 부동산 사업가 케이스(Leonard Case, Jr)가 세운 케이스 공대를 통합하여 만든 대학이다. 그리고 툴레인 대학은 먼저 루이지애나 의대로 출발하여 나중에 루이지애나 대학(University of Louisiana)으로 개명한 주립대학이었으나, 남북전쟁으로 인해 대학이 문을 닫고 재정이 어렵게 되자 의류사업가 툴레인(P. Tulane)이 거액을 기부하여 새롭게 출발한 사립대학이다.

듀크 대학은 원래는 감리교 계통의 신학대학이었으나, 담배 및 전기사업가인 듀크(J. B. Duke)로부터 거액을 기부 받은 뒤 교명을 바꾸었다. 또 코넬 대학은 코넬(E. Cornell)이 기증한 땅 위에 설립된 대학이나, 나중에 정부로부터 토지를 증여 받았을 뿐 아니라, 뉴욕 주의 지원으로 3개의 단과대학을 개설하여 지금은 공사립이 혼재된 특이한 대학이다. 원래 코넬 대학은 학생 및 교수의 선발 등 여러 가지 여건을 고려하여 접근성이 더 쉬운 지금의 시러큐스(Syracuse, 1870) 대학이 있는 자리에 세우도록 추천을 받았으나, 코넬이 젊은 시절 시러큐스에서 2번이나 강도를 당한 경험이 있어 자신의 땅이 있는 한적한 곳을 대학 부지로 삼았다.

밴더빌트 대학은 원래는 감리교 계열의 작은 대학이었으나, 선박 및 철도 등 교통업의 대부호인 밴더빌트(C. Vanderbilt)가 거액을 대학에 기증한 뒤로 대학명을 그의 이름을 따라 개명하였다. 그리고 존스 홉킨스 대학은 평생을 독신으로 지낸 철도 재벌 존스 홉킨스(J. Hopkins)가 당시로는 전 미국에서 최대의 기부금인 700만 달러를 기부하여 만든 대학으로서, 이 대학은 처음부터 독일형 연구중심 대학으로 출발하였다. 초대 총장 길먼(D. C. Gilman)은 캘리포니아 대학 총장을 지내다가 초빙되어 왔는데, 그는 세계 곳곳으로부터 저명한 학자들을 초빙하여 연구에 몰두하게 하고, 각종 학회와 학회지의 발간을 지원하여 이 대학이 연구에서 국제적 명성을 얻게 하는 데 큰 공헌을 하였다. 또한 이와 관련된 것으로서, 존스 홉킨스 대학은 미국 내에서 최초의 대학출판부를 출범시킨 것으로도 유명하다.

시카고 대학은 침례교 단체가 석유재벌 록펠러(J. D. Rockefeller)의 기부금으로 필드(M. Field)가 기증한 부지 위에 세운 대학이다. 특히 이 대학은 앞에서 언급한 대학들과는 달리, 이 대학의 명칭에 기부자의 성을 붙이지 않고, 대학이 있는 도시 이름을 붙였다. 이 대학은 1929년부터 1951년까지 23년 동안 총장을 지낸 허친스(R. M. Hutchins) 시절에 적지 않은 변화를 하였다. 그는 우선 스포츠보다는 학문을 우선시하여, 미국 사람들이 그토록 열광하는 이 대학의 미식축구부를 해체하고 Big Ten 컨퍼런스로부터 탈퇴하였다. 그리고 서양의 위대한 저서 100권(Great Books)에 기초하여 핵심 교양과정을 만들었는데, 이는 추후 미국의 중·고등교육의 교양교육에 많은 영향을 주었다. 또한 제2차 세계대전 중에는 페르미(E. Fermi)를 중심으로 원자폭탄을 개발한 맨해튼 프로젝트(Manhattan Project)가 수행된 것도 바로 그의 재임 시기였다.

스탠퍼드 대학은 철도 왕이자 캘리포니아 주 지사와 상원의원을 지낸 스탠퍼드(L. Stanford)가 하버드 대학에 다니다 장티푸스로 죽은 자신의 독자를 기리기 위해 만든 대학이다. 그는 하버드 대학을 방문하여 당시 총장이었던 엘리엇(C. W. Eliot)에게 그와 같은 대학을 서부에 설립하고자 하는데, 어느 정도의 비용이 드는지 묻고, 당시 금액으로 약 1500만 달러 정도가 든다는 말을 듣고 돌아와, 캘리포니아의 자신의 토지 위에 그에 맞먹는 대학을 지었다. 그래서 스탠퍼드 대학을 흔히 서부의 하버드(Western Harvard)라고도 부른다. 그런데 스탠퍼드도 대학 설립 뒤 얼마 안 가서 사망하자, 그의 부인이 대학을 운영하였다. 그녀는 여걸이라고 할 정도로 여러 가지 일화를 남겼다. 대학 재정이 어려울 때는 자신의 보석을 담보로 돈을 빌려 대학 운영에 사용하기도 했고, 급진적 인종주의자라는 이유로 미국 사회학의 아버지라 할 수 있는 저명한 로스(Ross) 교수를 해고하는가 하면, 학생들에게 학내 누드 스케치를 금지하기도 하고, 학교에 자동차를 가져오지 못하게 하기도 했으며, 학생들이 말을 듣지 않으면 체벌을 가하기도 했다고 전해진다. 또한 그녀는 스탠퍼드 대학이 사람들에게 불건전하다는 인상을 줄까 봐 병원을 못 짓게 하기도 했으나, 자기 가족의 기념관을 짓는 데는 거금을 사용하기도 했다. 아무튼 스탠퍼드 대학은 현재 자산 165억 달러의 서부 최고의 세계적인 명문대학이 되었다.

그 외에도 19세기 중후반에는 우수한 사립대학이 많이 설립되었다. 먼저 뉴욕 시의 사업가, 은행가, 무역상들이 출연하여 뉴욕(New York, 1831) 대학을 설립하였다. 남부의 조지아에서는 감리교 계통에서 대학을 세우고 에모리(J. Emory) 목사를 기려 에모리(Emory, 1836) 대학이라고 하였다. 또 보스턴에서도 감리교 신도들이 중심이 되어 보스턴 대학(Boston University, 1839)을 설립하였는데, 이는 나중에 예수회 선교사들이 세운 또 다른 보스턴 대학(Boston College. 1863)과는 전혀 다른 대학이다. 그리고 로마 가톨릭 계통에서 성모 마리아를 기리기 위해 인디애나 주에 노트르담(Notre Dame, 1842) 대학을 설립한 것도 이 무렵이었다.

한편, 뉴욕 주 로체스터 시에서는 침례교도들이 중심이 되어 로체스터(Rochester, 1850) 대학을 설립했다. 그리고 시카고 시 서북부에서는 감리교도 에번스(J. Evans) 등이 중심이 되어 노스웨스턴(Northwestern, 1851) 대학을 세웠는데, 나중에 이 대학이 있는 도시를 그의 이름을 따서 에번스턴(Evanston)이라 하였다. 이 대학은 나중에 시카고 대학의 허친스 총장이 자신의 대학과 통합하려고 했으나 무산되고 말았는데, 지금은 서로 독자적으로 발전하여 각각 세계적인 명문대학의 반열에 올랐다.

그리고 미주리 주 세인트루이스 시에서는 정치가, 사업가, 종교인들이 모여 대학을 설립하고, 그 이름을 건국의 아버지 워싱턴을 기리기 위해 워싱턴 대학(Washington University, 1853)이라고 하였다. 그런데 미국의 태평양 연안 서북부의 워싱턴 주에서도 비슷한 이름의 주립대학인 워싱턴 대학(University of Washington, 1861)을 설립하자, 전자는 혼동을 피하기 위해 지금은 대학 명에 세인트루이스를 붙여 Washington University in Saint Louis라 한다.

그리고 이 무렵 매사추세츠 주 보스턴 시에서는 로저스(W. Rogers)를 위시한 일단의 인사들이 모여 프랑스의 이공대학(Polytecknique, X)과 독일의 연구중심 대학을 모델로 한 매사추세츠 공대(MIT, 1861)를 세웠다. 한때는 하버드 대학의 엘리엇 총장이 통합을 시도하기도 했으나, MIT 교수들의 반대로 무산되기도 하였다. MIT는 그 후 발전을 거듭하여, 소위 명문대학에는 거의 다 있는 의학 및 법학 전문대학원이 없어도, 6개 단과대학 및 대학원에서 노벨상 수상 관련자를 77명이나 배출하고 자산 99억 달러를 가진 세계적인 명문대학이 되었다.

한편, 이 무렵 캘리포니아 주에는 남캘리포니아(Southern California, 1880) 대학과 캘리포니아 공대(Caltech, 1891)가 설립되었다. 남캘리포니아 대학은 위드니(R. Widney)가 중심이 되어 로스앤젤레스 부근의 유력 인사들로부터 토지를 기증 받아 세운 대학인데, 이 대학의 역사는 북부의 스탠퍼드 대학보다도 더 앞선다. 그리고 캘리포니아 공대는 원래 스루프(A. Throop)이 세운 직업학교였다. 이 학교의 이사회에서는 한때 학교를 캘리포니아 주 정부에 넘겨 주립대학으로 전환시켜 키우려고 했으나, 스탠퍼드 대학과 캘리포니아(Cal-Berkeley) 대학의 반대로 무산되고 말았다. 그 후 이 대학은 독자적으로 발전을 거듭하여, 지금은 교수 약 300명, 학부생 약 1,000명, 대학원생 약 1,200명의 조그만 대학이지만, 노벨상 수상 관련자 30여 명을 배출하는 등 동부의 MIT에 버금가는 서부의 명문공과 대학이 되었다.

6) 대학의 폭발적 증가와 변화

앞에서도 잠깐 언급했지만, 19세기 중엽부터 미국 대학의 폭발적인 증가는 1862년과 1890년 2차례에 걸친 「모릴(Morill) 토지증여 법안」의 통과가 계기가 되었다. 이는 기존의 대학에 무상으로 토지를 증여하여 대학을 발전시키거나 새로운 대학을 설립하게 하였다. 첫 번째 법안은 농학과 공학에 집중할 대학을 육성하기 위한 법안이었다. 이때 많은 기존의 주립대학들이 혜택을 받아 더욱 발전을 하게 되었고, 또한 주립대학들이 새로 설립되었다. 이 법안에 의해 맨 먼저 새로 설립된 주립대학이 캔자스 주립대학(Kansas State University)(1863)이다. 사립대학들도 이 법안의 혜택을 받은 경우가 있었는데, 대표적인 대학이 MIT와 코넬 대학이다. 그리고 두 번째 법안은 흑인들의 고등교육을 위해 통과된 법안이었다. 그런데 이는 실제로는 흑인들의 교육을 위한 교사양성을 주목적으로 하였다. 이를 계기로 흑인들의 교육이 개선되자 문맹률이 떨어지고 지역사회가 개선되기 시작했다. 이러한 법안의 시행이 계기가 되면서 미국의 대학들이 발달하게 되었고 20세기 초에는 대학이 약 1,000개, 대학생 수가 약 16만 명이나 되었다.

미국 대학의 폭발적 증가는 20세기에 들어서도 계속되었다. 먼저 자선가들의 대학 설립에 대한 기여는 지속되어, 이때 카네기 멜런(Carnegie Mellon)대학(1900), 라이스(Rice)대학(1912), 브랜다이스(Brandeis)대학(1948) 등이 설립되었다. 먼저 카네기 멜런 대학은 철강 왕 카네기(A. Carnegie)가 세운 카네기 공대와 미국 재무부 장관이자 은행가이며 사업가인 멜런(A. Mellon)이 세운 멜런 산업대를 통합한 것이다. 또한 라이스 대학은 부동산, 철도, 목화사업으로 거부가 된 라이스(W. M. Rice)의 유산으로 텍사스 주 휴스턴 시에 세운 대학이고, 브랜다이스 대학은 최초의 유태인 연방대법관을 지낸 브랜다이스(L. D. Brandeis)를 기리기 위해 유태교 랍비(rabbi) 골트슈타인(K. Goldstein) 등 뜻있는 인사들이 기금을 모아 세운 대학이다. 이들의 역사는 비교적 다른 대학에 비해 짧지만, 빠른 발전을 거듭하여 명문 사립대학이 되었다.

그리고 20세기 중엽에는 미국의 대학이 또 한 번 크게 변화하고 증가하는 계기가 되는 일들이 몇 가지 일어났다. 첫째, 제2차 세계대전의 발발과 그 영향이다. 둘째, 제2차 세계대전에 참전하여 대학교육의 기회를 놓친 제대군인들이 대학교육을 받을 수 있도록 학비와 생활비를 정부에서 지원하도록 하는 제대군인 원호법안(GI Bill)의 통과였다. 셋째, 구소련의 인공위성 스푸트니크(Sputnik) 호 발사의 영향이다. 마지막으로, 존슨(L. B. Johnson) 대통령이 취임 후 부르짖었던 구호인 위대한 사회(Great Society) 건설의 영향이었다.

먼저 제2차 세계대전이 발발하자 미국 정부는 많은 대학에 연구비를 주거나 교수들을 동원하여 기초연구, 무기 개발 및 군사훈련 등에 착수하도록 하였다. 그 결과 이는 미국의 학문연구, 그 중에서도 특히 자연과학, 기술공학 및 의학의 발전에 크게 기여하였다. 이러한 배경 때문에 지금도 우리나라와는 달리 미국의 대학과 국방성 및 각 군과의 관계는 대단히 밀접한 관련을 맺고 있다.

둘째, 전쟁이 일어나자 미국 정부는 수많은 대학생과 그와 비슷한 연령대의 청년들을 전시에 동원하였다. 그리고 전쟁이 끝날 무렵 이 청년들의 사회 복귀가 문제가 되자, 1944년 제대군인 원호법안을 통과시켜 수많은 제대군인이 대학교육을 받은 후 사회에 진출하여 더 나은 직장을 얻을 수 있도록 하였다. 그러자 수많은 제대군인들이 대학으로 몰려들어, 한때 미국 대학 전체로서는 이 제대군인들의 수가 비 제대군인 수에 비해 10% 정도 많은 때도 있었다. 이들 대부분이 남성이었기 때문에 미국 대학 캠퍼스는 남성들로 넘쳐났으나, 그 후 여성의 사회적 진출이 활발해짐에 따라 대학에 입학한 여학생 수가 점차 증가하여, 2000년대에는 남녀의 비율이 거의 비슷해지게 되었다.

셋째, 1957년 구소련의 인공위성 스푸트니크호의 발사의 성공도 미국 사회에 엄청난 영향을 주었다. 그 당시 미국에서는 큰 충격이었기 때문에 이 사건을 '스푸트니크 쇼크' 또는 '스푸트니크 위기'라 하였다. 사실 인공위성은 당시만 해도 거의 불가능하다고 여겼고, 또 어떤 나라가 이에 성공한다면 이는 곧 그 나라의 과학기술이 세계 최고 수준임을 말해주는 지표라 할 수 있었다. 따라서 미국은 제2차 세계대전을 승리로 이끈 자신들이 세계 No. 1이라 생각하여 여러 나라들 중에서도 특히 한 수 아래라고 여겼던 구소련에게 크게 당한 셈이 된 것이다. 그래서 미국은 이를 만회하기 위해 다시 한 번 국방과학기술의 개발에 진력을 다하게 되었고, 또 이로 인해 미국의 대학뿐 아니라 초중등 교육에서도 엄청난 변화가 일어났다.

아이젠하워(P. Eisenhower) 미국 정부에서는 스푸트니크호 발사 1년 만에 관련 법을 통과시켜 미 국립 항공우주국(National Aeronautics and Space Administration: NASA)을 설립하였다. 그리고 대학의 수학, 기초과학 및 기술공학 분야에 많은 연구 및 개발(Research and Development: R & D)비를 투자하여 대학교육을 개혁하였으며, 더 나아가 초중등 수학 및 과학교육의 개혁을 위해서도 많은 자금을 투자하여 초중등 교사 훈련프로그램의 개발 및 보급, 초중등학교의 새로운 교재 개발 등을 시도하였다. 그 결과 1957년에서 1968년 사이 대학에 대한 연구 및 개발비가 그전에 비해 3배로 늘어났고, 고등교육을 받은 인구도 약 3백만 명에서 7백만 명으로 증가되었다.

마지막으로, 존슨 대통령의 위대한 사회 프로그램은 1965년 새로운 초중등 교육법과 고등교육 법안을 통과시켜 대학사회에도 적지 않은 변화를 초래하였다. 대학생들에게는 많은 연방정부 장학금이 수여되고 저리 융자가 이루어져, 많은 고등학생들을 대학으로 유도하였으며, 대학에도 더 나은 대학도서관 등을 위해 많은 보조금이 지급되었다. 그리고 해마다 수십 개의 단기 초급대학, 공과대학 및 대학원이 설립되어, 한 해에 수십만의 대학 및 대학원생들이 혜택을 볼 수 있었다. 심지어 따로 법안을 만들어 치과대학 및 의과대학생들에게까지도 비슷한 보조를 해 주었다. 그래서 미국 대학들은 더욱 풍요의 시대를 구가하게 되었다.

7) 미국 대학 혁명의 핵: 대학원 개혁

미국의 저명한 사회학자인 리스먼(P. Riesman)과 젱크스(R. H. Jencks)는 자신들의 공저에서 20세기 미국 대학 혁명의 꽃은 대학원의 개혁이라고 하였다. 사실 20세기에 들어와 미국 대학들에 많은 변화가 일어났지만, 미국 대학들이 빠른 시일 안에 유구한 역사를 가진 유럽의 대학들을 앞지르게 된 계기는 대학원 제도의 개혁에 있다고 할 수 있다. 미국 대학의 대학원들의 발달에는 여러 가지 원인이 있겠지만, 유럽의 대학원들과는 다른 다음 몇 가지가 그 중에서도 가장 중요한 역할을 한 것으로 보인다.

첫째, 연구중심 대학들의 단체인 미국대학협의회 AAU의 창설이다. 둘째, 많은 교과목의 이수(coursework)와 교과목 선택제의 도입이다. 셋째, 많은 연구비 확보와 재정적 안정이다. 넷째, 충분한 연구시설 및 연구 인력의 확보다. 이를 좀 더 검토해 보면 다음과 같다.

첫째, 미국의 대학들이 20세기에 들어와 유럽의 대학들을 추월하게 된 결정적인 계기 중 하나는 AAU의 결성이라고 할 수 있다. 앞에서도 잠깐 언급한 바 있지만, 미국에서는 이 단체를 통해 연구중심 대학들을 엄정하게 선정하여 결속시키고, 엄격한 질 관리를 통해 미국 대학들의 연구 수준을 향상시켜 드디어 20세기 후반에 이르러서는 유럽의 대학들을 능가하게 되었다. 이에 대한 자세한 언급은 다음 장에서 하기로 한다.

둘째, 미국의 대학원들이 유럽의 대학원들과 크게 다른 점 하나는 한층 더 다양한 교과목을 제공하고, 이 중에서 몇 개의 필수과목을 제외하고는 폭넓게 선택하여 이수하도록 한다는 점이다. 이에 비해 유럽 및 유럽형(호주 및 일본)의 거의 모든 대학원에서는 교과목 이수가 별로 없고 대학원생들이 바로 전공 세미나 및 연구에 참여하게 한다. 이는 서로 장단점이 있겠지만, 미국의 대학원들은 상당히 오랜 기간 동안 학과공부를 통해 전공뿐 아니라 관련 분야의 최신 지식을 더욱 깊이 있고 폭넓게 습득하도록 하고, 이를 통해 장차 더 깊이 있는 교육 및 연구를 하게 할 뿐 아니라, 서로 다른 분야의 접목을 통해 새로운 아이디어를 창출하여 새로운 분야의 개척에 진력하도록 한다. 이 점이 바로 미국 대학원들의 가장 큰 장점 중의 하나일 것이다.

셋째, 미국 대학원들의 또 하나의 장점은 많은 연구비의 확보와 재정적 안정이라 할 수 있다. 미국의 대학원중심, 즉 연구중심 대학들은 그동안 개인, 기업, 연방정부, 주 정부로부터 현금, 토지 등 각종 기부를 받아 많은 재산을 가지고 있어 재정적으로 안정되어 있다. 거기에다가 또 연방정부, 주 정부, 기업으로부터 많은 연구 및 개발비를 받아 연구를 수행하고 새로운 것을 개발하는 데 큰 도움을 받고 있다.

또한 미국의 대학원들은 유럽의 대학원들이 학비를 별로 받지 않는 것과는 달리(영국은 예외), 상당한 금액의 학비를 받아 대학재정에 충당하고 있다. 명문 사립대학 대학원은 보통 연간 학비가 약 3.5~5만 달러이고, 큰 주립대학도 보통 약 2~3.5만 달러 내외이니(해당 주의 학생은 1만 달러 내외), 이것도 대학재정에 상당한 기여를 한 셈이다. 그런 반면, 우수한 대학원생들(특히 이공계)에게는 장학금의 혜택도 비교적 많은 편이다.

다음 〈표 1-8〉에서는 미국의 주요 사립대학과 주립대학, 그리고 비교를 위해 영국의 주요 6대 연구중심 대학들의 재산과 연구비를 소개하였다. 자료의 출처는 카팔디 등(Capaldi et., 2010)의 연구결과와 인터넷에 나와 있는 각 대학에 대한 소개자료인데, 이를 토대로 필자가 재구성하여 작성하였다. 이 표에서 보듯이, 영국의 연구중심 명문대학들도 많은 자산을 보유하고 있고, 또 상대적으로 유럽의 다른 나라들에 비해 많은 연구비를 투자하고 있지만, 몇 개 대학을 제외하고는 미국의 주요 연구중심 대학들이 연구비 측면에서는 연구에 더 유리하다고 할 수 있다.

표 1-8 주요 연구중심 대학의 재산 및 연구비 (달러)

구분	대학명	재산	연구비	회계연도
사립	하버드(Harvard)	320억	4억 5천만	2008
	예일(Yale)	194억	4억 9천만	2008
	스탠퍼드(Stanford)	165억	12억	2011
	매사추세츠 공대(MIT)	99억	7억 2천만	2009
	듀크(Duke)	83억	9억 8천만	2010

	컬럼비아(Columbia)	78억	5억 5천만	2008
	노스웨스턴(Northwestern)	70억	5억 1천만	2011
	펜실베이니아(Pennsylvania)	68억	8억 2천만	2008
	시카고(Chicago)	63억	3억 6천만	2008
	워싱턴-세인트루이스(Washington-St Louis)	54억	5억 6천만	2008
	존스홉킨스(Johns Hopkins)	30억	18억 6천만	2009
주립	미시간(Michigan)	78억	12억 4천만	2011
	텍사스(Texas)	72억	6억 4천만	2010
	텍사스농공(Texas A & M)	70억	7억	2011
	캘리포니아(Cal-Berkeley)	32억	6억 5천만	2009
	피츠버그(Pittsburgh)	26억	9억	2011
	워싱턴-시애틀(Washington-Seattle)	29억	7억 2천만	2011
	퍼듀(Purdue)	20억	4억 8천만	2011
	펜실베이니아 주립(Penn State)	17억	7억 8천만	2011
	위스콘신(Wisconsin)	19억	8억 3천만	2008
	오하이오 주립(Ohio State)	23억	7억	2008
	플로리다(Florida)	13억	6억 8천만	2010
영국	옥스퍼드(Oxford)	50억	5억 6천만	2011
	런던 황립(Imperial College London)	25억	4억 5천만	2011
	케임브리지(Cambridge)	65억	4억 3천만	2011
	런던 U 칼리지(University College London)	–	4억 2천만	2011
	맨체스터(Manchester)	24억	2억 9천만	2011
	에든버러(Edinburgh)	36억	2억 7천만	2011

넷째, 미국 대학원들의 또 하나의 장점은 풍부한 연구시설 및 설비와 연구인력의 확보다. 미국의 연구중심 대학들은 풍부한 시설 및 설비 투

자와 연구비로 연구를 수행하는 데 필요한 시설 및 설비를 갖추고 있을 뿐 아니라 연구를 도와줄 수 있는 대학원생 및 박사 후(post-doc) 연구원들을 확보할 수 있다. 풍부한 연구비 및 연구시설과 설비 때문에 전 세계에서 우수한 대학원생 및 박사 후 연구원들이 모여들고, 또 그로 인해 더 많은 양질의 연구를 양산할 수 있다. 그래서 실제로 현재 미국의 사립대학 가운데 대학원생들이 학부생들보다 더 많은 대학, 즉 문자 그대로 대학원중심의 사립대학들이 증가하고 있는 추세다. 미국과 비교를 위해 영국의 대표적인 연구중심 대학들의 학부생, 대학원생, 그리고 교수 수를 표로 나타내면, 다음 〈표 1-9〉와 같다.

표 1-9 연구중심 대학별 학부생, 대학원생 및 교수 수

설립	학교명	학부생	대학원생	교수
사립	하버드(Harvard)	6,655	14,044	2,107
	예일(Yale)	5,275	6,318	3,619
	컬럼비아(Columbia)	7,934	19,672	3,634
	매사추세츠공대(MIT)	4,232	6,152	1,009
	시카고(Chicago)	5,134	10,304	2,168
	노스웨스턴(Northwestern)	8,425	10,759	3,108
	워싱턴-세인트루이스(Washington-St Louis)	5,997	6,452	3,415
	스탠퍼드(Stanford)	6,878	8,441	1,910
	캘리포니아공대(Cal Tech)	978	1,253	294
주립	오하이오 주립(Ohio State)	38,479	13,341	5,584
	미시간(Michigan)	26,208	15,466	6,238
	위스콘신(Wisconsin)	28,960	11,756	2,054
	미시간 주립(Michigan State)	36,058	11,073	4,958
	일리노이(Illinois)	31,173	10,322	2,971

	미주리(Missouri)	24,901	7,514	4,437
	캘리포니아-로스앤젤레스(UCLA)	26,928	11,548	4,016
	캘리포니아(Cal-Berkeley)	25,530	10,313	–
	텍사스(Texas)	38,463	12,682	2,770
	플로리다(Florida)	32,064	18,052	4,534
영국	옥스퍼드(Oxford)	9,300	11,732	9,327
	케임브리지(Cambridge)	12,018	6,378	5,846

출처: Wikipedia(2012) 자료를 토대로 재구성한 것임.

이처럼 20세기 후반에 와서는 미국의 연구중심 대학들이 전 세계적으로 대학원 제도를 주도하게 되었다. 그리고 대학교육을 받은 후 수여하는 학위를 학사(bachelor), 석사(master), 박사(doctor)라고 정하자, 이것이 거의 국제적 표준이 되었고 우리나라 대학에서도 이를 따르고 있다.

사실 그 전에는 유럽에서는 나라마다 약간씩 서로 다른 학위제도를 가지고 있었다. 그러다가 UNESCO와 유럽평의회(Council of Europe)의 후원 하에 1999년 리스본에서 개최한 볼로냐 협정(Bologna Accords) 이후 유럽의 47개국이 참여하여 학위를 미국처럼 학사(bachelor [또는 licence]), 석사, 박사로 통일하였다.

그런데 독일, 오스트리아, 프랑스에서는 박사 학위를 받은 후에도 교수가 되기 위해서는 하빌리타치온 또는 아빌리타시옹(habilitation)을 통과해야 한다. 그래서 미국의 대학들에서는 대체로 이것을 자신들의 박사학위(Ph. D.)로 간주한다. 그리고 유럽 대학들의 박사를 자신들의 석사와 박사 중간인 'master+(plus)'로 간주하는 경향이 있다. 이는 미국의 대학들이 유럽 대학들의 괄시를 받던 시절을 생각하면 상전벽해라 할 수 있다.

4. 기타 지역의 대학

앞에서는 주로 유럽과 미국의 명문대학들에 대해 알아보았다. 그 후 전 세계적으로 또는 국가별로 명문대학들의 단체가 생겨나기 시작했다. 다음에서는 이들 다른 지역의 명문대학들에 대해서 알아보고자 한다.

먼저 1997년에는 전 세계에서 모인 21개 대학이 더 나은 교육과 연구를 위한 국제적 모임인 Universitas 21을 결성하고 본부를 영국의 버밍햄(Birmingham)에 두었다. 그 후 몇 개 대학이 더 늘어났는데, 이 대학들의 명단을 국가별로 보면 다음 〈표 1-10〉과 같다.

표 1-10 Universitas 21 회원대학

국가	대학명	소재지	설립연도
싱가포르	국립 싱가포르(National-Singapore)	싱가포르	1905
한국	고려(Korea)	서울	1905
	홍콩(Hongkong)	홍콩	1912
중국	후단(復旦, Fudan)	상하이	1905
	상하이 교통(Shanghai Jiaotong)	상하이	1896
일본	와세다(早稻田, Waseda)	도쿄	1882
인도	델리(Delhi)	델리	1922
스웨덴	룬드(Lund)	룬드	1666
아일랜드	국립 아일랜드-더블린(Ireland-Dublin)[1]	더블린	1854
홀란드	암스테르담(Amsterdam)	암스테르담	1632
영국	버밍햄(Birmingham)	버밍햄	1900
	에든버러(Edinburgh)	에든버러	1583
	글라스고(Glasgow)	글라스고	1451
	노팅엄(Nottingham)	노팅엄	1881

캐나다	맥길(McGill)	몬트리올	1821
	브리티시컬럼비아(British Columbia)	뱅쿠버	1908
미국	코네티컷(Connecticut)	스토어스	1881
	버지니아(Virginia)	샬롯스빌	1819
멕시코	몬터레이(Monterrey) 공대	몬터레이	1943
칠레	칠레 황립 카톨릭[2]	산티아고	1888
호주	퀸즈랜드(Queensland)	브리스베인	1909
	멜버른(Melbourne)	멜버른	1853
	뉴 사우스 웨일즈(New South Wales)	시드니	1949
뉴질랜드	오클랜드(Auckland)	오클랜드	1883

[1] 국립 아일랜드-더블린은 흔히 University College Dublin으로도 불림.
[2] Pontifical Catholic University of Chile, 이 대학은 설립 시부터 로마 교황청과 밀접한 관련을 가짐.

그 다음 2006년에는 전 세계적으로 10개 대학이 모여 연구중심 대학 국제연맹(International Alliance of Research Universities: IARU)을 결성하였다. 이를 국가별로 보면 그 명단은 다음 〈표 1-11〉과 같다. 이들 대학이 명문대학이라는 것은 사실이지만, 그렇다고 해서 이들이 곧 세계 10대 명문대학인 것은 아니다.

표 1-11 IARU 회원대학 명단

국가	대학명	소재지	설립연도
호주	국립 호주(Australian National)	캔버라	1946
영국	케임브리지(Cambridge)	케임브리지	1209
	옥스퍼드(Oxford)	옥스퍼드	1096
미국	캘리포니아(Cal-Berkeley)	버클리	1868
	예일(Yale)	뉴 헤이븐	1701

중국	베이징(Peking)	베이징	1898
싱가포르	국립 싱가포르(National-Singapore)	싱가포르	1905
일본	도쿄(Tokyo)	도쿄	1877
덴마크	코펜하겐(Copenhagen)	코펜하겐	1479
스위스	취리히 연방공대(ETH Zürich)	취리히	1855

한편, 캐나다 대학들은 원래 유럽 대학들의 영향을 받았다. 먼저 몬트리올(Montreal, 몽레알) 부근의 퀘벡(Quebec) 주는 프랑스의 영향을 받아서 아직도 프랑스어가 공용어다. 토론토 대학 등 다른 지역의 대학들도 먼저 영국의 영향을 크게 받았다. 그러나 최근에는 미국과의 교류가 빈번해지면서 대부분 미국 대학들의 영향을 더 크게 받았다고 할 수 있다. 캐나다 정부에서는 1991년부터 세 차례에 걸쳐 캐나다의 연구중심 대학들을 선정하여 지원하고 있는데, 이를 각각 Group of 10(1991), G13(2006), U15(2011)이라 부른다. 이 대학들의 명단, 소재지, 설립연도, 가입연도, 그리고 연구비를 보면 대체로 다음 〈표 1-12〉와 같다. 그리고 이 표를 보면, 몇 개의 대학은 미국의 세계적인 명문대학에 결코 뒤지지 않는 연구비를 사용하고 있음을 알 수 있다.

표 1-12 캐나다의 연구중심 대학(U15) (2012년)

대학명	소재지	설립연도	연구비(천 달러)
라발(Laval)	퀘벡시티	1663	299,362
댈하우지(Dalhousie)	핼리팩스	1818	132,461
맥길(McGill)	몬트리올	1821	522,913
토론토(Toronto)	토론토	1827	915,661
퀸스(Queen's)	킹스턴	1841	163,280

오타와(Ottawa)	오타와	1848	276,220
마니토바(Manitoba)	위니펙	1877	166,303
몬트리올(Montreal)	몬트리올	1878	525,705
서 온타리오(Western Ontario)	런던	1878	218,729
맥매스터(McMaster)	해밀턴	1887	325,946
사스캐치완(Saskatchewan)	사스카툰	1907	203,179
앨버타(Alberta)	에드먼턴	1908	536,063
브리티시컬럼비아(British Columbia)	뱅쿠버	1890	575,155
워털루(Waterloo)	워털루	1957	146,779
캘거리(Calgary)	캘거리	1966	286,420

그리고 1999년에는 호주(Australia)에서도 명문 8개 대학이 모여서 Group of Eight(Go8)을 결성하고, 대학의 교육 및 연구, 그리고 국내외의 경제 · 사회 · 문화 · 환경 등 여러 측면에 공헌하기로 하였다. 이 외에도 호주에서는 2개 대학을 더하여 10대 명문이라 한다. 다음 〈표 1-13〉에서는 이 대학들의 명단, 소재지, 그리고 설립연도를 소개한다.

표 1-13 호주의 10대 명문대학

순위	대학명	소재지	설립연도
1	국립 호주(Australian National)	캔버라	1946
2	멜버른(Melbourne)	멜버른	1853
3	시드니(Sydney)	시드니	1850
4	퀸즈랜드(Queensland)	브리스베인	1909
5	서 호주(Western Australia)	퍼스	1911
6	뉴 사우스 웨일즈(New South Wales)	시드니	1949
7	모나쉬(Monash)	멜버른	1958

8	애들레이드(Adelaide)	애들레이드	1874
9	맥쿼리(Macquarie)	시드니	1964
10	왕립 멜버른(Melbourne) 공대	멜버른	1887

한편, 일본에는 국립대학 약 90개, 공립대학 약 90개, 그리고 사립대학이 약 580개 정도 있다. 그런데 일본 정부는 2001년 30개 대학을 선정하여 Top 30로 키우고자 하였다. 이를 위해 다양한 방안들이 논의되었는데, 대학의 연구비, 연구물 피 인용지수, 입학 곤란도, 평판도 등을 종합하여 고려할 때, 다음 〈표 1-14〉 대학들을 일본의 30대 명문대학이라 할 수 있다.

표 1-14 일본의 Top 30대 대학

순위	대학명	구분	소재지	설립연도
1	도쿄(東京, Tokyo)*	국립	도쿄	1877
2	교토(京都, Kyoto)*	국립	교토	1897
3	오사카(大阪, Osaka)*	국립	오사카	1931
4	나고야(名古屋, Nagoya)*	국립	나고야	1939
5	도호쿠(東北, Tohoku)*	국립	센다이	1907
6	도쿄 공업대(Tokyo Tech)	국립	도쿄	1881
7	게이오(慶應, Keio)	사립	도쿄	1858
8	와세다(早稻田, Waseda)	사립	도쿄	1882
9	큐슈(九州, Kyushu)*	국립	후쿠오카	1903
10	호카이도(北海道, Hokkaido)*	국립	사포로	1918
11	쓰쿠바(筑波, Tsukuba)	국립	쓰쿠바	1973
12	고베(神戶, Kobe)	국립	고베	1949
13	치바(千葉, Chiba)	국립	치바	1949

14	히로시마(廣島, Hiroshima)	국립	히로시마	1949
15	가나자와(金澤, Kanazawa)	국립	가나자와	1949
16	오카야마(岡山, Okayama)	국립	오카야마	1949
17	도쿄 이과대(Tokyo U of Science)	사립	도쿄	1949
18	수도대학 도쿄(Tokyo Metropolitan)**	공립	도쿄	2005
19	도쿄 의치대(Tokyo Medical & Dental)	국립	도쿄	1928
20	오사카 시립(Osaka City)	공립	오사카	1928
21	니가타(新潟, Niigata)	국립	니가타	1922
22	구마모토(熊本, Kumamoto)	국립	구마모토	1949
23	도쿠시마(德島, Tokushima)	국립	도쿠시마	1949
24	오사카 부립(Osaka Prefecture)	공립	오사카	1949
25	기후(岐阜, Gifu)	국립	기후	1949
26	도쿄 농공대(Tokyo U of Agri & Tech)	국립	도쿄	1949
27	요코하마(橫浜, Yokohama)	국립	요코하마	1876
28	야마구치(山口, Yamaguchi)	국립	야마구치	1949
29	나고야 시립(Nagoya City)	공립	나고야	1950
30	가고시마(鹿兒島, Kagoshima)	국립	가고시마	1949

* 국립 7 대학(national seven universities), 구 제국(imperial) 대학, 지금도 따로 체육대회 등을 개최함.
** 예전의 도쿄 도립 대, 주변의 몇 개 대학과 통합 뒤 개명.

한편, 중국에서도 1998년부터 연구중심 대학에 대한 정부지원을 대폭 늘리기로 하였다. 그래서 2009년 9개의 대학이 모여 C9 League(九校聯盟)를 결성했다. 이들은 서로 협력하여 세계적인 수준에 이르기로 하였다. 이 대학들을 중국의 명문대학이라 할 수 있는데, 그 명단, 소재지, 그리고 설립연도는 다음 〈표 1−15〉와 같다.

표 1-15   중국의 C9 League

대학명	소재지	설립연도
후단(复旦, Fudan)	상하이	1905
하얼빈(哈爾濱, Harbin) 공정	하얼빈	1953
난징(南京, Nanjing)	난징	1902
베이징(北京, Peking)	베이징	1898
상하이(上海, Shanghai) 교통	상하이	1896
칭화(清華, Tsinghua)	베이징	1911
중국 과학기술대	허베이	1958
시안(西安, Xian) 교통	시안	1896
저장(浙江, Zhejiang)	항저우	1897

AAU: 미국 대학협의회

1. AAU의 개요

1) AAU란 무엇인가

AAU는 Association of American Universities 의 약자다. 이를 굳이 우리나라 말로 번역하자 면, 미국 대학협의회 정도라고나 해야 할 것이 다. 그러나 이것도 사실은 정확한 번역은 아니 다. 왜냐하면 원래는 이 협회가 1900년에 미국 대학들이 주축이 되어 만들어진 단체이지만, 이 단체의 회원 중에는 나 중에 가입한 캐나다의 2대 명문대학인 맥길(McGill) 대학과 토론토 (Toronto) 대학이 소속되어 있기 때문이다. 그렇다고 해서 북미대학협회 라고 번역하기도 좀 어색하다. 왜냐하면 원 명칭에 'North America'란 말 이 없기 때문이다.

아무튼 이 단체는 그와 성격이 비슷한 것 같이 보이는 유럽대학협의회

(European University Association: EUA)나 한국대학교육협의회(Korean Council of University Education: KCUE)와는 많이 다르다. 먼저 전자는 유럽 47개 국가의 850여 개 대학이 참여하고 있어, 특별히 연구중심 대학들의 모임이라고 보기는 어렵다. 그리고 후자 또한 우리나라의 220여 개 4년제 대학 모두가 회원교로 되어 있어, 특별히 연구중심 대학들의 모임은 아니다.

그런데 AAU는 그 회원대학이 되려면 대단히 까다로운 입회 및 평가조건을 충족시켜야 한다. 우선 어떤 대학이 가입을 희망하더라도 이 협의회의 초빙에 의해서만 회원대학이 될 수 있다. 그리고 또 회원대학들의 4분의 3 이상의 동의를 얻어야 가입이 가능하다. 또한 회원대학들의 3분의 2 이상의 찬성에 의해 회원대학의 자격을 박탈할 수도 있다. 이 단체의 성격을 굳이 이야기하자면, 미국 최고의 연구중심 명문대학들의 협의회라 할 수 있을 것이다.

현재 이 단체의 본부는 미국의 수도 워싱턴(Washington D. C.)에 있고, 회원대학 수는 2013년 현재 미국의 60개 대학, 그리고 캐나다의 2개 대학 합해서 정확히 모두 62개 대학이다. 이 단체의 역사가 110년 이상이 되었는데도 불구하고, 회원대학이 이렇게 적은 것은 자체적으로 엄격하게 질 관리를 하고 있기 때문이다. 이 단체의 모임은 보통 봄과 가을에 한 차례씩 일 년에 두 차례 정도 열리는데, 봄에는 본부가 있는 워싱턴에서 그리고 가을에는 회원대학의 캠퍼스에서 열리는 것이 관례다.

이 협의회는 비영리단체로서 우선 미국 연구중심 대학들의 국제적 위상을 높이고, 연구중심 대학들에게 중요한 연구자금 확보, 연구정책 검토, 학부와 대학원 교육의 증진에 초점을 두고 있다. 또 이 단체는 미국의 경제, 안전 및 복지에 공헌하는 데 앞장서서 해결책을 강구한다. 그리고 회원대학들이 직면한 문제와 회원대학들에 영향을 주는 정부의 조처에 대해서도 다룬다. 또한 이 협의회는 대 연방정부 관계, 정책연구, 사회문제를 다룸으로써 연구중심 대학들과 연방정부 사이의 생산적 동반자 관계의 유지에도 각별한 관심을 갖는다.

2) AAU의 탄생

유서가 깊고 또 19세기부터는 연구중심 대학으로 전환한 유럽의 대학들은 역사가 짧고 학문적 수준이 일천한 미국 대학들의 수준을 얕보고 잘 인정해 주지 않았다. 이런 이유들로 인해 미국의 대학생들은 졸업 후 더 나은 연구 성과를 위해 유럽의 대학원으로 유학을 가는 것이 일반적인 현상이었다. 그런데 정작 미국에서 대학을 졸업한 유학생들은 유럽에 가서도 그리 인정을 받지 못했다. 그래서 미국 학생들에게는 약간 수준을 낮추어 학위를 수여하기도 했다.

미국의 대학들은 유럽의 대학들을 따라잡고 또 자신들의 국제적 위상을 높이기 위해 고심하였다. 그들은 유럽의 연구중심 대학들을 모방하려고 하였는데, 그 중에서도 특히 독일의 베를린 대학이 모델이 되었다. 여러 미국의 대학들 가운데서도 특히 존스 홉킨스 대학은 베를린 대학을 모방한 대표적인 사례로 유명하다.

이러한 점을 간파한 캘리포니아 대학(Cal-Berkeley)의 벤저민 휠러(Benjamin Wheeler) 총장과 하버드 대학의 찰스 엘리엇(Charles Eliot) 총장의 주도하에 컬럼비아, 시카고, 존스홉킨스 대학까지 총 5개 대학 총장이 시카고에 모여서 미국의 대학 및 대학원의 교육 및 연구의 발전방안을 논의하였다. 그들은 제각각인 미국 대학들의 학위수여 기준을 통일하고, 미국 대학들의 박사학위의 국제적 위상을 높이며, 당시 학위를 남발하는 미국 내의 여러 대학들에 대해 새로운 기준을 제시하고자 하였다. 그 결과 1900년 미국의 박사학위를 수여하는 14개 대학이 시카고 대학에 모여

AAU를 결성하게 되었다.

그 후 이 단체는 가끔씩 회원대학을 늘려 나갔다. 특히 1926년에는 캐나다의 연구중심 2개 대학을 회원대학으로 받아들였다. 그리고 그 동안 몇 개의 대학이 회원대학에서 자진 탈퇴하기도 하였고(Clark, Catholic University of America, Syracuse), 또 축출되기도 하였다(Nebraska). 현재는 미국 대학 60개, 캐나다 대학 2개 등 총 62개 대학으로 구성되어 있다. 이 협의회 회원대학들의 명단을 가입시기 및 설립별로 소개하면 다음 〈표 2-1〉과 같다.

표 2-1 가입시기 및 설립별 AAU 회원대학

가입시기	사립	주립	캐나다
1900년[1]	Harvard, Yale, Columbia, Cornell, Princeton, Pennsylvania, Stanford, Johns Hopkins, Chicago	Michigan Wisconsin Cal-Berkeley	−
1900년대[2]	−	Virginia, Illinois, Iowa, Indiana, Minnesota, Missouri, Kansas	−
1910년대	Northwestern	Ohio State	−
1920년대	Washington-St Louis	North Carolina, Texas	McGill, Toronto
1930년대	Brown, Caltech, Duke, MIT	−	−
1940년대	Rochester	−	−
1950년대	New York, Tulane, Vanderbilt	Iowa State, Purdue, Penn State, Washington-Seattle	−
1960년대[3]	Case Western Reserve, Southern Cal	Michigan State, Colorado, Oregon, Maryland	−

1970년대	–	Cal–Los Angeles, Pittsburgh	–
1980년대	Brandeis, Rice	Arizona, Rutgers, Florida	–
	Carnegie Mellon	SUNY–Buffalo, Cal–San Diego	
1990년대	Emory	Cal–Davis, Cal–Irvine, Cal–Santa Barbara	–
2000년대	–	Texas A & M, SUNY–Stony Brook	–
2010년대	Boston U	Georgia Tech	–
계	26	34	2

1) 원래 회원대학은 14개 대학이었으나, 클락(Clark) 대학은 1999년에, 그리고 미국 가톨 릭 대학(Catholic University of America)은 2002년 탈퇴하였음.
2) 네브래스카(Nebraska) 대학은 1909년 회원대학이 되었으나, 2011년 축출됨.
3) 시러큐스(Syracuse) 대학은 1966년 회원대학이 되었으나, 2011년 자진 탈퇴함.
출처: 이용남(2012).

3) AAU의 위상

앞에서 잠깐 언급한 바 있듯이, 미국의 4년제 대학이 약 2,800개라고 볼 때, AAU의 회원대학이 지난 110여 년 동안 62개 대학이라는 것은 한 편으로는 그만큼 회원대학의 자격이 까다롭다는 것을 의미하고, 다른 한 편으로는 일단 회원대학이 되면, 연구중심 명문대학으로서의 명성을 얻 게 됨을 의미한다. AAU의 회원대학들은 미국의 약 280개의 대학원중심 이라고 하는 대학 중에서도 소위 대표적인 연구중심 대학이라 할 수 있다. 이는 세계적으로 대학을 평가하는 미국의 *US News & World Report* 지와 영국의 *The Times*, 그리고 영국의 대학 평가 전문기관인 QS(Quacquarelli Symonds) 사의 평가와 중국의 상하이 교통대학의 세계 대학 학문순위 (Academic Ranking of World Universities: ARWU)를 보더라도, 이 협의회의 대학들이 세계적인 명문대학의 상위권을 거의 독차지하고 있는 것에서도 알 수 있다. 한 가지 예로서, 최근의 상하이 교통대학의 세계 대학 학문순위를 보면, 상위 45개 대학 중에서 30개 이상이 미국의 대학이다.

이와 같이 AAU가 창립된 지 110여 년 만에 미국의 대학이 유럽의 대학을 앞서게 된 것은 그만큼 이 단체가 그동안 핵심적인 역할을 수행한 결과이기도 하다. 현재도 AAU 회원대학은 매년 미국 전체 연구비의 약 58%를 획득하고 있으며, 박사의 약 52%를 배출하고 있다. 그리고 미국에서 활약하는 박사 후(post-doc) 연구원들의 67%가 이 단체의 회원대학에서 연구하고 있다. 또한 전체 노벨상 수상자의 43%가 이 회원대학들과 관련되어 있으며, 수상자 중 미국에서 활약하는 사람의 약 74%가 이들 대학에 재직하고 있다. 그리고 미국의 과학·공학·의학 분야의 한림원(National Academy) 회원의 약 82%가 AAU 회원대학에 소속되어 있다.

그런데 소위 전 세계에 미국 명문대학의 상징으로 알려진 동부의 명문사립 8대학으로 구성된 아이비리그의 대학들 중 다트머스(Dartmouth) 대학은 아직도 이 단체의 회원이 아니다. 그리고 이공계 대학 중 명문대학의 하나로 잘 알려진 조지아 공대(Georgia Tech)가 2010년에 회원대학이 되었는데, 같은 주에 있으면서 미국 최초의 주립대학이고 또 그보다 더 큰 조지아(Georgia) 대학은 아직 회원대학이 되지 못했다. 또 다른 명문대학으로 우리에게 잘 알려진 보스턴 대학(Boston University)이 2012년에야 드디어 막내로서 회원대학이 되었는데, 비슷한 이름의 또 다른 보스턴 대학(Boston College)은 아직 회원대학이 되지 못했다.

한편, 앞의 〈표 2-1〉에서 보았듯이, 이 단체는 자의에 의해서 탈퇴할수도 있고, 또 타의에 의해(회원대학의 3분의 2 이상의 찬성) 축출될 수도 있다. 예를 들면, 창립 멤버였던 클락(Clark) 대학과 미국 카톨릭 대학(Catholic University of America)은 자의에 의해 탈퇴하였다. 전자는 AAU

가 보다 큰 연구중심 대학들 중심으로 움직이는 것에 불만을 품고 1999년에 탈퇴하였고, 후자는 종교교육의 사명에 더욱 충실하기 위해 2002년에 떠났다. 또 농구 명문대학으로 잘 알려져 있고, 1966년부터 회원대학으로 활동해 온 시러큐스(Syracuse) 대학도 까다로워진 회원대학 자격을 유지하기 어렵다고 스스로 판단하여 2011년 자진해서 이 단체로부터 탈퇴하고 말았다.

그리고 미식축구 명문대학으로 알려진 네브래스카(Nebraska) 대학은 2011년 회원들의 투표에 의해 축출되었다. 당시 네브래스카 대학의 하비 펄먼(Harvey Perlman) 총장은 2010년 자기 대학을 Big 12 컨퍼런스(원래 12 대학으로 구성되었으나 현재는 10개 대학으로 구성됨. 그러나 이름은 그대로 유지)에서 Big Ten 컨퍼런스(원래 10개 대학으로 출발하였으나 현재는 12개 대학으로 구성됨. 2014년부터는 14개 대학으로 확대됨. 그러나 이름은 그대로 유지)로 옮기면서, 만일 네브래스카 대학이 AAU의 멤버가 아니었다면, Big Ten 컨퍼런스에서 회원대학으로 초청하지 않았을 것이라고 했다. 실제로 네브래스카 대학이 가입하기 전에는 Big Ten 컨퍼런스에 속하는 11개 대학(펜실베이니아 주립, 즉 Penn State 대학이 뒤늦게 가입하여 11개 대학이 되었으나 이름은 그대로 유지)은 모두 AAU의 회원대학들이었다. 그러나 안타깝게도 네브래스카 대학은 Big Ten 컨퍼런스에서 한 게임도 하기 전에 2011년 회원들의 투표에 의해 AAU로부터 축출되고 말았다.

이 단체의 회원이 되는 것은 나머지 모든 대학들의 꿈이라고 할 수 있다. 이는 몇몇 비회원대학 관계자들의 발언에서도 알 수 있다. 얼마 전 노스캐롤라이나 주립대학(NC State)의 총장은 "이 단체는 가장 우수한 연구중심(research intensive) 대학만이 회원대학으로 있는 단체다. 이 단체의 회원이 되는 것이 우리 대학의 목표다."라고 말했다. 그리고 코네티컷 대학(UConn)의 대변인은 다음과 같이 말한 적이 있다. "이는 고등교육에 있어서 아마도 최고의 엘리트 조직일 것이다. 이 단체의 회원이 되는 것을 원하지 않는 연구중심 대학은 어디에서도 찾아보기가 아주 어려울 것이다." 또한 2012년에 새로 선출된 매사추세츠 대학(UMass-Amherst)의 총장은 자기 대학의 목표가 AAU의 기준에 맞추어 머지않은 장래에 명성이 높은 이 단체의 회원대학이 되는 것이 소망이라고 하였다.

참고로 덧붙이자면, 미국의 명문대학이나 큰 대학들은 대체로 스포츠를 중심으로 무슨 리그나 컨퍼런스(conference)를 만들어 단결하는데, 자기 리그나 컨퍼런스에 AAU의 멤버가 얼마나 있느냐를 가지고도 명성이나 자존심 대결을 하는 경우가 있다. 이를 잠깐 살펴보면, 미국 북동부의 아이비리그에는 8개 대학 중 7개 대학, 5대 호 부근의 Big Ten 컨퍼런스에는 12개 대학 중 11개 대학(2014년부터는 메릴랜드(Maryland) 대학과 러트거스(Rutgers) 대학이 들어와 14개 대학 중 13개 대학), 태평양 연안의 Pac 12 컨퍼런스에는 12개 대학 중 8개 대학, 대서양 연안의 ACC(Atlantic Coast Conference)에는 12개 대학 중 5개 대학(2014년부터는 14개 대학 중 5개 대학, AAU 회원대학인 메릴랜드 대학이 떠난 대신 피츠버그 대학이 들어옴), 남동부의 SEC(Southeastern Conference)에는 14개 대학 중 4개 대학, 그리고 중부의 Big 12 컨퍼런스에는 10개 대학 중 3개 대학이 AAU의 회원대학으로 소속되어 있다.

2. AAU의 자격요건

AAU에는 회원대학 관리위원회(Membership Committee)가 있어 선도적인 연구중심 대학의 모임을 유지하기 위해 회원대학 및 비회원대학으로서 회원대학의 가능성이 있는 대학을 정기적으로 평가한다. 동 위원회는 평가결과에 기초하여 비회원대학의 회원대학 가능성과 회원대학의 자격 탈락 가능성을 제안한다. 이 위원회는 2단계에 걸쳐 회원대학을 평가하는데, 첫째 단계는 양적으로 회원대학 지수(Committee Indicators)를 평가하고, 둘째 단계는 질적으로 대학의 사명, 강점, 과거행적 및 향후계획 등을 평가한다.

그리고 회원대학을 양적으로 평가하는 회원대학 지수도 다시 2차에 걸쳐 평가한다. 먼저 1차 평가지수는 대학의 연구 및 교육의 깊이를 재는 1차적 지수인데, 그 기준은 다음과 같다.

① 경쟁을 통해 수령한 연방정부의 연구지원 자금: 이는 미국과학재단 (National Science Foundation: NSF)의 연구비 사용 자료를 사용한다.
② 한림원(National Academies)의 회원 수: 이는 미국과학한림원(National Academy of Science: NAS), 미국공학한림원(National Academy of Engineering: NAE), 그리고 미국의학한림원(Institute of Medicine: IOM) 의 회원 수를 이용한다.
③ 예술 및 인문학 교수진의 수상 및 단체 회원 수: 이는 예술계 및 인문계 교수들의 수상경력 및 단체 회원 수를 고려한다.
④ 연구 피인용지수: 이는 미국 대학 과학지수(US University Science Indicators)의 논문 피인용지수 자료를 참고한다.

그리고 2차 평가지수는 대학의 연구 및 교육 프로그램에 대한 추가적인 중요한 준거를 제공하는데, 그 기준은 다음과 같다.

① 미국 농무성, 주 정부, 기업 등의 연구비: 이는 미국 농무성(US Department of Agriculture: USDA), 각 주 정부와 각 기업체에서 제공한 연구비 자료를 이용한다.

② 박사학위 교육: 이는 교육성(Department of Education)의 통합 대학 교육 자료 체제(Integrated Post-secondary Education Data System: IPEDS)를 활용하여 매년 박사학위 배출 수와 여러 학문범주에 걸친 분포를 참고한다.

③ 박사 후 연구자의 수: 이는 박사 후 연구자들에 대한 미국과학재단 의 자료를 활용한다. 박사 후 교육은 대학의 연구 및 교육활동에 점 점 중요한 요소가 되고 있다.

④ 학부 교육: 이는 대학이 학부 교육의 사명을 잘 수행하고 있는지의 여부를 파악하기 위해 투입과 산출변수 등을 활용한다.

3. AAU의 회원대학

다음에서는 AAU 회원대학을 개괄적으로 소개한다. 여기에서는 각 대학의 소재지, 설립연도, AAU 가입연도, 4개 평가기관(*US News & World Report*, 상하이 교통대학, 영국의 QS, 영국의 *The Times*)의 2012년 순위, 대학의 재산, 연구비, 학부 및 대학원생 수, 그리고 졸업생 및 현직 교수 중 노벨상 등 저명한 상의 수상자 수를 실었다. 여기에서 *US News & World Report*의 순위는 미국 내 대학 순위이고, 나머지는 세계 대학 순위다. 특히 상하이 교통대학의 세계 대학 학문순위는 ARWU로 표시하였다. 그리고 교수의 수는 전임 교원(full-time academic staff)의 수를 실었다. 또 세계적으로 권위 있는 상의 수상자 수도 실었는데, 여기에는 노벨상 외에 수학의 노벨상이라 할 수 있는 필즈(Fields)상과 컴퓨터 분야의 노벨상이라 할 수 있는 튜링(Turing)상, 그리고 퓰리처(Pulitzer)상 수상자의 수를 포함하였다.

그런데 필즈상은 매우 권위 있는 상이지만, 1936년부터 4년에 한 번씩 장래가 촉망되는 40세 이하의 젊은 수학자에게만 주는 상이므로(상금 약 만 5천 달러), 수상자 수가 아주 적다. 그래서 노르웨이 정부는 2003년부터 또 다른 수학의 노벨상이라 할 수 있는 아벨(Abel)상(상금 약 백만 달러)을 수여하고 있는데, 이는 역사가 짧고 또 수상자가 별로 없어 여기에서는 그 수를 포함시키지 않았다. 한편, 튜링상(상금 약 25만 달러)은 1966년부터 미국에서 해마다 컴퓨터 분야에 혁혁한 공헌을 한 사람에게 수여하는 상이다. 그리고 또 퓰리처상(상금 약 만 달러)은 1917년부터 컬럼비아 대학에서 해마다 신문방송, 문학 및 작곡 분야에서 뛰어난 업적을 올린 사람에게 수여하는 상이다. 노르웨이 정부에서는 2004년부터 인문사회계 학자에게도 인문사회계의 노벨상이라 할 수 있는 홀베리(Holberg)상(상금 약 80만 달러)을 수여하고 있는데, 이 또한 역사가 짧고 수상자가 적어 여기에서는 생략하였다.

1) 애리조나 대학

애리조나 대학(University of Arizona)은 지질학이 미국 내 최고 수준이다. 또한 천문학과 우주탐사 분야에서 두드러진 업적을 보여, 미 국립 우주항공국(National Aeronautics and Space Administration: NASA)으로부터 가장 많은 연구비를 받는 대학 중 하나다. 그리고 허블(Hubble) 망원경보다 10배나 더 정확한 자이언트 마젤란(Giant Magellan) 망원경도 이 대학의 스튜어드(Steward) 관측소에서 개발했다. 또 애리조나 대학은 중동 및 북아프리카 연구에서도 두드러진 업적을 보인다. 그리고 아직도 학점을 A,

B, C, D 대신 4, 3, 2, 1로 부여한다. 유명한 동문들로는 미국 공화당 대통령 후보를 지낸 골드워터(B. M. Goldwater)와 밥 도울(Bob Dole) 상원의원, 유명한 어린이 TV 시리즈물 〈Sesame Street〉를 지은 작가 쿠니(J. G. Cooney)가 있다. 애리조나 대학과 관련된 주요정보들을 정리해 제시하면 다음 〈표 2-2〉와 같다.

표 2-2 애리조나 대학 관련 주요정보

소재지	설립별	설립연도	가입연도	US	ARWU	QS	Times
Tucson, AZ	주립	1885	1985	120	77	183	98
재산*	연구비*	학부	대학원	교수	노벨	필즈	튜링	퓰리처
5억 3천 만	5억 5천 만	30,867	8,571	2,509	3	–	–	8

* 이하 〈표 2-63〉까지, 재산 및 연구비의 단위는 달러이고, 재산(endowment)은 2013년 wikipedia에 수록된 자료이며, 연구비는 Capaldi, E. D. et al. (2010)에서 뽑은 자료임.

2) 보스턴 대학

보스턴 대학(Boston University[BU])은 현재 미국의 사립대학들 중 가장 큰 대학 중 하나이나, 원래는 감리교 계통의 신학대학이었다. 현재 보스턴 대학은 브뤼셀(Brussels), 두바이, 런던, LA, 워싱턴 DC, 시드니에도 캠퍼스를 가지고 있다. 특히 보스턴 대학은 학부 교양과정에서 핵심교육과정(core curriculum)으로, 시카고 대학 총장을 지낸 항존주의(perennialism) 교육사상가 허친스(R. M. Hutchins) 등이 추천한 위대한 저서(Great Books)의 독서를 여전히 강조한다. 이 대학은 특히 지리학과 치의학이 미국 내 최고 수준이다. 이 대학과 관련된 저명인사로는 전 미국 국방장관 윌리엄 코헨(William Cohen), 미국 흑인 인권운동의 기수 마틴 루터 킹(Martin Luther King, Jr.) 목사, 전화기를 발명한 알렉산더 그레이엄 벨(Alexander

Graham Bell), 노벨상 수상작가 솔 벨로우(Saul Bellow), 과학소설 작가 아시모프(I. Asimov), 비판사회학자 피터 버거(Peter Berger), 비판교육학자 헨리 지루(Henry Giroux), 영화배우 페이 더너웨이(Faye Dunaway) 등이 있다. 보스턴 대학과 관련된 주요정보를 제시하면 다음 〈표 2-3〉과 같다.

표 2-3 보스턴 대학 관련 주요정보

소재지	설립별	설립연도	가입연도	US	ARWU	QS	Times
Boston, MA	사립	1839	2012	51	71	64	54
재산	연구비	학부	대학원	교수	노벨	필즈	튜링	퓰리처
11억	2억 6천만	15,977	14,175	4,047	7	-	-	22

3) 브랜다이스 대학

브랜다이스 대학(Brandeis University)은 원래 유태인들의 기금으로 출발하였으나, 종교에 관계없이 문호가 개방되어 있다. 그리고 원래는 아인슈타인(A. Einstein)을 기리기 위해 그의 이름을 따서 교명을 지으려 했으나, 설립자인 유태교 랍비 골트슈타인(K. Goldstein)과 뜻이 맞지 않아 유태인 최초의 연방대법관 브랜다이스(L. D. Brandeis)를 기리기 위해 그의 이름에서 교명을 따왔다. 브랜다이스 대학은 비교적 역사도 짧고, 규모도 작으며, 인문학 중심 대학이지만, 대단히 알찬 대학이다. 이 대학과 관련된 유명한 인사로는 『정의란 무엇인가』의 저자이자 하버드 대학 교수인 마이클 센델(Michael Sandel), 저명한 철학자 마르쿠제(H. Marcuse)와 매킨타이어(A. McIntyre), 심리학자 매슬로(A. Maslow), 인지심리학자 나이서(U. Neisser), 그리고 작곡가 레너드 번슈타인(Leonard Bernstein)이 모두 이 대학 교수를 지낸 바 있다. 또한 *Playboy*의 창간자 휴 헤프너(Hugh Hefner)의 딸이자 계승자인 크리스티 헤프너(Christie Hefner)도 이

대학 출신이다. 브랜다이스 대학과 관련된 주요정보를 제시하면 다음
〈표 2-4〉와 같다.

표 2-4 브랜다이스 대학 관련 주요정보

소재지	설립별	설립연도	가입연도	US	ARWU	QS	Times
Waltham, MA	사립	1948	1985	26	250	318	150
재산	**연구비**	**학부**	**대학원**	**교수**	**노벨**	**필즈**	**튜링**	**퓰리처**
7억	6천만*	3,500	1,872	326	2	2	–	8

* 2009년 자료임.

4) 브라운 대학

브라운 대학(Brown University)은 교양과정용 새 교육과정(New Curriculum)
을 개발하여 학제적(inter-disciplinary) 연구를 강조하는데, 교양과정에서
는 학점부여가 없이 자신이 만족스러울 때까지 공부하면 된다. 그리고
전공 등 다른 과정에는 학점이 A, B, C만 있다. 브라운 대학은 거의 모든
분야가 다 강하지만, 수학, 의학, 경제학 등이 특히 강하다. 이 대학 출신
유명 인사들은 대학의 역사가 오래된 만큼 이루 헤아릴 수 없을 정도로
많다. 그 중에서도 몇 명을 거론하자면, 미국 대법원장과 국무장관을 지
낸 찰스 휴즈(Charles Hughes), 공교육의 아버지 호레이스 만(Horace Mann),
자선사업가 록펠러(Rockefeller, Jr.), 20년간 캘리포니아 대학 총장을 지
내면서 AAU를 창립한 벤저민 휠러(Benjamin Wheeler), 미시간 대학의 최
장기 총장 제임스 에인절(James Angell), 방송국 CNN의 설립자 테드 터너
(Ted Turner), 인지행동이론의 창안자 아론 벡(Aaron Beck), 대학 미식축
구의 전설 퍼터노(J. Paterno) 감독과 하이즈먼(J. Heisman) 등이 있다. 그
리고 다트머스 대학 총장을 지내고 세계은행 총재가 된 한국계 김용, 또

미국 철학회 회장을 지낸 한국계 김재권도 이 대학 출신이다. 브라운 대학과 관련된 주요정보를 제시하면 다음〈표 2-5〉와 같다.

표 2-5   브라운 대학 관련 주요정보

소재지	설립별	설립연도	가입연도	US	ARWU	QS	Times
Providence, RI	사립	1764	1993	15	65	42	51

재산	연구비	학부	대학원	교수	노벨	필즈	튜링	퓰리처
25억 2천만	2억 5천만*	6,133	2,407	713	7	1	–	17

* 2009년 자료임.

5) 캘리포니아 대학

캘리포니아 대학(University of California)은 흔히 UC 버클리, UCB, 버클리 또는 줄여서 Cal로도 불린다. 그런데 학교명은 원래 아일랜드계 영국 철학자인 조지 버클리(George Berkeley)를 기리기 위해 그의 이름에서 따왔으며 대학이 소재한 도시 이름도 버클리다. 캘리포니아 대학은 흔히 주립대학 가운데 으뜸으로 꼽히는데, 특히 1899년부터 1919년까지 20년 동안 총장을 지내며 AAU 창설을 주도한 휠러(B. Wheeler) 총장과 1930년부터 1958년까지 28년간 총장을 지낸 스프라울(R. Sproul) 때 비약적인 발전을 하였다. 이 대학은 물리학·수학·화학·컴퓨터·경영학·경제학 분야에서 미국 내 톱클래스에 속하는데, 유명한 국립 로렌스(Lawrence) 연구소가 바로 이곳에 있으며, 제2차 세계대전 중 원자폭탄을 개발한 맨해튼 프로젝트(Manhattan Project)의 책임자인 오펜하이머(R. Oppenheimer)도 바로 이 대학 물리학과 교수였다. 또한 이 대학은 특히 1960년대 학생운동의 진원지였는데, 그 여파로 여전히 민주적이고 자유로운 분위기가 강하다. 캘리포니아 대학 출신 유명 인사 중 몇몇을 거명하자면, 전 파키스탄 대통령 줄피카르 알리 부토(Zulfikar Ali Bhutto), 노벨상 수상자로서 현재 미 에너지 장관인 스티븐 추(Steven Chu), 전 세계은행 총재 및 미 국 방장관을 지낸 로버트 맥나마라(Robert MaNamara), 애플 컴퓨터 사의 공동 설립자 워즈니악(Wozniak), 인텔(Intel) 사의 공동창업자 고든 무어(Gordon Moore), 영화배우 그레고리 펙(Gregory Peck), 그리고 올림픽 수영의 영웅 매트 비온디(Matt Biondi) 등을 들 수 있겠다. 캘리포니아 대학과 관련된 주요정보를 제시하면 다음⟨표 2-6⟩과 같다.

표 2-6 캘리포니아 대학 관련 주요정보

소재지	설립별	설립연도	가입연도	US	ARWU	QS	Times
Berkeley, CA	주립	1868	1900	21	4	22	9

재산	연구비	학부	대학원	교수	노벨	필즈	튜링	퓰리처
30억 3천만	5억 9천만	25,574	10,125	1,580	71	7	15	11

6) UC 데이비스

UC Davis(University of California-Davis[UC Davis, UCD])는 원래 캘리포니아 대학의 농과대학으로 출발하여 나중에 분리되었다. 그래서 여전히 이와 관련된 분야가 미국 내 톱클래스다. 예를 들면, 농학, 동물학, 식물학, 축산학, 원예학, 수의학, 그리고 농업경제학 등이 강하다. 그리고 이 대학 교수들 가운데는 약 20명의 과학한림원 회원과 또 약 20명의 공학한림원 회원이 있다. 이 대학 출신 저명한 동문으로는 지난번 부시(Bush, Jr.) 정권 때 미 재무장관을 지낸 애나 캐브럴(Anna Cabral) 등이 있다. UC Davis와 관련된 주요정보를 제시하면 다음 ⟨표 2-7⟩과 같다.

표 2-7 UC 데이비스 관련 주요정보

소재지	설립별	설립연도	가입연도	US	ARWU	QS	Times
Davis, CA	주립	1905	1996	38	47	101	38
재산	연구비	학부	대학원	교수	노벨	필즈	튜링	퓰리처
7억 1천만	6억 4천만	24,847	7,443	2,527	1	1	–	2

7) UC 어바인

UC 어바인(University of California-Irvine[UC Irvine, UCI])은 제2차 세계 대전 후 늘어난 제대군인들과 폭발적으로 증가하는 인구의 교육 요구에 부응하기 위해 비교적 최근에 설립된 대학이다. 이 대학을 설립할 당시 부지의 주인인 어바인 회사는 어바인 목장의 땅을 무상으로 기증할 수 없어 1천 에이커의 땅을 단돈 1달러에 팔았다. 대학이 있는 도시명은 회사의 설립자겸 목장주였던 어바인을 기리기 위해 그의 이름에서 따왔다. UC 어바인은 특히 문예비평 및 이론, 범죄학, 창작 글쓰기, 그리고 건강 관리 등이 아주 강하다. 그리고 정보체제, 드라마와 연극, 화학, 심리학 등도 강한 편이다. 이곳은 문예비평 및 창작 글쓰기가 아주 강해 많은 작가와 비평가를 배출하는데, 한때 해체주의자인 철학자 자크 데리다(Jacques Derrida)도 이곳에서 교수를 한 적이 있다. UC 어바인 관련 주요 정보를 제시하면 다음 〈표 2-8〉과 같다.

표 2-8 UC 어바인 관련 주요정보

소재지	설립별	설립연도	가입연도	US	ARWU	QS	Times
Irvine, CA	주립	1965	1996	44	45	–	96
재산	연구비	학부	대학원	교수	노벨	필즈	튜링	퓰리처
2억 9천만	3억 3천만	22,216	5,968	2,685	3	1	–	2

8) UCLA

UCLA(University of California-Los Angeles)는 캘리포니아 남부 지방에 폭발적으로 늘어나는 인구증가에 부응하여 UC 계열에서 두 번째로 생긴 대학이지만 학생 수는 가장 많다. UCLA가 캘리포니아 대학으로부터 독립될 때는 휠러 총장 등의 반대가 아주 심했다. 그래서 그 후로도 두 대학 간의 은근한 경쟁관계는 상당히 오랫동안 지속되었다. UCLA는 특히 교육학과 임상심리학이 강한 곳이다. 그 외에 정보과학, 연극 및 영화, 심리학 일반, 미술, 수학, 사회학, 역사학, 영어학, 보건학 및 정치학도 상당히 강한 곳이다. UCLA 출신 및 재직 인사들 중에는 노벨상 수상자 15명, 미 의학한림원 회원 34명, 공학한림원 회원 21명, 과학한림원 회원 43명, 교육한림원 회원 7명 등이 있다. 그리고 전설적인 우든(J. Wooden) 코치 때는 남자농구가 전국 대회 10회 우승에 1971년부터 1974년까지 88연승이라는 전무후무한 대기록을 세웠다. 이 당시 활약한 대 선수로는 나중에 카림 압둘 자바(Kareem Aldul Jabbar)로 개명한 루 앨신도(Lew Alcindor)와 빌 월튼(Bill Walton) 등이 있다. UCLA 관련 주요정보를 제시하면 다음 〈표 2-9〉와 같다.

표 2-9 UCLA 관련 주요정보

소재지	설립별	설립연도	가입연도	US	ARWU	QS	Times
Los Angeles, CA	주립	1882	1974	24	12	31	13

재산	연구비	학부	대학원	교수	노벨	필즈	튜링	풀리처
29억 8천만	8억 7천만	27,941	12,004	4,016	15	1	2	4

9) UCSD

UCSD(University of California-San Diego[UC San Diego])는 샌디에이고 시 서북쪽에 위치한 부촌 라 호야(La Jolla) 지역에 있다. UCSD를 처음 설립할 당시 관계자들은 Caltech에 버금가는 명문 이공계 대학을 만들고자 하였다. 그런데 이 대학은 그 후 인문사회과학 분야까지 확대하였고, 저명한 학자들을 곳곳에서 불러 모았다. 1960년대 신좌파의 기수라 할 수 있는 허버트 마르쿠제(Herbert Marcuse)도 이 대학을 왔는데, 그가 당시 학생운동을 지지하고 학생들과 함께 건물을 점거하자, 대학 이사회와 미국 재향 군인회(American Legion)에서는 그를 몰아내고자 하였다. 그러나 총장과 주민들이 '학문의 자유'를 내세워 그를 옹호하기도 하였다. 아무튼 지금 UCSD는 미국 내에서 가장 연구비를 많이 사용하는 대학 중 하나이고, 노벨상 수상자를 20명이나 배출하는 등 여러 분야에서 두드러진 업적을 내고 있다. 이 대학과 관련된 저명인사로는 위에 언급한 마르쿠제 외에도 인지과학의 개척자 도널드 노먼(Donald Norman), 매킨토시 컴퓨터의 공동개발자 가이 트리블(Guy Tribble)과 빌 앳킨슨(Bill Atkinson), 생명공학의 개척자 데이비드 괴델(David Goeddel) 등이 있다. UCSD 관련 주요정보를 제시하면 다음 〈표 2-10〉과 같다.

표 2-10 UCSD 관련 주요정보

소재지	설립별	설립연도	가입연도	US	ARWU	QS	Times
La Jolla, CA	주립	1960	1982	38	14	70	32
재산	연구비	학부	대학원	교수	노벨	필즈	튜링	퓰리처
5억 6천만	8억 4천만	22,676	6,376	1,076	20	2	−	1

10) UCSB

　UCSB(University of California-Santa Barbara[UC Santa Barbara])는 원래 사범학교였으나 1944년에 UC 계열 주립대학의 하나가 되었다. 그리고 1960년대 말에서 1970년대 초에 UCSB는 반 베트남 전쟁 운동의 메카 중 하나였다. 살인과 방화가 일어나기도 했고, 통행금지가 내려진 적도 있으며, 한때는 군대가 주둔하기도 하였다. 그러나 그 후 시간이 지나자 대학은 평온을 되찾았고, 특히 1994년부터 현재까지 20년 동안 총장직을 충실히 수행하는 헨리 양(Henry Yang)의 리더십 덕에 재료·화학·전기·기계·컴퓨터 등 공학 분야뿐 아니라 물리학, 해양학, 지리학, 역사학 등에서도 미국 내 정상급에 올라섰다. 저명한 동문으로는 영화배우 컥 더글러스(Kirk Douglas)의 아들로서 아카데미상을 받은 배우 겸 제작자이며 UCSB 명예 동창회장을 맡고 있는 마이클 더글러스(Michael Douglas)와 같은 영화인으로서 아카데미상을 수상한 기네스 팰트로(Gwyneth Paltrow)가 있다. UCSB 관련 주요 정보를 제시하면 다음 〈표 2-11〉과 같다.

표 2-11　UCSB 관련 주요정보

소재지	설립별	설립연도	가입연도	US	ARWU	QS	Times
Santa Barbara, CA	주립	1891	1995	41	34	118	35
재산	연구비	학부	대학원	교수	노벨	필즈	튜링	퓰리처
2억 1천만	2억	18,977	2,950	1,050	5	1	-	-

11) 캘리포니아 공과대학

캘리포니아 공과대학(California Institute of Technology[Caltech])은 120년이 넘는 역사에도 불구하고 학생 2천여 명에 교수 약 3백 명의 아주 조그만 대학이다. 그러나 공학, 물리학, 화학, 생물학, 지질학, 우주과학 및 경제학의 연구 수준은 세계 최정상급이어서 동부의 매사추세츠 공과대학(MIT)과 항상 경쟁관계에 있다. 그리고 노벨상 수상자만 해도 교수 및 동문을 포함하면 31명이나 배출하였다. 캘리포니아 공과대학 출신의 저명한 동문들로는 우선 노벨상 수상자이자 반도체 소재로 게르마늄(germanium) 대신 실리콘(silicon) 사용에 성공하여 '실리콘 밸리(Silicon Valley)' 탄생에 기여한 쇼클리(Shockley)가 있다. 그의 공격적인 경영방식과 괴짜 성격에 불만을 품고 그의 회사를 뛰쳐나온 8명을 '8명의 배신자(Traitorous Eight)'라 하는데, 그 가운데는 인텔(Intel)의 공동 창업자 고든 무어(Gordon Moore)도 있다. 또한 오래 전에 감독 및 제작자로서 아카데미상을 6회나 수상한 프랭크 카프라(Frank Capra)도 있다. 캘리포니아 공과대학 관련 주요정보를 제시하면 다음 〈표 2-12〉와 같다.

표 2-12 캘리포니아 공과대학 관련 주요정보

소재지	설립별	설립연도	가입연도	US	ARWU	QS	Times
Pasadena, CA	사립	1891	1934	5	6	10	1
재산	연구비	학부	대학원	교수	노벨	필즈	튜링	퓰리처
17억 5천만	2억 7천만	978	1,253	294	31	1	6	-

12) 카네기 멜런 대학

카네기(A. Carnegie)는 원래 듀크, 코넬, 스탠퍼드, 홉킨스, 록펠러, 밴더빌트와 같은 자선사업가들이 자신의 부의 일부를 기증하여 대학을 세우는 데 자극 받아 자신의 철강 공장이 있는 피츠버그에 자기 노동자의 자녀들을 위한 대학을 세우고자 카네기 공대를 세웠다. 멜런 또한 부친의 가업을 승계하여 부를 쌓고 은행가, 영국 대사 및 미 재무장관을 지냈는데, 부친의 공을 기리기 위해 자신의 고향인 피츠버그에 멜런 산업대를 세웠다. 그런데 나중에 이 두 대학이 통합되어 CMU가 된 것이다. 한편, CMU는 피츠버그 대학이 바로 이웃에 있고, 또 두 대학 간에는 역사적으로도 긴밀한 관계가 있어, 여러 분야에서 여전히 서로 공조가 잘 이루어지고 있다. 카네기 멜런 대학의 컴퓨터 사이언스는 미국 내 최고 수준이고 공학 분야도 탁월하며 그 외에 미술 및 공공정책 분야도 아주 우수한 편이다. 이 대학 관련자 중 저명한 인사로는 영화 〈뷰티풀 마인드 (*A Beautiful Mind*)〉의 소재가 된 노벨 경제학상 수상자 존 내쉬(John Nash), 첫 번째 튜링상 수상자이자 프로그래밍 언어의 개척자 앨런 펄리스(Alan Perlis)와 연예인 앤디 워홀(Andy Warhol), 그리고 전 KAIST 서남표 총장 등이 있다. 카네기 멜런 대학(Carnegie Mellon University[CMU]) 관련 주요정보를 제시하면 다음 〈표 2-13〉과 같다.

표 2-13 카네기 멜런 대학 주요정보

소재지	설립별	설립연도	가입연도	US	ARWU	QS	Times
Pittsburgh, PA	사립	1900	1982	23	51	49	22
재산	연구비	학부	대학원	교수	노벨	필즈	튜링	퓰리처
9억 9천만	2억 1천만	6,203	6,290	1,423	18	–	12	–

13) 케이스 웨스턴 리저브 대학

케이스 웨스턴 리저브 대학(Case Western Reserve University[Case Western, CWRU])은 앞에서 이야기했듯이, 케이스가 설립한 케이스 공대와 웨스턴 리저브 대학이 통합된 대학이다. 사실 이 대학은 미국 밖에서는 잘 알려지지 않은 것 같지만, 그간 노벨상 수상자를 16명이나 배출한 알찬 대학이다. 이 대학은 특히 의학, 치의학, 의공학 등, 공학 분야에 강점을 가지고 있다. 이 대학 출신의 저명인사로는 아인슈타인의 특수 상대성 이론을 증명하는 실험을 하여 미국 최초의 노벨상 수상자가 된 미켈슨(Michelson), 다우 케미컬의 설립자 다우(Dow), 인슐린을 개발한 맥러드(Macleod), Gmail을 개발한 북하이트(Buchheit), 그리고 최초의 컴퓨터 바이러스를 퇴치하는 백신을 개발한 티펫(Tippett) 등이 있다. CWRU 관련 주요정보를 제시하면 다음 〈표 2-14〉와 같다.

표 2-14 케이스 웨스턴 리서브 관련 주요정보

소재지	설립별	설립연도	가입연도	US	ARWU	QS	Times
Cleveland, OH	사립	1826	1969	37	99	164	104
재산	연구비	학부	대학원	교수	노벨	필즈	튜링	퓰리처
17억	4억 2천만	4,227	5,458	2,400	16	–	1	2

14) 시카고 대학

시카고 대학(University of Chicago)은 록펠러가 설립한 대학으로, 세계 최고의 명문대학 가운데 하나다. 시카고 대학은 독자적인 학풍을 일으키는 것으로 유명하다. 예를 들면, 경제학의 시카고학파, 사회학의 시카고

학파, 인류학의 시카고학파, 문예비평의 시카고학파, 종교학의 시카고학파, 그리고 정치학의 시카고학파 등이 그것이다. 또한 시카고 대학은 최초로 핵반응을 일으켜 원자폭탄 제조의 길을 연 것으로 유명하다. 그간 노벨상 수상자가 87명에, 필즈상 수상자도 9명이나 배출되었다. 그리고 또 시카고 대학 출판부는 미국 대학 출판부 가운데서 최대 규모인 것으로 알려져 있다. 시카고 대학 관련 저명인사들로는 세계은행 총재 월포위치(Wolfowitz), 워싱턴 포스트지 발행인 캐서린 그러햄(Katharine Graham), 노벨 문학상을 받은 솔 벨로우(Saul Bellow), 천문학자 칼 사강(Carl Sagan)과 허블(Hubble), 경제학자 프리드먼(Friedman), 과학사가 토머스 쿤(Thomas Kuhn), 그리고 한국 교육학의 태두 정범모 등이 있다. 시카고 대학 관련 주요정보를 제시하면 다음 〈표 2-15〉와 같다.

표 2-15 시카고 대학 관련 주요정보

소재지	설립별	설립연도	가입연도	US	ARWU	QS	Times
Chicago, IL	사립	1890	1900	4	9	8	10
재산	연구비	학부	대학원	교수	노벨	필즈	튜링	퓰리처
65억 1천만	3억 6천만	5,134	10,304	2,168	87	9	–	–

15) 클로라도 대학

콜로라도 대학(University of Colorado-Boulder)은 물리학 분야(원자, 분자, 광학, 양자)가 미국 내 최고 수준이다. 그리고 환경법, 우주공학, 요업, 지질학 등도 강한 것으로 알려져 있다. 또한 NASA의 지원을 가장 많이 받는 대학 중 하나다. 그래서 콜로라도 대학 출신 중에 우주비행사가 유독 많다. 콜로라도 대학과 관련된 저명인사로는 애플사의 공동창업자 워즈니악(Wozniak), '국경 없는 엔지니어(Engineers Without Borders)'의 창설자 애머데이(Amadei), 커뮤니케이션 이론가 크레익(Craig), 그리고 심리치료 및 죽음에 관한 세계적인 권위자인 스위스 출신의 쿠블러-로스(Kubler-Ross) 등이 있다. 콜로라도 대학 관련 주요정보를 제시하면 다음 〈표 2-16〉과 같다.

표 2-16 콜로라도 대학 관련 주요정보

소재지	설립별	설립연도	가입연도	US	ARWU	QS	Times
Boulder, CO	주립	1876	1966	94	32	142	77
재산	연구비	학부	대학원	교수	노벨	필즈	튜링	퓰리처
7억 9천만	2억 6천만	24,757	5,127	1,075	11	–	1	2

16) 컬럼비아 대학

컬럼비아 대학(Columbia University in the City of New York[Columbia University])은 미국에 여럿 있지만, 세계적인 명문대학은 뉴욕에 있는 대학이다. 컬럼비아 대학은 미국에서 최초로 의학박사(MD) 학위를 수여하는 등, 학문적으로 거의 전 분야가 아주 우수하다. 그 외에도 언론인·문학가·작곡가 등에게 주는 퓰리처(Pulitzer) 상을 이 대학에서 수여한다. 컬럼비아 대학 출신 중에는 9명의 연방 대법관, 20명의 억만장자, 26명의 국가 원수, 그리고 3명의 미국 대통령(두 명의 루스벨트 대통령과 현재의 오바마 대통령)이 있다. 그리고 아이젠하워 대통령도 한때는 이 대학 총장을 지내기도 했다. 그 외에도 저명한 인물로는 워싱턴의 군사 보좌관이자 초대 재무장관을 지낸 해밀턴(Hamilton), 전 미 국무장관 올브라이트(Albright), 투자의 귀재이자 자선사업가 워렌 버핏(Warren Buffet), IBM 창업자 홀러리스(Hollerith), 철학자 노직(Nozick), 저명한 대중 음악가 리처드 로저스(Richard Rodgers)와 아트 가펑클(Art Garfunkel) 등 이루 헤아릴 수 없을 정도로 많다. 컬럼비아 대학 관련 주요정보를 제시하면 다음 〈표 2-17〉과 같다.

표 2-17 컬럼비아 대학 관련 주요정보

소재지	설립별	설립연도	가입연도	US	ARWU	QS	Times
New York, NY	사립	1754	1900	4	8	11	14

재산	연구비	학부	대학원	교수	노벨	필즈	튜링	퓰리처
76억 5천만	5억 5천만	7,934	19,672	3,634	43	5	–	119

17) 코넬 대학

코넬 대학(Cornell University)은 아이비리그 대학 중 가장 뒤늦게 설립된 대학이다. 더구나 아이비리그의 다른 대학들이 모두 사립대학인 것과는 달리, 코넬 대학은 코넬이 기증한 땅 위에 그의 기부금으로 설립된 사립대학이지만, 뉴욕 주의 지원을 받아 주립의 성격을 가진 단과대학이 3개나 된다. 굳이 그 성격을 규정하자면, 공사립 혼재 대학이라 할 수 있다. 한편, 코넬 대학은 1883년 미국 대학 중 가장 먼저 전기를 이용하여 캠퍼스를 밝힌 대학으로 알려져 있다. 코넬 대학은 수의학 및 신문방송학에 최초의 학위를 수여했으며, 전기 및 산업공학 박사를 미국 내에서 가장 먼저 배출한 대학이다. 또한 최초로 호텔경영 대학 및 노사관계 대학을 세웠으며, 미국학과 극동지역 언어 학과를 미국에서 최초로 개설한 곳도 바로 코넬 대학이다. 또 건축과 디자인 분야, 경영 및 경제, 법학 분야에서도 미국 내에서 손꼽히고 있다. 코넬 대학과 관련된 저명인사로는 사회심리학의 아버지 쿠르트 레빈(Kurt Lewin), 녹색혁명의 아버지 노먼 보어록(Norman Borlaug), 그리고 TV 시리즈물 '코스모스(Cosmos)'로 유

명한 칼 사강(Carl Sagan)이 이 대학교수였다. 또 미국 최초의 여성 각료이
자 노사문제와 사회보장제의 전문가인 프랜시스 퍼킨스(Frances Perkins)
와 노벨문학상 수상작가 펄 벅(Pearl Buck)도 이 대학 출신이다. 코넬 대
학 관련 주요정보를 제시하면 다음 〈표 2-18〉과 같다.

표 2-18 코넬 대학 관련 주요정보

소재지	설립별	설립연도	가입연도	US	ARWU	QS	Times
Ithaca, NY	사립	1865	1900	15	13	14	18
재산	연구비	학부	대학원	교수	노벨	필즈	튜링	퓰리처
52억 3천만	4억 6천만	13,935	7,869	2,874	41	1	2	4

18) 듀크 대학

  듀크 대학(Duke University)은 미국 남부의 하버드라고 할 정도로 학부
와 대학원이 모두 강한 명문대학이다. 듀크 대학은 특히 의학, 간호학,
생명 과학, 경영학 등이 아주 강하다. 그 외에도 법학, 영문학, 역사학, 임
상심리학, 정치학, 사회학 등도 대단히 강한 편이다. 듀크 대학 출신 저
명인사로는 리처드 닉슨(Richard Nixon) 전 미국 대통령, 애플 사 사장 팀
쿡(Tim Cook), 빌 앤 멜린다 게이츠 재단의 공동설립자이자 빌의 부인 멜
린다 게이츠(Melinda Gates), 영화감독 겸 제작자 랜델 월러스(Randall
Wallace) 등이 있다. 그리고 현존 최고의 대학 남자농구 감독이자 흔히
'Coach K'라는 별명으로 더 자주 불리는 슈셰브스키(Krzyzewski) 감독이
아직도 현역으로 활동 중이다. 슈셰프스키 감독은 대학 농구 역대 최다
승 감독일 뿐 아니라 미국 올림픽 팀을 이끌고 두 차례 우승을 한 적도 있
다. 듀크 대학 관련 주요정보를 제시하면 다음 〈표 2-19〉와 같다.

표 2-19 듀크 대학 관련 주요정보

소재지	설립별	설립연도	가입연도	US	ARWU	QS	Times
Durham, NC	사립	1838	1938	8	36	20	22
재산	연구비	학부	대학원	교수	노벨	필즈	튜링	퓰리처
83억	7억 7천만	6,484	8,107	3,262	19	−	2	5

19) 에모리 대학

에모리 대학(Emory University)은 감리교 주교 존 에모리를 기리기 위해 설립된 대학이다. 그러나 코카콜라 회사 회장인 애서 캔들러(Asa Candler)가 토지를 증여하여 현재의 장소로 이주한 뒤로 비약적인 발전을 거듭하였다. 그 뒤로도 에모리 대학은 코카콜라 회사와 밀접한 관련을 가지고 있고 많은 후원도 받았다. 에모리 대학은 특히 의생명 공학과 공중 보건학에서 강세를 보인다. 그 외에 간호학, 의학, 경영학, 법학 등도 강한 편이다. 에모리 대학과 관련된 저명인사로는 미 대통령을 지낸 지미 카터(Jimmy Carter), 제16대 달라이 라마(Dalai Rama), 전 하원의장 뉴트 깅리치(Newt Ginglich), 한국의 국무총리를 지낸 이홍구, 그리고 전설적인 골퍼 바비 존스(Bobby Johns) 등이 있다. 에모리 대학 관련 주요정보를 제시하면 다음 〈표 2-20〉과 같다.

표 2-20 에모리 대학 관련 주요정보

소재지	설립별	설립연도	가입연도	US	ARWU	QS	Times
Druid Hills, GA	사립	1836	1995	20	125	114	75
재산	연구비	학부	대학원	교수	노벨	필즈	튜링	퓰리처
54억	4억 4천만	7,656	6,580	3,619	1	−	−	7

20) 플로리다 대학

플로리다 대학(University of Florida-Gainesville)은 특히 식품 및 농업과
학 분야에서 미국 내 최고다. 미국 과학재단(National Science Foundation:
NSF)으로부터 이 분야 연구비를 가장 많이 받는 대학이기도 하다. 그 결
과 이와 관련된 생명공학 회사도 대학 주변에 약 50개나 설립되었으며,
이는 대학의 특허관련 수입, 그리고 지역사회 경제(약 90억 달러) 및 직업
창출(10만 개)에 엄청난 기여를 한다. 잘 알려진 스포츠 음료 게토레이드
(Gatorade)가 탄생된 곳도 바로 이 대학이다. 최근 플로리다 대학은 우주
과학 분야에서 두각을 나타내어 NASA로부터도 많은 지원을 받고 있다.
최근 플로리다 대학은 스포츠 분야에도 많은 관심을 기울여, 텍사스 대
학 및 오하이오 주립대학과 함께 가장 많은 예산을 사용하는 대학으로
알려져 있고, 또 그 결과 좋은 성적을 거두고 있다. 한편, 이 대학과 관련
된 저명인사로는 영화배우 페이 더너웨이(Faye Dunaway), 미국 프로야
구 뉴욕 양키스의 구단주 슈타인브레너(Steinbrenner), 그리고 대학시절
미식축구 선수로서 최고 영예인 하이즈먼(Heisman) 트로피 수상자이자
나중에는 이 대학 감독으로 전국 챔피언에 오른 스티브 스푸리어(Steve
Spurrier) 등이 있다. 플로리다 대학과 관련된 주요정보를 제시하면 다음
〈표 2-21〉과 같다.

표 2-21 플로리다 대학 관련 주요정보

소재지	설립별	설립연도	가입연도	US	ARWU	QS	Times
Gainesville, FL	주립	1853	1985	58	72	–	–

재산	연구비	학부	대학원	교수	노벨	필즈	튜링	퓰리처
13억	5억 7천만*	32,598	16,991	5,081	2	1	–	7

* 2009년 자료임.

21) 조지아 공대

조지아 공대(Georgia Institute of Technology[Georgia Tech])는 남북전쟁 후 피폐해진 남부의 산업을 재건하고, 북부의 명성 있는 공대에 맞먹는 공대를 남부에도 설립하기로 한 조지아 주의 선각자들에 의해 주립으로 세워지게 되었다. 조지아 공대는 그 이름대로 공학 분야가 아주 강한데, 특히 산업공학, 우주공학, 환경공학, 의생명 공학은 미국 내 최고 수준이고, 그 외에 토목공학, 전기공학, 재료공학, 화학공학, 컴퓨터 과학도 아주 강하다. 조지아 공대와 관련된 저명인사로는 지미 카터 대통령이 잠시 이 대학을 다녔으며, 노벨 화학상을 받은 캐리 멀리스(Kary Mullis) 등이 있다. 조지아 공대와 관련된 주요정보를 제시하면 다음 〈표 2-22〉와 같다.

표 2-22 조지아 공대 관련 주요정보

소재지	설립별	설립연도	가입연도	US	ARWU	QS	Times
Atlanta, GA	주립	1885	2010	36	125	88	25
재산	연구비	학부	대학원	교수	노벨	필즈	튜링	퓰리처
16억 2천만	5억 2천만	14,527	7,030	4,875	3	–	–	1

22) 하버드 대학

하버드 대학(Harvard University)은 학문적으로나 재정적으로 말 그대로 세계 최고 대학들 중에서도 단연 최고의 대학이다. 이런 이유들로 문학작품이나 영화에도 어느 대학보다 더 자주 배경으로 등장한다. 공학 및 응용과학부가 비교적 최근인 2007년에 설립되어 아직은 톱클래스에 진입하지 못했지만, 나머지 거의 전 분야는 세계 최고의 수준이다. 그리고 하버드 대학 도서관은 미국 내에서 가장 클 뿐 아니라 세계적으로도 가장 큰 도서관 가운데 하나다. 하버드 대학은 원래는 남자들만을 위한 대학이었으나, 1977년 이웃에 있는 래드클리프(Radcliffe) 대학과 통합하여 이제는 남녀공학이 되었다. 하버드 대학은 그동안 8명의 미국 대통령과 62명의 억만장자를 배출하였다. 그리고 노벨상 수상 관련자도 75명이나 된다. 그 외에도 반기문 UN 사무총장 등 각국의 대통령이나 수상 등 정치적으로 영향력 있는 인사들을 수없이 배출했다. 하버드 대학과 관련된 저명인사로는 먼저 미국 독립선언서에 가장 큰 서명을 남긴 존 핸콕(John Hancock), 두 명의 루스벨트 대통령, 케네디 대통령, 그리고 현 오바마 대통령 등을 들 수 있다. 그 외에도 마이크로소프트 컴퓨터 회사 설립자 겸 자선사업가 빌 게이츠, 페이스 북의 창설자 저커버그(M. Zuckerberg), 작가 헨리 소로(Henry Thoreau)와 랠프 에머슨(Ralph Emerson), 시인 엘리엇(T. S. Eliot)과 커밍스(E. E. Cummings), 영화배우 잭 레먼(Jack Lemmon)과 타미 리 존스(Tommy Lee Johns) 등이 있다. 그리고 전·현직 저명한 교수로는 철학자 노직(Nozick), 펏남(Putnam), 마이클 샌델(Michael Sandel), 그리고 생물사회학자 윌슨(E. O. Wilson), 지능이론의 권위자 하워드 가드너(Howard Gardner) 등이 있다. 하버드 대학과 관련된 주요정보를 제시하면 다음 〈표 2-23〉과 같다.

표 2-23 하버드 대학 관련 주요정보

소재지	설립별	설립연도	가입연도	US	ARWU	QS	Times
Cambridge, MA	사립	1636	1900	1	1	3	4

재산	연구비	학부	대학원	교수	노벨	필즈	튜링	퓰리처
320억	4억 5천만	6,655	14,044	2,107	75	3	-	35

23) 일리노이 대학

일리노이 대학(University of Illinois-Urbana/Champagne)은 모릴(Morill) 법의 영향으로 설립된 대학이다. 설립 당시 여러 도시가 서로 대학을 유 치하려고 했으나 최종적으로 지금의 어배너(Urbana)가 학교 부지로 선정 되었고, 원래 명칭은 일리노이 산업대였으나 나중에 개명하였다. 일리노 이 대학은 슈퍼컴퓨터를 보유하고 있으며, 이와 관련된 분야가 강하고, 문헌정보학, 노사관계학, 교육학, 회계학, 공학 등도 아주 강하다. 그 외 에 물리학, 화학, 농공학, 심리학 등도 강한 편이다. 일리노이 대학과 관 련된 저명인사로는 물리학에서 노벨상을 두 번이나 수상한 존 바딘(John Bardeen), 구조공학의 선구자 칸(Khan), 넷스케이프(Netscape)의 창설자 앤드리신(Andreeseen), 그리고 *Playboy*의 창간자 휴 헤프너(Hugh Hefner) 등이 있다. 일리노이 대학과 관련된 주요정보를 제시하면 다음 〈표 2-24〉 와 같다.

표 2-24 일리노이 대학 관련 주요정보

소재지	설립별	설립연도	가입연도	US	ARWU	QS	Times
Twin Cities*, IL	주립	1867	1908	45	25	56	31
재산	연구비	학부	대학원	교수	노벨	필즈	튜링	퓰리처
16억	5억	31,932	10,674	2,971	21	1	1	20

* Urbana/Champagne.

24) 인디애나 대학

인디애나 대학(Indiana University-Bloomington)은 원래 주립 신학교 (State Seminary)로 출발하였다. 인디애나 대학은 특히 음악, 정보과학 및 컴퓨터, 교육공학, 경영학, 공중보건 등이 강하다. 그리고 법학, 교육학, 공공정책 및 환경문제 분야도 강하다고 할 수 있다. 이 대학과 관련된 저명인사로는 이 대학 총장을 지낸 뒤 다시 스탠퍼드 대학 초대 총장을 지낸 데이비드 조던(David Jordan), 전 미국 국방장관 로버트 게이츠(Robert Gates), 전 미국 재무장관 폴 오닐(Paul O'Neill), 성 문제의 세계적 권위자 알프레드 킨제이(Alfred Kinsey), 전설적인 대학 남자농구 감독 밥 나이트(Bob Knight), 위키피디아(Wikipedia)의 공동설립자 지미 웨일즈(Jimmy Wales) 등이 있다. 인디애나 대학과 관련된 주요정보를 제시하면 다음 〈표 2-25〉와 같다.

표 2-25 　인디애나 대학 관련 주요정보

소재지	설립별	설립연도	가입연도	US	ARWU	QS	Times
Bloomington, IN	주립	1820	1909	75	82	216	156
재산	연구비	학부	대학원	교수	노벨	필즈	튜링	퓰리처
15억 7천만	1억 5천만	32,543	9,509	2,984	4	–	–	9

25) 아이오와 대학

아이오와 대학(University of Iowa)은 미시시피 서부에서 최초로 법과대학을 세웠다. 그리고 아이오와 대학의 병원은 의학교육의 요람으로서 미국에서 가장 큰 대학병원 가운데 하나다. 또한 아이오와 대학의 글쓰기 프로그램은 유명하여 많은 퓰리처 수상자를 배출하였으며, 표준화 심리검사의 개발에서도 개척자 역할을 하였다. 아이오와 대학과 관련된 저명인사로는 세계적 거부 하워드 휴즈 2세(Howard Hughes Jr.)의 아버지 하워드 휴즈 1세, 아이오와 작가 워크숍 및 스탠퍼드 대학 커뮤니케이션 연구소의 설립자 윌버 슈람(Wilbur Schramm), 사회심리학자 레온 페스팅거(Leon Festinger), ACT(American College Testing) 검사의 창안자 린드퀴스트(Lindquist), 퓰리처상을 수상한 극작가 테네시 윌리엄스(Tennessee Williams), 갤럽 여론조사연구소의 설립자 조지 갤럽(George Gallop), 전 NBC 앵커 탐 브로코(Tom Brokaw) 등이 있다. 아이오와 대학과 관련된 주요정보를 제시하면 다음 〈표 2-26〉과 같다.

표 2-26 아이오와 대학 관련 주요정보

소재지	설립별	설립연도	가입연도	US	ARWU	QS	Times
Iowa City, IA	주립	1847	1909	72	125	199	169
재산	연구비	학부	대학원	교수	노벨	필즈	튜링	퓰리처
10억 4천만	3억 5천만*	20,574	9,754	2,156	–	–	–	16

* 2009년 자료임.

26) 아이오와 주립 공과대학

아이오와 주립 공과대학(Iowa State University of Science and Technology [Iowa State])은 흔히 줄여서 아이오와 주립대학이라 하는데, 아이오와 대학과 마찬가지로 같은 주립대학이면서 심한 경쟁관계에 있어 서로 상생한다. 아이오와 주립대학은 농공학, 가정학, 수의학, 통계학 등이 특히 강하다. 그 외에 신문방송학, 우주항공학, 토목공학, 재료공학, 화학공학 등도 강한 편이다. 이 대학과 관련된 저명인사로는 전 미국 부통령 헨리 월러스(Henry Wallace), 전 대만 총통 이등휘, 노벨 경제학상을 받은 시어도어 슐츠(Theodore Schultz) 등이 있다. 아이오와 주립대학과 관련된 주요정보를 제시하면 다음 〈표 2-27〉과 같다.

표 2-27 아이오와 주립대학 관련 주요정보

소재지	설립별	설립연도	가입연도	US	ARWU	QS	Times
Ames, IA	주립	1858	1958	101	175	319	193
재산	연구비	학부	대학원	교수	노벨	필즈	튜링	퓰리처
6억 1천만	2억 2천만	25,553	5,987	1,709	2	–	–	3

27) 존스 홉킨스 대학

존스 홉킨스 대학(Johns Hopkins University)은 미국 최초의 독일형 연구중심 대학이라 할 수 있다. 미국 과학재단(NSF)에 의하면, 존스 홉킨스 대학은 지난 30년 동안 과학·의학·공학 분야의 연구 및 개발(R&D) 부분 지출에서 미국 내 1위를 줄곧 지켜왔다. 그리고 존스 홉킨스 대학은 볼티모어 시에만 캠퍼스가 있는 것이 아니라 워싱턴 DC, 이탈리아, 중국, 싱가포르에도 있다. 한편, 이 대학은 미국 내 최초로 공중보건 대학 및 음악대학을 설립했으며, 간호대학도 가장 오래된 대학 중 하나다. 이 대학은 특히 의학, 보건학, 간호학, 생명과학, 약학 분야가 미국 내 톱클래스에 속하고, 그 외에 음악, 교육학, 가정학, 국제관계 분야도 아주 강하다. 그리고 이 대학 부속 병원은 지난 약 20년간 미국에서 가장 훌륭한 병원으로 꼽혔다. 이 대학 출신 저명인사로는 우드로 윌슨(Woodrow Wilson) 전 미국 대통령, 뉴욕 시장이자 브룸버그 통신의 창설자인 마이클 블룸버그(Michael Bloomberg), 전 철학자 겸 교육학자 존 듀이(John Dewey), 직업 흥미검사를 개발한 존 홀랜드(John Holland), 수학의 노벨상이라 할 수 있는 필즈상을 제정한 존 필즈(John Fields), 그리고 행동주의 심리학의 개척자 존 왓슨(John Watson) 등을 들 수 있다. 존스 홉킨스 대학과 관련된 주요정보를 제시하면 다음 〈표 2-28〉과 같다.

표 2-28 　존스 홉킨스 대학 관련 주요정보

소재지	설립별	설립연도	가입연도	US	ARWU	QS	Times
Baltimore, MD	사립	1876	1900	13	17	16	14
재산	연구비	학부	대학원	교수	노벨	필즈	튜링	퓰리처
25억 9천만	16억 8천만	5,066	1,981	3,100	37	1	–	3

28) 캔자스 대학

캔자스 대학(University of Kansas-Lawrence)은 사업가 로렌스가 기부한 자금을 바탕으로 설립된 주립대학이다. 캔자스 대학은 특히 특수교육, 도시경영 및 정책, 건축 및 디자인 분야가 미국 내 톱클래스에 속한다. 그 외에 다른 분야도 거의 모두 상위권에 속한다. 이 대학과 관련된 저명 인사로는 전 미국 대통령 후보 밥 도울(Bob Dole), 콜롬비아 대통령 후안 산토스(Juan Santos), 농구경기의 창안자 제임스 네이스미스(James Naismith), 전설적인 대학 남자농구 감독들인 포레스트 앨런(Forrest Allen), 아돌프 럽 (Adolph Rupp)과 딘 스미스(Dean Smith), 그리고 전설적인 농구선수 월트 챔버레인(Wilt Chamberlain) 등이 있다. 캔자스 대학과 관련된 주요정보를 제시하면 다음 〈표 2-29〉와 같다.

표 2-29 　캔자스 대학 관련 주요정보

소재지	설립별	설립연도	가입연도	US	ARWU	QS	Times
Lawrence, KS	주립	1865	1909	106	175	425	287
재산	연구비	학부	대학원	교수	노벨	필즈	튜링	퓰리처
12억 5천만	1억 3천만	20,330	9,022	2,529	1	–	–	2

29) 매릴랜드 대학

매릴랜드 대학(University of Maryland-College Park[UMCP])은 수도 워싱턴 DC 부근에 위치한 탓에 연방정부와의 관계가 특히 돈독하여 지원을 받는 데 매우 유리하다고 할 수 있다. 매릴랜드 대학은 수학, 물리학, 공학, 신문방송학 등 많은 학문 분야가 미국 내에서도 아주 강하다. 이 대학과 관련된 저명인사로는 게임이론의 창안자이자 노벨상 수상자인 토마스 셸링(Thomas Schelling), 워터게이트 사건을 파헤친 칼 번스타인(Carl Bernstein), 구글(Google)의 공동 설립자 세르게이 브린(Sergey Brin), 그리고 유명한 여성 TV 앵커 카니 정(Connie Chung) 등이 있다. 매릴랜드 대학과 관련된 주요정보를 제시하면 다음 〈표 2-30〉과 같다.

표 2-30 매릴랜드 대학 관련 주요정보

소재지	설립별	설립연도	가입연도	US	ARWU	QS	Times
College Park, MD	주립	1856	1969	55	38	113	94
재산	연구비	학부	대학원	교수	노벨	필즈	튜링	퓰리처
7억 9천만	4억	26,826	10,805	4,248	6	2	–	18

30) 매사추세츠 공대

매사추세츠 공대(Massachusetts Institute of Technology[MIT])는 원래 독일식 연구중심 대학과 프랑스식 폴리테크닉 대학을 모델로 하여 설립된 대학이다. 처음에는 응용과학 및 기술공학적 연구와 교육을 강조하였다. 그러다가 1930년대부터 기초과학의 중요성을 깨닫고 이를 강조하기 시작했으며, 1950년대부터는 그 범위를 경제학, 경영학, 언어학, 정치학 등으로 넓혀나갔다. 아무튼 MIT는 현재 공학과 컴퓨터 과학 분야에서 세계 제일이다. 컴퓨터, 레이더, 탄도 미사일 개발에도 깊숙이 관여하여 미국 국방성과도 매우 밀접한 관계를 맺고 있다. MIT와 관련된 저명인사로는 현대 정보처리이론의 개척자 섀넌(Shannon), 언어학자 촘스키(Chomsky), 노벨 경제학상 수상자 폴 크루그먼(Paul Krugman), 이스라엘 총리 네탄야후(Netanyahu), 전 유엔 사무총장 코피 아난(Kofi Annan), 그리고 인텔(Intel)의 공동설립자 로버트 노이스(Robert Noyce) 등을 들 수 있다. MIT와 관련된 주요정보를 제시하면 다음 〈표 2-31〉과 같다.

표 2-31   MIT 관련 주요정보

소재지	설립별	설립연도	가입연도	US	ARWU	QS	Times
Cambridge, MA	사립	1861	1934	5	3	1	5
재산	연구비	학부	대학원	교수	노벨	필즈	튜링	퓰리처
100억 2천만	6억 6천만	4,384	6,510	1,018	77	–	9	–

31) 맥길 대학

맥길 대학(McGill University)은 스코틀랜드 출신 거부 제임스 맥길(James MaGill)에 의해 캐나다 퀘벡 주 몬트리올 시에 설립된 대학이다. 맥길 대학은 캐나다 최고의 명문대학으로서 거의 전 분야가 미국의 톱클래스 대학과 비교해도 손색이 없을 정도로 강하다. 그러나 그 중에서도 특히 생명과학, 의학, 인문학이 강하고, 사회과학, 자연과학 및 공학도 강한 편이다. 이 대학과 관련된 저명인사로는 두 명의 전 캐나다 수상 존 애보트(John Abbott)와 윌프리드 로리어(Wilfrid Laurier), 노벨상 수상자 어니스트 러더포드(Ernest Rutherford), 그리고 사회철학자 찰스 테일러(Charles

Taylor), 농구경기를 창안한 제임스 네이스미스(James Naismith) 등을 들 수 있다. 맥길 대학과 관련된 주요정보를 제시하면 다음 〈표 2-32〉와 같다.

표 2-32 맥길 대학 관련 주요정보

소재지	설립별	설립연도	가입연도	US	ARWU	QS	Times
Montreal, Canada	공립	1821	1926	–	63	18	34
재산	연구비	학부	대학원	교수	노벨	필즈	튜링	퓰리처
9억 2천만	2억 6천만	25,938	8,881	1,603	11	–	–	3

32) 미시간 대학

미시간 대학(University of Michigan-Ann Arbor[U Mich])은 캘리포니아 (버클리) 대학과 더불어 미국 주립대학 가운데 최고에 속한다. 또한 이 대학의 거의 전 분야가 매우 우수한 편에 속한다. 미시간 대학은 학교의 역사도 상당히 오래 되었고 또 규모도 커서 전 세계적으로 가장 동문이 많은 대학 가운데 하나다. 그리고 이 대학이 보유한 재산이나 지출한 연구비 수준에 있어서도 여느 명문대학에 못지 않다. 이 대학은 또한 1960년대 케네디 대통령(J. F. Kennedy) 시절 세계적인 평화봉사단(Peace Corps)을 탄생시킨 대학이기도 하다. 이 대학과 관련된 저명인사로는 전 미국 대통령 제럴드 포드(Gerald Ford), 록히드 항공사 회장 윌리스 호킨스(Willis Hawkins), 구글(Google) 공동 설립자 래리 페이지(Larry Page)와 로버트 베이스터(Robert Beyster), 정보이론의 개척자 클로드 셰넌(Claude Shannon), 사회과학에서 리커트 척도의 개발자 렌시스 리커트(Rensis Likert), 작가 아서 밀러(Arthur Miller), 미국 올림픽 수영의 영웅 마이클 펠

프스(Michael Phelps), 그리고 대중음악계의 슈퍼스타 마돈나(Madonna) 등이 있다. 미시간 대학과 관련된 주요정보를 제시하면 다음 〈표 2-33〉 과 같다.

표 2-33 미시간 대학 관련 주요정보

소재지	설립별	설립연도	가입연도	US	ARWU	QS	Times
Ann Arbor, MI	주립	1817	1900	29	22	14	18

재산	연구비	학부	대학원	교수	노벨	필즈	튜링	퓰리처
76억 9천만	8억 8천만	27,979	12,714	6,615	7	1	3	18

33) 미시간 주립대학

미시간 주립대학(Michigan State University(MSU))은 미시간 대학과 마찬가지로 주립대학이다. 그런데 이 대학은 특히 모릴 법(Morrill Act)에 의한 토지증여대학의 모범적인 사례가 되었다. 이 대학 또한 미시간 대학처럼 규모가 크고 전 세계적으로 동창이 많기로 유명하다. 미시간 주립대학은 여러 학문분야가 강하지만, 그 중에서도 특히 교육학, 산업 및 조직 심리학, 핵물리학, 커뮤니케이션 분야에서는 미국 내 톱클래스에 속한다. 그 외에 경영학, 회계학, 정치학, 법학, 신문방송학, 음악치료, 농학, 수의학 및 의학도 강한 편에 속한다. 이 대학과 관련된 저명인사로는 원예학의 아버지 리버티 베일리(Liberty Bailey), 본질주의(essentialism) 교육학의 대변자 윌리엄 배글리(William Bagley), 그리고 농구의 전설 매직 존슨(Earvin Magic Johnson) 등이 있다. 미시간 주립대학과 관련된 주요정보를 제시하면 다음 〈표 2-34〉와 같다.

표 2-34 미시간 주립대학 관련 주요정보

소재지	설립별	설립연도	가입연도	US	ARWU	QS	Times
East Lansing, MI	주립	1855	1964	72	96	174	94
재산	연구비	학부	대학원	교수	노벨	필즈	튜링	퓰리처
17억	3억 8천만	36,675	11,279	4,985	2	–	–	3

34) 미네소타 대학[1]

미네소타 대학(University of Minnesota-Twin Cities)은 중서부에서 가장 큰 대학 가운데 하나다. 이 대학은 특히 약학, 화학공학, 심리학, 경제학 등이 미국 내 톱클래스에 속한다. 그 외에 통계학, 공중보건, 수학, 의학 등도 아주 강하다. 이 대학과 관련된 저명인사로는 전 미국 부통령인 험프리(Humphrey)와 먼데일(Mondale), 녹색혁명의 창안자 노먼 보어록(Norman Borlaug), 미네소타 다면적 성격검사(MMPI)의 개발자 스타크 해서웨이(Starke Hathaway), 대중음악가 밥 딜런(Bob Dylan)과 야니(Yanni), 영화배우 헨리 폰다(Henry Fonda)와 로버트 본(Robert Vaughn) 등이 있다. 미네소타 대학과 관련된 주요정보를 제시하면 다음 〈표 2-35〉와 같다.

표 2-35 미네소타 대학 관련 주요정보

소재지	설립별	설립연도	가입연도	US	ARWU	QS	Times
Twin Cities, MN	주립	1851	1908	64	29	102	42
재산	연구비	학부	대학원	교수	노벨	필즈	튜링	퓰리처
25억	6억 8천만	30,375	16,948	3,374	21	–	–	5

---

1) Minneapolis & Saint Paul

35) 미주리 대학

미주리 대학(University of Missouri-Columbia[UMC, Mizzou])은 미시시피 강 서쪽에서 최초로 생긴 주립대학이다. 그리고 세계 최초로 월터 윌리엄스(Walter Williams)에 의해 신문방송학(journalism) 대학이 설립되었다. 다른 분야들도 모두 강한 편에 속하지만, 특히 신문방송학, 상담심리학, 농학 분야는 미국 내 톱클래스를 유지하고 있다. 미주리 대학과 관련된 저명인사로는 트루먼(H. S. Truman) 전 미국 대통령, 작가 테네시 윌리엄스(Tennessee Williams), 모택동 시절의 유명한 서방기자 에드가 스노우(Edgar Snow), 저명한 경제학 및 사회과학자 베블렌(Veblen), 세계적인 여러 프로 스포츠 구단을 소유하고 있는 세계적인 재벌 스탠리 크롱키(Stanley Kroenke), 두바이에 있는 세계 최대의 건물 칼리파(Khalifa)를 지은 윌리엄 베이커(William Baker), 월마트의 창업자 샘 월튼(Sam Walton), 그리고 세계적인 영화배우 브래드 피트(Brad Pitt)와 음악인 셰릴 크로우(Sheryl Crow) 등이 있다. 미주리 대학과 관련된 주요정보를 제시하면 다음 〈표 2-36〉과 같다.

표 2-36 미주리 대학 관련 주요정보

소재지	설립별	설립연도	가입연도	US	ARWU	QS	Times
Columbia, MO	주립	1839	1908	90	250	238	–
재산	연구비	학부	대학원	교수	노벨	필즈	튜링	퓰리처
11억 7천만	2억 5천만	26,996	7,752	4,347	1	–	–	*

* 자료가 제시되어 있지 않음.

36) 뉴욕 대학

뉴욕 대학(New York University[NYU])은 뉴욕 시 한 가운데 자리한 사립 명문대학이다. 뉴욕 대학은 철학, 응용수학, 재정학, 경제학, 경영학, 법학 등에서 미국 내 최고 수준에 속한다. 그 외에 사회과학, 드라마, 사회사업, 의학 등도 아주 우수하다. 이 대학과 관련된 저명인사로는 전 국제 원자력기구(International Atomic Energy Agency: IAEA) 의장 및 노벨 평화상 수상자 엘바라데이(ElBaradei), 전 대만 총통 마잉저우(馬英九), 전 뉴욕 시장 줄리아니(Giuliani), IBM 창설자 찰스 플린트(Charles Flint), 디자이너 페라가모(Ferragamo), 연출가 우디 앨런(Woody Allen), 대중음악가 닐 다이아몬드(Neill Diamond), 그리고 한국 고고학의 개척자 김원용 박사 등이 있다. 뉴욕 대학과 관련된 주요정보를 제시하면 다음 〈표 2-37〉과 같다.

표 2-37　뉴욕 대학 관련 주요정보

소재지	설립별	설립연도	가입연도	US	ARWU	QS	Times
New York, NY	사립	1831	1950	32	27	43	41
재산	연구비	학부	대학원	교수	노벨	필즈	튜링	퓰리처
27억 6천만	3억 1천만	19,401	18,990	6,755	36	－	1	16

37) 노스캐롤라이나 대학

노스캐롤라이나 대학(University of North Carolina-Chapel Hill[UNC])은 미국에서 가장 오래된 주립대학 가운데 하나다. 이 대학에 있는 거의 모든 학문분야가 우수하지만, 그 중에서도 특히 공중보건, 약학, 경영학 등이 강하다. 그 외에 신문방송학, 법학, 문헌정보학, 의학, 치의학, 도시계획 등도 아주 강한 편이다. 이 대학과 관련된 저명인사로는 전 미국 대통령 제임스 포크(James Polk), 전 미국 부통령 윌리엄 킹(William King), 펩시콜라의 발명자 칼렙 브래덤(Caleb Bradham), 수업이론의 개척자이자 최근에는 지능연구에 몰두하는 존 캐롤(John Carroll) 교수, 대학 남자농구 감독의 전설인 딘 스미스(Dean Smith), 래리 브라운(Larry Brown), 로이 윌리엄스(Roy Williams), 그리고 농구선수 마이클 조던(Michael Jordan) 등이 있다. 노스캐롤라이나 대학과 관련된 주요정보를 제시하면 다음 〈표 2-38〉과 같다.

표 2-38 노스캐롤라이나 대학 관련 주요정보

소재지	설립별	설립연도	가입연도	US	ARWU	QS	Times
Chapel Hill, NC	주립	1789	1922	30	41	57	42

재산	연구비	학부	대학원	교수	노벨	필즈	튜링	퓰리처
22억 2천만	5억 3천만	18,579	10,811	3,518	2	–	–	13

38) 노스웨스턴 대학

노스웨스턴 대학(Northwestern University)은 이웃에 있는 시카고 대학과 함께 미국 중부의 명문 사립대학 중 하나에 속한다. 특히 노스웨스턴 대학은 경영학, 공학, 커뮤니케이션, 신문방송학, 음악 분야가 강해 이는 미국 내 톱클래스에 속한다. 이 대학과 관련된 저명인사로는 전 미국 상원의원 및 대통령 후보였던 조지 맥거번(George McGovern), 노벨 문학상 수상작가 솔 벨로우(Saul Bellow), 프로농구단 시카고 불스(Bulls)와 프로야구단 시카고 화이트 삭스(White Sox)의 소유주 제리 라인스돌프(Jerry

Reinsdorf), 그리고 영화배우 찰턴 헤스턴(Charlton Heston), 앤 마그렛(Ann Margret), 워렌 비티(Warren Beatty), 제니퍼 존스(Jennifer Jones), 로버트 리드(Robert Reed) 등이 있다. 이처럼 특히 영화, 연극, 방송가에 노스웨스턴 대학 출신이 많아 이들을 소위 '노스웨스턴 마피아(Northwestern mafia)'라 부른다. 한편, 노스웨스턴 대학과 관련된 주요정보를 제시하면 다음 〈표 2-39〉와 같다.

표 2-39 노스웨스턴 대학 관련 주요정보

소재지	설립별	설립연도	가입연도	US	ARWU	QS	Times
Evanston, IL	사립	1851	1917	12	30	27	19
재산	연구비	학부	대학원	교수	노벨	필즈	튜링	퓰리처
71억 2천만	4억 8천만	8,425	10,759	3,108	4	–	–	7

39) 오하이오 주립대학

오하이오 주립대학(Ohio State University[OSU])은 모릴 토지증여 법안에 의해 설립된 대학으로 미국 내에서 가장 큰 대학 가운데 하나다. 이 대학은 상담심리학, 지리학, 디자인, 정치학 등이 매우 강하다. 그 외에 경영학, 회계학, 공학 및 의학 등도 강한 편이다. 이 대학과 관련된 저명인사로는 전 미국 대통령 러더포드 헤이즈(Rutherford Hayes), 전 미국 국립보건원(National Institutes of Health: NIH) 원장 및 미 적십자사 총재를 지낸 버나딘 힐리(Bernadine Healy), 골프의 전설 잭 니클라우스(Jack Nicklaus), 미국 프로야구 뉴욕 양키스의 구단주 조지 슈타인브레너(George Steinbrenner), 전설적인 대학 남자농구 감독 바비 나이트(Bobby Knight), 전설적인 대학 미식축구 감독인 우디 헤이즈(Woody Hayes), 글렌 셈베클러(Glenn Schembechler), 어번 마이어(Urban Meyer),

그리고 한국의 전 총리 이영덕 등이 있다. 오하이오 주립대학과 관련된 주요정보를 제시하면 다음 〈표 2-40〉과 같다.

표 2-40 오하이오 주립대학 관련 주요정보

소재지	설립별	설립연도	가입연도	US	ARWU	QS	Times
Columbus, OH	주립	1870	1916	55	65	105	53
재산	연구비	학부	대학원	교수	노벨	필즈	튜링	퓰리처
23억 7천만	7억	42,916	13,951	6,254	4	-	-	11

40) 오리건 대학

오리건 대학(University of Oregon)은 태평양 연안에 소재한 주립대학이다. 이 대학은 대부분의 학문분야가 좋은 편이다. 이 대학과 관련된 저명 인사들로는 전에 이 대학 총장을 지내고 미국 건강, 교육 및 복지부장관을 지낸 아서 플레밍(Arthur Flemming), 텍사스 대학 및 캘리포니아 대학 총장을 지내고 미국 대학협의회(AAU) 회장을 지낸 로버트 버달(Robert Berdahl), 컬럼비아 대학과 미시간 대학 총장을 지낸 리 볼링거(Lee Bollinger), 나이키 사의 공동설립자 빌 바우어먼(Bill Bowerman)과 필 나잇(Phil Knight), 그리고 인지과학자 더글러스 호프스타터(Douglas Hofstadter) 등이 있다. 오리건 대학과 관련된 주요정보를 제시하면 다음 〈표 2-41〉과 같다.

표 2-41 오리건 대학 관련 주요정보

소재지	설립별	설립연도	가입연도	US	ARWU	QS	Times
Eugene, OR	주립	1876	1969	115	250	-	-

재산	연구비	학부	대학원	교수	노벨	필즈	튜링	퓰리처
6억	7천만	20,631	3,816	1,900	4	–	–	11

41) 펜실베이니아 대학

펜실베이니아 대학(University of Pennsylvania[U Penn])은 벤저민 프랭클린(Benjamin Franklin)이 설립한 명문 사립대학으로, 미국에서 최초로 학부와 대학원을 동시에 두었으며, 최초의 의과대학과 경영대학을 설립했다. 거의 모든 학문분야가 다 강하며, 그 중에서도 특히 경영학, 의학, 치의학, 간호학, 수의학, 법학, 커뮤니케이션 분야는 미국 내 톱클래스에 속한다. 그리고 교육학, 사회정책, 생명공학, 화학공학, 기계공학 및 컴퓨터 과학도 아주 강하다. 이 대학과 관련된 저명인사로는 벤저민 프랭클린 외에 전 미국 대통령 해리슨(Harrison), 듀퐁사의 회장 유진 듀퐁(Eugene Du Pont), 억만장자 겸 투자가 도널드 트럼프(Donald Trump), 부동산 및 언론재벌 모티머 주커먼(Mortimer Zuckerman), 언어학자 노움 촘스키(Noam Chomsky), 사회심리학의 대가 셀리그먼(Seligman), 인지치료 이론가 아론 벡(Aaron Beck), 미식축구의 전설 존 하이즈먼(John Heisman) 등이 있다. 펜실베이니아 대학과 관련된 주요정보를 제시하면 다음 〈표 2-42〉와 같다.

표 2-42 펜실베이니아 대학 관련 주요정보

소재지	설립별	설립연도	가입연도	US	ARWU	QS	Times
Philadelphia, PA	사립	1740	1900	8	14	12	15

재산	연구비	학부	대학원	교수	노벨	필즈	튜링	퓰리처
67억 6천만	7억 1천만	10,301	11,028	4,246	27	–	–	15

42) 펜실베이니아 주립대학

펜실베이니아 주립대학(Pennsylvania State University[Penn State])은 칼리지 파크(College Park) 외에도 여러 개의 캠퍼스를 가지고 있다. 그러나 칼리지 파크가 주 캠퍼스이고 이곳에 있는 학문분야들은 거의 모두가 강하다. 이 대학과 관련된 저명인사로는 전 미국 국방장관 윌리엄 페리(William Perry), 전설적인 대학 미식축구 감독 조 퍼터노(Joe Paterno) 등이 있다. 이 대학과 관련된 주요정보를 제시하면 다음 〈표 2-43〉과 같다.

표 2-43 펜실베이니아 주립대학 관련 주요정보

소재지	설립별	설립연도	가입연도	US	ARWU	QS	Times
University Park, PA	주립	1855	1958	45	43	94	51
재산	연구비	학부	대학원	교수	노벨	필즈	튜링	퓰리처
17억 1천만	6억 2천만	38,594	8,448	4,800*	1	–	–	2

* 추정치임.

43) 피츠버그 대학

피츠버그 대학(University of Pittsburgh[Pitt])은 휴 브래큰리지(Hugh Brackenridge)에 의해 설립된 대학이나 주 정부와도 밀접한 관련을 가지고 있어 굳이 성격을 이야기하자면 공사립 혼재대학이라 할 수 있다. 이 대학은 특히 철학, 수학, 과학사, 언어학, 나노과학 등이 아주 강하다. 그 외에 공학, 의학, 치의학, 간호학, 약학, 공중보건 및 재활, 경영학, 법학 등도 강한 편이다. 이 대학과 관련된 저명인사로는 멜런 대학의 설립자 앤드류 멜런(Andrew Mellon), 천문학 및 물리학의 대가 새뮤얼 랭리(Samuel Langley), 세계적인 영화배우 겸 제작자 진 켈리(Gene Kelly), 철학자 제임스 코난트(James Conant)와 처치랜드(Churchland), 그리고 미식 축구의 전설 디드카(Didka), 도르셋(Dorsett), 마리노(Marion) 등이 있다. 피츠버그 대학과 관련된 주요정보를 제시하면 다음 〈표 2-44〉와 같다.

표 2-44 피츠버그 대학 관련 주요정보

소재지	설립별	설립연도	가입연도	US	ARWU	QS	Times
Pittsburgh, PA	공·사립	1787	1974	58	58	98	76

재산	연구비	학부	대학원	교수	노벨	필즈	튜링	퓰리처
26억 2천만	6억	18,427	10,339	4,938	3	–	–	3

44) 프린스턴 대학

프린스턴 대학(Princeton University)은 하버드 대학, 예일 대학과 함께 Big Three로 통한다. 그만큼 대학의 역사, 학문적 위상 및 재산 등의 면에서 미국 내 영향력이 크다는 것이다. 그런데 프린스턴 대학에는 소위 명문대학들이 대부분 가지고 있는 의학, 법학, 경영전문 대학원이 없다. 그러나 이 대학에 있는 인문학, 사회과학, 자연과학 분야는 거의 모두 미국 내 톱클래스에 속한다. 그 가운데서도 특히 역사학, 심리학, 신경과학, 정치학, 경제학, 수학 등이 아주 강하다. 이 대학과 관련된 저명인사로는 전 미국 대통령 제임스 매디슨(James Madison), 우드로 윌슨(Woodrow Wilson), 존 케네디(John F. Kennedy)가 있고, 또 현 미국 대통령 영부인 미셸 오바마(Michelle Obama), 전 한국 대통령 이승만, *Forbes*의 창간자 맬콤 포브스(Malcolm Forbes), 영화배우 제임스 스튜어트(James Stewart), 브룩 쉴즈(Brooke Shields), 그리고 작가 손톤 와일더(Thornton Wilder), 유진 오닐(Eugene O'Neill) 등이 있다. 프린스턴 대학과 관련된 주요정보를 제시하면 다음 〈표 2-45〉와 같다.

표 2-45 프린스턴 대학 관련 주요정보

소재지	설립별	설립연도	가입연도	US	ARWU	QS	Times
Princeton, NJ	사립	1746	1900	1	7	9	6
재산	연구비	학부	대학원	교수	노벨	필즈	튜링	퓰리처
169억 5천만	2억	5,113	2,479	1,172	35	8	4	19

45) 퍼듀 대학

　퍼듀 대학(Purdue University)은 사업가 존 퍼듀(John Perdue)가 인디애나 주에 기증한 토지와 기금을 바탕으로 세운 주립대학이다. 퍼듀 대학은 다른 분야도 강하지만 특히 공학 및 컴퓨터 과학 분야는 미국 내 톱클래스에 속한다. 그 중에서도 퍼듀 대학의 우주항공학 프로그램은 세계 최고 수준으로서 '우주비행사들의 요람'으로 간주되고, 또 퍼듀 대학은 미국에서 드물게 대학이 비행장을 소유하고 있다. 이 대학과 관련된 저명인사로는 우선 인류 최초로 달에 착륙한 닐 암스트롱(Neill Armstrong), 전설적인 대학 남자농구 감독으로서 UCLA를 10차례나 전국 챔피언에 올려놓은 존 우든(John Wooden), 벡텔 그룹을 설립한 스틴븐 벡텔 2세(Stephen Bechtel Jr.). 교육에 관한 '콜먼 리포트'로 유명한 제임스 콜먼(James Coleman) 등을 들 수 있다. 퍼듀 대학과 관련된 주요정보를 제시하면 다음 〈표 2-46〉과 같다.

표 2-46 퍼듀 대학 관련 주요정보

소재지	설립별	설립연도	가입연도	US	ARWU	QS	Times
West Lafayette, IN	주립	1869	1958	62	61	85	98
재산	연구비	학부	대학원	교수	노벨	필즈	튜링	퓰리처
20억	4억 3천만	30,836	7,980	6,614	13	–	–	2

46) 라이스 대학

라이스 대학(William Marsh Rice University[Rice University])은 사업가 라이스가 갑작스럽게 죽자 그의 유언을 받들어 그가 남긴 재산으로 설립한 대학이다. 라이스 대학은 규모는 작지만 명문 사립대학 가운데 하나인데, 특히 인공심장 연구, 우주공학, 나노공학, 재료공학 등 응용과학 분야가 아주 강하고, 그 외의 분야도 거의 모두 좋은 편이다. 이 대학과 관련된 저명인사로는 세계적인 갑부 하워드 휴즈(Howard Hughes), 전 미국 에너지 장관 찰스 던컨(Charles Duncan), 그리고 미식축구의 전설로서 이 대학 감독을 지낸 존 하이즈먼(John Heisman) 등이 있다. 라이스 대학과 관련된 주요정보를 제시하면 다음 〈표 2-47〉과 같다.

표 2-47　라이스 대학 관련 주요정보

소재지	설립별	설립연도	가입연도	US	ARWU	QS	Times
Houston, TX	사립	1912	1985	17	91	116	72
재산	연구비	학부	대학원	교수	노벨	필즈	튜링	퓰리처
45억	7천만	3,708	2,374	650	3	–	–	1

47) 로체스터 대학

로체스터 대학(University of Rochester)은 미국 뉴욕 주 로체스터 시에 있는 명문 사립대학이다. 이 대학의 음악, 광학 분야는 미국 내 최고 수준이고, 그 외에 의학, 치의학, 공학, 경영학, 경제학, 정치학 등도 모두 강한 편이다. 이 대학과 관련된 주요인물로는 노벨 물리학상 수상자로서 미국 에너지 장관인 스티븐 추(Steven Chu), 이스트먼 코닥(Eastman Kodak)

회사의 회장 킴벌리 스나이더(Kimberly Snyder), 후천성 면역결핍증(AIDS)을 처음 발견한 마이클 고트립(Michael Gotlieb), 심리학의 동기에서 자기결정이론(self-determination theory)으로 유명한 에드워드 디시(Edward Deci) 등이 있다. 로체스터 대학과 관련된 주요정보를 제시하면 다음 〈표 2-48〉과 같다.

표 2-48   로체스터 대학 관련 주요정보

소재지	설립별	설립연도	가입연도	US	ARWU	QS	Times
Rochester, NY	사립	1850	1941	33	–	–	81
재산	연구비	학부	대학원	교수	노벨	필즈	튜링	퓰리처
16억 2천만	3억 8천만	5,643	5,751	1,225	8	–	–	12

48) 러트거스 대학

러트거스 대학(Rutgers, The State University of New Jersey(Rutgers University))은 윌리엄 앤 매리(William & Mary) 대학과 마찬가지로 사립대학으로 출발하였으나 나중에 주립대학이 된 대학이다. 러트거스 대학의 철학과는 미국 내 최고의 하나이고, 그 외에 지리학, 지질학, 통계학, 수학, 영문학, 역사학, 물리학, 불문학, 비교문학, 재료공학 등도 아주 강하다. 이 대학과 관련된 저명인사로는 노벨상 수상자이자 여러 가지 항생제를 개발한 셀먼 왁스먼(Selman Waksman), 전 미국 부통령 개럿 호바트(Garrett Hobart), 세계적인 미술가 조지 시걸(George Segal), 경제학자 밀튼 프리드먼(Milton Friedman), 저명한 심리철학자 제리 포더(Jerry Fodor) 등이 있다. 러트거스 대학과 관련된 주요정보를 제시하면 다음 〈표 2-49〉와 같다.

표 2-49 러트거스 대학 관련 주요정보

소재지	설립별	설립연도	가입연도	US	ARWU	QS	Times
New Brunswick, NJ	주립	1766	1989	68	61	–	99
재산	**연구비**	**학부**	**대학원**	**교수**	**노벨**	**필즈**	**튜링**	**퓰리처**
6억 9천만	3억	42,327	14,541	2,844	5	–	–	4

49) 남캘리포니아 대학

남캘리포니아 대학(University of Southern California[Southern Cal, USC])은 로스앤젤레스 시 부근의 지역유지들이 기금을 모아 설립한 명문 사립대학이다. 이 대학은 영화예술, 경영학, 회계학, 공공정책, 사회사업, 물리치료, 약학 등에서는 미국 내 최고 수준이다. 그 외에 법학, 교육학, 공학, 의학 등도 아주 강하다. 이 대학과 관련된 저명인사로는 우주비행사 닐 암스트롱(Neill Armstrong), 알리 부토(Ali Bhutto) 전 파키스탄 대통령, 워렌 크리스토퍼(Warren Christopher) 전 미국 국무장관, 영화배우 로버트 본(Robert Vaughn), 영화감독 겸 제작자 조지 루커스(George Lucas), 전설적인 대학 미식축구 감독 및 체육부장 마이크 개럿(Mike Garrett), 유명한 미식축구 선수 및 영화배우로서 아내 살해 혐의로 재판을 받은 심슨(O. J. Simpson), 그리고 한국의 전 총리 강영훈 등이 있다. 남캘리포니아 대학과 관련된 주요정보를 제시하면 다음 〈표 2-50〉과 같다.

표 2-50 남캘리포니아 대학 관련 주요정보

소재지	설립별	설립연도	가입연도	US	ARWU	QS	Times
Los Angeles, CA	사립	1880	1969	24	46	134	56

재산	연구비	학부	대학원	교수	노벨	필즈	튜링	퓰리처
34억 9천만	5억 2천만	17,414	20,596	4,735	2	−	1	1

50) 스탠퍼드 대학

스탠퍼드 대학(Leland Stanford Junior University(Stanford University))의 원래 학교명은 설립자 릴랜드 스탠퍼드가 하버드 대학에 다니다 장티푸스로 죽은 자신의 자식을 기리기 위해 설립한 릴랜드 스탠퍼드 주니어 대학이다. 스탠퍼드의 꿈처럼 스탠퍼드 대학은 서부의 최고 명문대학으로 성장하여 이제는 동부의 하버드에 맞먹을 수 있는 대학이 되었다. 스탠퍼드 대학은 첫 총장 데이비드 조던(David Jordan) 때부터 자유와 창업정신을 강조하였다. 그래서 스탠퍼드 대학 출신들은 그 후 실리콘 밸리(Silicon Valley)를 중심으로 구글(Google), 야후(Yahoo!), 휴렛-패커드(Hewlett-Packard), 선(Sun Microsystems), 넷스케이프(Netscape Communications), 나이키(Nike)와 같은 국제적 기업을 탄생시키기도 하였다. 이 대학은 인문사회과학뿐 아니라 경영학, 교육학, 공학, 법학, 의학, 자연과학 전 분야에서 세계적인 톱클래스에 속한다. 이 대학과 관련된 저명인사로는 위에 언급한 대기업을 창업한 인물들 외에도 전 미국 대통령 후버(Hoover)와 해리슨(Harrison), 전 미국 국무장관 워렌 크리스토퍼(Warren Christopher), 조지 슐츠(George Schultz)와 콘돌리자 라이스(Condoleezza Rice), 전 국방장관 윌리엄 페리(William Perry), 스탠퍼드-비네 지능검사를 만든 루이스 터먼(Lewis Terman), 관찰학습이론의 대가 앨버트 벤두러(Albert Bandura), 저명한 사회심리학자 필립 짐바도(Philip Zimbardo), 측정심리학의 개척자 리 크론박(Lee Cronbach), 작가 존 슈타인벡(John Steinbeck), 저명한 정치이론가 프랜시스 후쿠야마(Francis Fukuyama), 전 세계적인 테니스 선수 존 매

켄로(John McEnroe), 현 프로골프 세계 1위 타이거 우즈(Tiger Woods), 그리고 현재 최고의 교육이론가인 서울대 명예교수 장상호 등이 있다. 스탠퍼드 대학과 관련된 주요정보를 제시하면 다음 〈표 2-51〉과 같다.

표 2-51 스탠퍼드 대학 관련 주요정보

소재지	설립별	설립연도	가입연도	US	ARWU	QS	Times
Stanford, CA	사립	1891	1900	5	2	15	2
재산	연구비	학부	대학원	교수	노벨	필즈	튜링	퓰리처
170억 4천만	6억 9천만	6,999	8,871	1,995	54	1	19	4

51) 버펄로 대학

버펄로 대학(University at Buffalo, The State University of New York(SUNY-Buffalo))은 원래 사립대학으로 출발하였으나 나중에 주립대학이 되었다. 이 대학의 많은 학문분야가 강한 편이지만, 그 중에서도 특히 약학, 음향학, 사회사업 등이 강하고, 그 외에 공학, 의학, 생명과학, 경영학, 공중보건 등도 강한 편이다. 이 대학과 관련된 저명인사로는 전 미국 대통령 밀라드 필모어(Millard Fillmore), 저명한 언론인 울프 블리처(Wolf Blitzer), 저명한 사회학자 대비스 리스먼(Davis Riesman) 등이 있다. 버펄로 대학 관련 주요정보를 제시하면 다음 〈표 2-52〉와 같다.

표 2-52 버펄로 대학 관련 주요정보

소재지	설립별	설립연도	가입연도	US	ARWU	QS	Times
Buffalo, NY	주립	1846	1989	106	–	313	198
재산	연구비	학부	대학원	교수	노벨	필즈	튜링	퓰리처
7억 4천만	3억 3천만	19,058	9,543	2,667	4	–	–	5

52) 스토니브룩 대학

스토니브룩 대학(The State University of New York at Stony Brook(SUNY-Stony Brook))은 비교적 최근에 설립된 대학으로 빠른 시간 내에 명문 주립대학의 반열에 오른 대학이다. 이 대학의 핵물리학, 기하학, 임상심리학은 미국 내 최고 수준이다. 그 외에 위상수학, 미국정치, 물리학, 지구과학, 재료공학, 사회학, 화학 등도 매우 강한 편이다. 이 대학과 관련된 저명인사들을 보면, 매킨토시 컴퓨터의 공동창업자 제프 래스킨(Jeff Raskin), 저명한 수학자 데니스 설리번(Dennis Sullivan)과 제임스 글림(James Glimm) 등이 있다. 스토니브룩 대학과 관련된 주요정보를 제시하면 다음 〈표 2-53〉과 같다.

표 2-53 스토니브룩 대학 관련 주요정보

소재지	설립별	설립연도	가입연도	US	ARWU	QS	Times
Stony Brook, NY	주립	1957	001	92	125	300	114
재산	연구비	학부	대학원	교수	노벨	필즈	튜링	퓰리처
1억 3천만	2억 5천만	16,342	8,252	1,904	3	2	–	2

53) 텍사스 대학

텍사스 대학(University of Texas-Austin)은 미국 내 톱클래스에 속하는 분야를 여럿 보유하고 있다. 그 중에서도 특히 교육학, 석유공학, 회계학, 약학 등이 아주 강하다. 그 외에 경영학과 법학도 아주 좋은 편이다. 이 대학과 관련된 저명인사로는 우선 전 미국 대통령 존슨(Johnson)과 부시(Bush)가 있다. 그들의 부인 또한 모두 이 대학 출신이다. 또한 저명한 방송인 월터 크론카이트(Walter Cronkite), 델 컴퓨터 회사의 창업자 마이클 델(Michael Dell), 전설적인 미국 프로야구 투수 로저 클레멘스(Roger Clemens) 등이 있다. 텍사스 대학과 관련된 주요정보를 제시하면 다음 〈표 2-54〉와 같다.

표 2-54 텍사스 대학 관련 주요정보

소재지	설립별	설립연도	가입연도	US	ARWU	QS	Times
Austin, TX	주립	1883	1929	45	35	76	25
재산	연구비	학부	대학원	교수	노벨	필즈	튜링	퓰리처
72억	4억 9천만	38,463	12,682	3,018	9	–	2	3

54) 텍사스 농공대

텍사스 농공대(Texas A&M University)는 원래 백인들의 농업과 공업(agricultural & mechanical) 교육 및 군사훈련을 위해 설립된 대학이다. 지금은 대학의 성격이 완전히 바뀌어 전 분야가 개방되었으나 아직도 그 이름에는 그 잔영이 남아있다. 이 대학은 오래 전부터 이웃의 텍사스 대학과 같은 주립대학이면서도 서로 극심한 경쟁관계 속에서 성장해 왔다. 그만큼 여러 학문분야가 텍사스 대학에 못지않을 만큼 강하다. 그 중에서도 이 대학은 특히 석유공학, 수의학 등이 아주 강하다. 이 대학과 관련된 저명인사로는 우선 전 미국 대통령 부시, 텍사스 주지사이면서 전 대통령 후보 릭 페리(Rick Perry), 국방장관 로버트 게이츠(Robert Gates)가 있다. 그리고 대학 미식축구의 전설적인 감독 폴 베어 브라이언트(Paul Bear Bryant)도 한 때 이 대학 감독이었다. 텍사스 농공대와 관련된 주요정보는 다음 〈표 2-55〉와 같다.

표 2-55 텍사스 농공대 관련 주요정보

소재지	설립별	설립연도	가입연도	US	ARWU	QS	Times
College Station, TX	주립	1871	2001	65	100	158	156
재산	연구비	학부	대학원	교수	노벨	필즈	튜링	퓰리처
70억	5억 8천만	39,867	9,473	2,700	10	–	–	5

55) 토론토 대학

토론토 대학(University of Toronto)은 원래 킹 대학(King's College)으로 설립되어 영국 성공회에 의해 운영되었으나, 나중에 교명도 바뀌고 경영 주체도 바뀌었다. 토론토 대학은 캐나다 최고의 명문대학의 하나로 거의 전 학문분야가 아주 강하다. 그 중에서도 특히 문예비평과 커뮤니케이션 분야에서 '토론토 학파'라 일컬을 정도로 이 분야가 특히 강하고 또 독자적인 길을 걸어 왔다. 그리고 또 토론토 대학은 인슐린 줄기세포 연구의 발상지로 알려져 있다. 이 대학과 관련된 저명인사로는 수학의 노벨상이라 할 수 있는 필즈 메달의 창안자 존 필즈(John Fields), 세계적인 커뮤니케이션 이론가 마샬 맥루한(Marshall McLuhan), 경제학자 존 갈브레이스(John Galbraith), 사회학자 어빙 고프먼(Irving Goffman), 심리철학자 제임스 볼드윈(James Baldwin), 신경과학자 엔델 툴빙(Endel Tulving) 등이 있다. 토론토 대학과 관련된 주요정보는 다음 〈표 2-56〉과 같다.

표 2-56 토론토 대학 관련 주요정보

소재지	설립별	설립연도	가입연도	US	ARWU	QS	Times
Toronto, Canada	공립	1827	1926	–	27	19	21

재산	연구비	학부	대학원	교수	노벨	필즈	튜링	퓰리처
15억 2천만	8억 8천만	33,318	12,732	2,547	10	–	2	–

56) 툴레인 대학

툴레인 대학(Tulane University)은 원래 루이지애나 의대에서 출발하여 루이지애나 대학(University of Louisiana)으로 이름이 바뀐 주립대학이었다. 그러나 대학의 재정이 어려울 때 사업가 툴레인이 기금을 희사하여 대학의 성격이 주립에서 사립으로 바뀐 첫 번째 사례다. 툴레인 대학은 그 뒤로 발전을 거듭하여 지금은 미국 남부의 명문 사립대학 중 하나가 되었다. 이 대학은 특히 건축공학, 경영학, 법학, 의학, 공중보건, 사회사업 등에서 강세를 보인다. 이 대학과 관련된 저명인사로는 전 미국 하원 원내총무 뉴 깅리치(New Gingrich), 야후(Yahoo)의 공동설립자 대빗 파일로(David Filo), 컴퓨터 회사 넷스케이프(Netscape)의 공동설립자 제임스 클락(James Clark) 등을 들 수 있다. 툴레인 대학과 관련된 주요정보는 다음 〈표 2-57〉과 같다.

표 2-57 툴레인 대학 관련 주요정보

소재지	설립별	설립연도	가입연도	US	ARWU	QS	Times
New Orleans, LA	사립	1834	1958	51	–	239	–
재산	연구비	학부	대학원	교수	노벨	필즈	튜링	퓰리처
9억 6천만	1억 5천만	8,338	5,021	1,140	2	–	–	6

57) 벤더빌트 대학

밴더빌트 대학(Vanderbilt University[Vandy])은 남부에 가본 적도 없는 뉴욕의 거대 부호 밴더빌트가 남북전쟁으로 인해 상처받은 남부 사람들을 치유하기 위해 거금을 기부하여 설립한 대학이다. 이 대학은 지금은 미국 중남부의 명문 사립대학의 하나로 성장하였으며, 특히 이웃에 있던 명문 피바디(Peabody) 사범대학과 통합하여 교육학, 그 중에서도 특수교육과 교육행정학은 미국 내 최고 수준이다. 그 외에도 비교문학, 약리학, 포르투갈 및 스페인학도 미국 내 톱클래스이고, 의학, 간호학, 법학, 경영학, 공학, 수학 및 컴퓨터 과학도 아주 강하다. 이 대학과 관련된 저명인사로는 전 미국 부통령 존 가너(John Garner)와 앨 고어(Al Gore), 음악가 및 영화배우 다이나 쇼어(Dinah Shore), 그리고 한국의 전 국무총리 정원식 등이 있다. 밴더빌트 대학과 관련된 주요정보는 다음 〈표 2-58〉과 같다.

표 2-58 밴더빌트 대학 관련 주요정보

소재지	설립별	설립연도	가입연도	US	ARWU	QS	Times
Nashville, TN	사립	1873	1950	17	50	131	106
재산	연구비	학부	대학원	교수	노벨	필즈	튜링	퓰리처
34억	4억 2천만	6,796	5,949	3,351	7	2	–	2

58) 버지니아 대학

버지니아 대학(University of Virginia-Charlottesville[UVA])은 전 미국 대통령들인 토머스 제퍼슨(Thomas Jefferson), 제임스 매디슨(James Madison),

제임스 먼로(James Monroe)와 같은 인물들이 세운 주립대학으로서, 주립대학 가운데서도 매우 좋은 평가를 받고 있다. 그리고 이 대학 캠퍼스는 미국 대학 가운데 유일하게 UNESCO에 의해 세계문화유산 유적지(World Heritage Site)로 선정되었다. 버지니아 대학은 대부분의 학과들이 좋지만, 특히 법학, 영미문학, 교육학, 특수교육, 역사학, 간호학, 정치학, 경영학, 건축학, 발달심리학 등이 강한 곳이다. 이 대학과 관련된 저명인사로는 전 미국 대통령 우드로 윌슨(Woodrow Wilson), 고 케네디 대통령의 동생들인 로버트와 테드 케네디, 시인 에드가 앨런 포우(Edgar Allen Poe)와 칼 샤피로(Karl Shapiro), 노벨상 수상작가 윌리엄 포크너(William Faulkner), 그리고 대학 남자농구에서 3차례나 올해의 선수상을 받아 전설이 된 랠프 샘슨(Ralph Sampson) 등이 있다. 버지니아 대학과 관련된 주요정보는 다음 〈표 2-59〉와 같다.

표 2-59 버지니아 대학 관련 주요정보

소재지	설립별	설립연도	가입연도	US	ARWU	QS	Times
Charlottesville, VA	주립	1819	1904	22	125	126	135
재산	연구비	학부	대학원	교수	노벨	필즈	튜링	퓰리처
26억	2억 6천만	14,591	6,515	2,102	5	–	–	8

59) 워싱턴 대학(세인트루이스 소재)

미주리 주 세인트루이스 시 소재 워싱턴 대학(Washington University-Saint Louis[Wash U, WUSTL])은 노벨 문학상을 받은 시인 T. S. 엘리엇의 할아버지 윌리엄 엘리엇(William Eliot) 등이 특별하게 큰 재정 후원자 없이 지역유지들의 도움으로 만든 대학이다. 그러나 지금은 재정적으로도 튼튼하고 미국 내 최고 명문대학의 반열에 올랐다. 이 대학은 특히 의학, 건축 및 디자인, 사회사업, 직업치료 및 물리치료 분야에서 미국 내 톱클래스에 속한다. 그 외에 경영학이나 법학 분야도 아주 강하다. 이 대학과 관련된 저명인사로는 미국 최초의 여성 노벨상 수상자이자 부부가 함께 노벨상을 받은 코리(Cori) 부부, 시인 테네시 윌리엄스(Tennessee Williams), 현재 영국 프로축구 맨체스터 유나이티드의 구단주 애브럼 글레이저 (Avram Glazer), 좌파 사회학자였던 앨빈 굴드너(Alvin Gouldner), 그리고 유명한 컴퓨터 과학자 조너선 터너(Jonathan Turner) 등이 있다. 이 대학과 관련된 주요정보를 제시하면 다음 〈표 2-60〉과 같다.

표 2-60　워싱턴 대학(세인트루이스 소재) 관련 주요정보

소재지	설립별	설립연도	가입연도	US	ARWU	QS	Times
Saint Louis, MO	사립	1853	1923	14	31	78	31
재산	연구비	학부	대학원	교수	노벨	필즈	튜링	퓰리처
52억 3천만	5억 6천만	7,303	6,814	3,395	22	–	–	5

60) 워싱턴 대학(시애틀 소재)

미국 맨 서북쪽 끝에 위치한 워싱턴 주 시애틀 시 소재 워싱턴 대학 (University of Washington-Seattle)은 명문 주립대학 가운데 하나다. 이 대학은 생각과는 달리 널리 안 알려져 있지만, 실제로는 거의 전 분야가 강한 편이다. 특히 간호학, 사회사업학, 약학, 도서관 및 정보과학, 공중보건, 교육학, 임상의학, 그리고 생명 및 농업과학은 미국 내 톱클래스에 속한다. 그 외에 자연과학, 수학, 경영학, 경제학, 법학, 공학 및 컴퓨터 과학도 매우 좋은 편이다. 워싱턴 대학과 관련된 저명인사로는 이 대학 출

신으로 이 대학총장을 지내고 현재 전국 대학 운동경기 협의회(National Collegiate Athletic Association: NCAA) 회장으로 있는 마크 에멋(Mark Emmert), 홍콩 영화배우 이소룡(Bruce Lee), 1960~1970년대 세계적 팝 그룹 브라더스 포(the Brothers Four), 색소폰 연주자 케니 지(Kenny G), 그리고 프로 미식축구 선수 출신으로 종합격투기 K-1 선수가 된 밥 샙(Bob Sapp) 등이 있다. 이 대학과 관련된 주요정보를 제시하면 다음 〈표 2-61〉과 같다.

표 2-61 워싱턴 대학(시애틀 소재) 관련 주요정보

소재지	설립별	설립연도	가입연도	US	ARWU	QS	Times
Seattle, WA	주립	1861	1950	46	16	59	25
재산	연구비	학부	대학원	교수	노벨	필즈	튜링	퓰리처
29억 3천만	7억 7천만	30,790	12,117	5,803	11	1	–	13

61) 위스콘신 대학

위스콘신 대학(University of Wisconsin-Madison)은 소위 '공립 아이비(public Ivy)'에 속한다고 할 정도로 주립대학 가운데서도 톱클래스에 속한다. 그래서 거의 전 분야에서 어느 대학 못지않게 높은 순위를 유지한다. 그러나 그 중에서도 특히 교육학, 공공정책, 공학 분야가 두드러진다. 그 외에 의학 및 공중보건, 경영학 및 법학 분야도 아주 좋다. 위스콘신 대학과 관련된 저명인사로는 노벨 문학상 수상작가 솔 벨로우(Saul Bellow), 두 차례 노벨 물리학상을 받은 존 바딘(John Bardeen), 그리고 노벨 경제학상 수상자 시어도어 슐츠(Theodore Schultz)와 밀턴 프리드먼(Milton Friedman) 등이 있다. 그리고 전 미국 국방장관과 부통령을 지낸 딕 체니(Dick Cheney), 그리고 미국 프로야구협회(Major League Baseball:

MLB) 회장인 버드 셀릭(Bud Selig)도 이 대학 출신이다. 또한 위스콘신 대학은 특히 심리학 및 교육학 분야에도 공헌한 인물들이 많은데, 예를 들면, 인간 발달과업 연구의 선구자 로버트 해비거스트(Robert Havighurst), 애착 현상의 연구자 해리 할로우(Harry Harlow), 행동주의 심리학자 클락 헐(Clark Hull), 인간중심 상담 및 교육이론가 칼 로저스(Carl Rogers), 인간주의 심리학자 애브러햄 매슬로(Abraham Maslow), 그리고 교육사회학자 마이클 애플(Michael Apple)도 모두 이 대학에서 교수생활을 했거나 현재 하고 있다. 위스콘신 대학과 관련된 주요정보를 제시하면 다음 〈표 2-62〉와 같다.

표 2-62 위스콘신 대학 관련 주요정보

소재지	설립별	설립연도	가입연도	US	ARWU	QS	Times
Madison, WI	주립	1848	1900	41	19	38	31
재산	연구비	학부	대학원	교수	노벨	필즈	튜링	퓰리처
18억 7천만	8억 8천만	28,897	9,358	2,054	19	2	1	14

62) 예일 대학

예일 대학(Yale University)은 하버드 대학, 프린스턴 대학과 함께 미국 대학사회에서 Big Three로 통한다. 이는 예일 대학이 그만큼 역사도 깊고 재산도 많으며 학문적 명성과 함께 영향력도 크다는 이야기다. 예일 대학은 법학, 영문학 및 비교문학, 역사학, 음악학 등에서 미국 내 톱클래스에 속한다. 그 중에서도 특히 영문학 및 비교문학 분야는 '예일 학파'라 불리는데, 이는 프랑스 철학자 데리다(Derrida)의 해체이론을 문예비평에 적용하여 신비평 운동의 센터가 되었기 때문이다. 예일 대학과 관련된 저명인사로는 태프트(Taft), 포드(Ford), 클린턴(Clinton), 부시(Bush) 부자

등 다섯 명의 전 미국 대통령, 클린턴 대통령의 부인 힐러리 클린턴 전 국무장관, 영어사전을 편찬한 웹스터(Webster), 작가 싱클레어 루이스(Sinclair Lewis), 영화배우 폴 뉴먼(Paul Newman), 메릴 스트립(Meryl Streep), 그리고 조디 포스터(Jodie Foster), 미식축구의 아버지 월터 캠프(Walter Camp), 평화봉사단의 창설자 슈라이버(Shriver), 아동발달로 유명한 스포크(Spock) 박사, *TIME*의 창간자 헨리 루스(Henry Luce), 모건 스탠리 사의 창설자 스탠리(Stanley), 지능이론의 권위자 로버트 스턴버그(Robert Sternberg) 등이 있다. 예일 대학과 관련된 주요정보를 제시하면 다음 〈표 2-63〉과 같다.

표 2-63 예일 대학 관련 주요정보

소재지	설립별	설립연도	가입연도	US	ARWU	QS	Times
New Haven, CT	사립	1701	1900	3	11	7	10
재산	연구비	학부	대학원	교수	노벨	필즈	튜링	퓰리처
193억 5천만	4억 9천만	5,275	6,318	3,619	49	1	1	31

미국의 명문대학 컨퍼런스

1. 미국 대학 스포츠의 위상

1) 미국 대학 스포츠의 시작

미국의 명문대학은 흔히 어떤 컨퍼런스(conference) 또는 어떤 리그 (league)에 속하는가를 대단히 중시한다. 그만큼 미국에는 많은 컨퍼런스 또는 리그가 있고, 또 대학들은 이에 의해 묶여 있다. 물론 그것에 관심이 별로 없는 외국인이나 외국 대학 또는 미국인이나 미국 대학에게는 예외지만 말이다. 그런데 '리그'라는 말은 아이비리그, 즉 미국 동북부 명문 8개의 사립대학을 지칭하는 담쟁이덩굴로 둘러싸인 고색창연한 리그 (Ivies, 19세기부터 이들 대학에서는 봄에 학교의 중요한 행사의 하나로서 담쟁이를 심는 역사가 있었음) 외에는 거의 사용하지 않으므로, 컨퍼런스라는 말이 더 일반적이라 하겠다. 미국 대학에서 컨퍼런스 또는 리그란 간단히 말하자면, 대학들 간의 운동경기 교류 협의체를 말한다. 이는 미국 대학에서 그만큼 운동이 중요하고, 또 중요한 역할을 해 왔다는 사실을 반

중하는 것이라 하겠다.

그런데 미국 대학에서 운동을 중요시한 것은 영국 대학의 영향이라 할 것이다. 미국의 초기 대학들은 대부분 영국의 옥스퍼드 대학과 케임브리지 대학의 영향을 받았는데, 양 대학에서는 일찍부터 세계적인 지도자 및 신사의 덕목 중 하나로 스포츠를 중시하였다. 그리고 양 대학 간에는 19세기 초엽부터 해마다 정기전이 열렸고, 또 이는 전국적인 관심사가 되어 신문과 방송에서도 지대한 관심을 가졌다. 그 중에서 대표적인 경기를 보면, 1827년부터 시작된 크리켓(cricket)경기, 1829년부터 시작된 조정(rowing)경기, 1872년부터 시작되어 'Varsity Match'라 불리는 럭비경기, 그리고 1873년부터 시작된 축구(soccer)경기를 들 수 있다. 따라서 이러한 경향이 미국의 대학에도 영향을 주었다고 봐야 할 것이다.

미국에서는 먼저 1833년에 하버드 대학에 크리켓 팀이 창단되었다. 그 후 펜실베이니아, 프린스턴, 컬럼비아, 코넬 대학에도 크리켓 팀이 창단되어, 대학들의 협의체가 창설되고, 또 그 대학들 간에 경기도 열렸다. 그러나 그 후 미국에서 새롭게 발달되기 시작한 야구의 인기의 영향으로 인해 크리켓의 인기와 그 영향은 크게 줄어들어, 대학 스포츠나 컨퍼런스의 발달에 별다른 영향을 주지 못했다. 한편, 미국에서 야구는 대학보다는 대학 밖에서 발달되어 대학에 유입되었는데, 기록에 의하면, 1859년 애머스트(Amherst) 대학과 윌리엄스(Williams) 대학이 최초로 대학 간 야구경기를 한 것으로 되어 있다. 그 후 야구는 많은 대학에서 실시하는 경기의 하나로 자리를 잡았으나, 대학 스포츠로서의 영향력이나 컨퍼런스의 발달에는 미식축구나 농구만 같지는 못하였다.

그리고 1843년에는 예일 대학에 조정 팀이 창단되고, 1844년에는 하버드 대학에 조정 팀이 창단되었다. 그 후 1852년부터 하버드 대학과 예일 대학 간에 정기적으로 조정경기(regatta)가 개최되고 있다. 그리고

1870년에는 미국 대학 조정 협의회(Rowing Association of American Colleges)가 결성되었다. 그러나 조정경기 또한 미국 대학들에서 그리 장려되지 않아 컨퍼런스의 발달에 그리 큰 영향을 주지는 못했다.

한편, 축구(soccer)는 1869년 프린스턴 대학과 러트거스 대학이 러트거스 대학 캠퍼스에서 처음으로 시합을 했다는 기록이 있다. 그런데 이때의 경기는 오늘날의 축구와 럭비를 혼합한 것이었다. 이를 두고 러트거스 대학은 자신들이 오늘날 미국 대학들에서 최고의 인기를 구가하는 미식축구(American football)의 발상지라고 주장한다. 그리고 1873년에는 예일, 프린스턴, 컬럼비아, 러트거스 대학이 모여 축구의 규칙을 재정비했다.

당시 하버드 대학은 그러한 경기 규칙 정비에 참여를 하지 않았는데, 그들은 자신들이 주도하여 만든 거친 '보스턴 게임(Boston Game)'을 더 선호했기 때문이었다. 그리고 1874년에는 럭비와 서로 비슷하지만 다른 규칙을 가진 하버드 대학과 캐나다의 맥길(McGill) 대학이 만나 각 대학의 규칙에 따라 두 게임을 치렀다. 또 1875년에는 하버드 대학과 터프쓰(Tufts) 대학 사이에 이 규칙에 따른 경기가 있었으며, 같은 해에 하버드 대학과 예일 대학 간에 소위 'The Game'이 시작되었는데, 이는 오늘날까지도 지속되고 있는 전통적인 양 라이벌 대학 간의 미식축구 경기다.

그리고 1876년에는 하버드, 프린스턴, 컬럼비아 대학이 모여, 대학 미식축구 협의회(Intercollegiate Football Association)를 결성하였다. 이 협의회에 예일 대학은 처음에는 참여하지 않았지만 나중에 참여하였다. 그 이유는 불분명하지만, 러트거스 대학은 이 협의회에서 제외되었다. 그 후 1880년대에 와서 오늘날 '미식축구의 아버지'로 불리는 예일 대학 출신의 월터 캠프(Walter Camp)에 의해 현재와 같은 대부분의 미식축구의 규칙이 재정비되었다.

한편, 미식축구와 함께 미국 대학 스포츠의 양대 산맥으로 불리는 농구는 1891년 캐나다 출신의 제임스 네이스미스(James Naismith)라는 체육교사에 의해 매사추세츠 주 스프링필드(Springfield) 시에 있는 YMCA 체육관에서 시작되었다. 그는 이 새로운 경기의 규칙과 방식을 정비하였고, 나중에는 캔자스(Kansas) 대학의 교수 겸 농구 코치로 활약하며 이 운동을 적극 보급하였다. 그 결과 미국 대학들에서는 대체로 1895년부터 농구 경기가 시작된 것으로 기록되어 있다. 그 후 네이스미스는 자신의 제자 앨런(Allen)에게 캔자스 대학의 코치직을 물려주었으며, 또한 그의 지도 아래서 나중에 농구 명문 켄터키(Kentucky) 대학의 전설적인 코치가 된 러프(Rupp)와 같은 제자가 나오기도 하였다.

2) 미국 대학의 스포츠 종목

오늘날 미국 대학의 스포츠는 대부분 전국 대학 운동경기 협의회(National Collegiate Athletic Assaciation: NCAA)에서 관장한다. 이 협의회에는 1,281개 대학이 회원대학으로 소속되어 있는데, 그 중에는 유일하게 캐나다의 사이먼 프레이저(Simon Fraser) 대학이 이 단체에 가입되어 있다. 이 단체의 발표에 의하면, 현재 미국 대학에서 운동과 학업을 병행하는 학생 수는 약 43만 명에 이른다고 한다. 그리고 이 단체에서 후원하는 경기 종목은 모두 23개 종목인데, 그 면면을 보면 다음과 같다.

먼저 남녀 대학생 모두가 참여하고 후원하는 운동경기는 농구, 크로스컨트리(cross country), 펜싱, 골프, 체조, 아이스하키, 라크로스(lacrosse), 실내육상, 실외육상(track & field), 사격, 스키, 축구(soccer), 수영 및 다이빙, 테니스, 배구, 그리고 수구(water polo) 16종목이다. 그리고 남학생만 참여하고 후원하는 경기로는 야구, 미식축구(American football), 레슬링 3종목이 있다. 또 여학생만 참여하고 후원하는 경기로는 볼링(bowling), 필드하키, 조정(rowing), 소프트볼 4종목이 있다.

그 외에도 미국 대학 운동경기에는 각 대학, 리그 또는 컨퍼런스별로 별도로 후원하고 주관하는 운동경기들도 있다. 예를 들면, 럭비, 크리켓, 탁구, 핸드볼, 배드민턴, 당구, 비치발리볼(beach volleyball), 피구(dodgeball), 스쿼시(squash), 라켓볼(racquetball), 롤러 하키, 페인트 볼(paintball), 얼티밋(ultimate frisbee), 폴로(polo), 승마, 로데오(rodeo), 양궁, 유도, 태권도, 역도, 복싱, 사이클, 낚시, 카누 및 카약(canoe and kayak), 요트, 싱크로 수영(synchronized swimming), 파워보트(power boating), 수상스키, 웨이크보드(wake boarding), 서핑(surfing), 컬링(curling), 피겨스케이팅, 스노보드(snow board), 싱크로 스케이트(synchronized skating), 권총, 트랩사격(trap and skeet shooting), 오리엔티어링(orienteering), 3종 경기, 줄다리기(tug of war), 낙하산, 비행(flying, aviation), 여자 레슬링 등은 NCAA 및 많은 대학에서 후원하지 않으나, 대학 스포츠로서 행해지고 있고 또 전국적인 대회도 있다. 예를 들면, 하버드 대학은 전체적으로 41개 운동경기 종목을 지원하고, 또 예일 대학은 35개 종목을 지원하며, 스탠퍼드 대학은 34개 종목을 지원하고 있다.

그런데 미국 대학에서는 이 많은 운동경기 종목 중에서도 특히 미식축구(남자), 농구, 야구(남자), 소프트볼(여자), 골프를 하는 대학들이 가장 많고, 또 대학들 간에도 수준 차이가 있어 I부(division), II부, III부로 나누어 경기를 한다. 이 중에서도 특히 미식축구는 운동을 하는 대학도 많고 또 수준 차도 커서, 이를 다시 상부(I-A, Bowl Subdivision)와 하부(I-AA, Championship Subdivision)로 나눈다.

여기에서 I부에 들어간 대학들은 대체로 대학의 규모가 크고 명성이 있는 대학으로서 운동도 잘 하는 대학이며, 운동을 잘 하는 학생들에게는 장학금을 줄 수 있는 대학들이다. 그리고 II부에 들어간 대학들은 대체로 규모가 작고, 운동선수에게 부분적으로 장학금을 지급하는 대학들이다. 마지막으로 III부에 들어간 대학들은 학생이 운동선수로는 장학금을 받을 수 없는 대학들이다. 그래서 학문적으로는 명문대학이면서도 운동경기는 III부에 들어가는 대학들이 꽤 있다. 예를 들면, 앞에서 언급한 바 있는 미국 대학협의회(AAU)의 회원대학이면서도 NCAA에서는 III부에 들어간 대학들로는 브랜다이스, 캘리포니아 공대, 시카고, 카네기 멜런, 케이스 웨스턴 리저브, 에모리, 존스 홉킨스, 매사추세츠 공대, 뉴욕, 로체스터, 워싱턴-세인트루이스 대학을 들 수 있다. 이 대학들은 대학의 전체적인 문화가 운동보다는 연구와 학업을 더 중시하는 대학들이라 할 수 있다. 이 중에서도 특히 워싱턴-세인트루이스 대학은 원래 Big 12 컨퍼런스의 전신인 미주리 협곡 컨퍼런스(Missouri Valley Conference: MVC)의 창립대학이었으나, 운동보다는 학문을 더 중시하여 1942년 탈퇴하였다. 그리고 시카고 대학도 원래 Big Ten 컨퍼런스의 창립대학이었으나, 1946년 허친스(R. M. Hutchins) 총장 때 운동보다는 학문을 더 중시하여야 한다는 이유로 탈퇴하였다.

3) 미국 대학 스포츠의 원칙

미국 대학 스포츠의 원칙 또는 정신을 한 마디로 이야기하기는 어렵겠지만, 굳이 말하자면, 프로(professionalism)와는 다른 철저한 아마추어 정신(amateurism)이라고 할 수 있다. 이는 운동을 장려하는 각 대학에서도 마찬가지이지만, 미국 대학 스포츠를 관장하고 후원하는 NCAA에서도 이에 따라 각 대학 운동선수들의 운동과 학업을 보호하는 데 초점을 둔다. NCAA는 해마다 모든 산하 대학 운동선수들의 선발(recruit), 학업, 각종 혜택, 재정지원, 자격 유지, 연습 및 운동 시기, 졸업, 윤리적 문제 등을 면밀히 점검한다. 그리고 나서 NCAA의 규칙을 어긴 대학에 대해서는 그에 합당한 제재를 가한다.

최근에 NCAA의 제재를 받은 몇몇 대학의 사례를 보면 다음과 같다. 먼저 남자농구의 명문대학의 하나인 코네티컷 대학(UConn)은 선수 선발 과정에 정해진 금액보다 6천 달러 이상을 썼으며, 선발하려는 선수에게 필요 이상의 전화와 문자 메시지를 보낸 것으로 드러났다. 결국 NCAA에서는 감독에게 다음 해 처음 몇 게임에 한해 출전 금지를 시키고, 장학생 선수의 수를 줄였으며, 팀 후원자의 접근을 금지시켰다. 그러나 이는 비교적 약한 제재라고 할 수 있다.

미국 대학 스포츠 역사상 가장 강력한 제재 중 하나는 2011년 전 미국을 떠들썩하게 한 펜실베이니아 주립(Penn State)대학 미식축구부 부코치 샌두스키(Sandusky)의 선수들에 대한 동성애 사건일 것이다. 그는 십여 년 동안 동일한 범죄행위를 지속했으며, 아직 재판이 진행 중이지만, 평생을 감옥에서 보낼 처지에 놓여 있다. 이로 인해 대학이 입은 피해는 이루 말할 수 없이 크다. 펜실베이니아 주립 대학은 그동안 쌓아온 미식축구의 명문대학으로서 명성에 심각한 타격을 입었을 뿐 아니라, AAU 회원대학으로서의 학문적 명성에도 상당한 이미지 손상을 감수해야 할 처지에 놓여 있다. 또한 이 사건으로 인해 대학 총장과 체육부장이 감독 소홀을 이유로 이미 물러났으며, 대학이 입은 직접적 피해도 막심하다. 대학은 우선 6천만 달러의 벌금을 NCAA에 지불해야 하고, 향후 4년 동안 정규시즌 후(post-season) 경기에 나갈 수 없으며, 4년 동안 장학생 선수를 해마다 10~20명 감축해서 선발해야 한다. 따라서 이로 인한 선수들의 사기 및 경기력 저하와 재정적 손실을 감내해야 한다. 그리고 1998년부터 2011년까지 이 대학이 얻은 111승 전국대회 우승 횟수를 모두 박탈당했다. 또한 이 대학의 전설적인 감독(coach)으로서 46년을 재직하면서 409승을 올려 주요 대학 코치 중 최다승 코치가 된 퍼터노(Paterno) 코치도 감독 소홀을 이유로 불명예스럽게 해고되었고, 또 그동안 그가 쌓아올린 111승이 모두 박탈되어 298승으로 줄어들었으며, 이 대학의 미식축구장 앞에 세워진 그의 동상도 어느 날 새벽 아무도 모르게 조용히 치워지고 말았다. 그 결과 그는 노령에다 스트레스로 인해 암에 걸려 얼마 지나지 않아 다음 해 불명예를 안고 사망하고 말았다.

또한 2012년에는 근래 미식축구로 명성을 쌓은 플로리다 주의 마이애미 대학에서 선수 선발과정에 후원자가 금전을 지불했다는 것이 NCAA의 규칙위반 조사위원회(Committee on Infractions)에 의해 적발되어 제재를 기다리고 있다. 그 외에도 여러 대학에서 종종 규칙을 위반하는 것이 적발되어 제재를 받았다. 제재의 내용은 앞의 펜실베이니아 주립대학의 경우에서 보듯이, 대체로 벌금, 문제된 코치나 학생의 출전 금지, 정규 시즌 후의 경기 출전 금지, 장학생 선수의 인원수 감축, 그동안 얻은 우승 기록의 박탈 등이다. 이처럼 NCAA는 심한 경우 어떤 대학의 스포츠 프로그램에 대해 사망 선고에 가까운 치명적 제재를 가하기도 한다. 그러나 이는 커다란 문제가 발생한 후에 이루어진 조처이고, 그보다는 우선적으로 운동선수의 입학과정부터 철저하게 감독하고 관리하여 학생이 대학 생활 동안 운동과 학업을 병행할 수 있도록 하는 데 초점을 둔다.

현재 NCAA 산하 자격심사 센터(Eligibility Center)에서는 모든 4년제 대학의 입학예정 및 재학 중인 선수에 대해 학업과 운동을 병행할 능력이 있는지의 여부를 판정하는 자격심사를 실시한다. 미국에서 학생이 운동선수로서 대학에 진학하고자 하는 경우, 세 가지 요건을 충족시켜야 한다. 먼저, 고등학교를 졸업해야 하고, 둘째, 최소한의 필수 핵심과목을 이수해야 하며, 셋째, 필요한 평균 학점(grade point average: GPA)과 학업 적성 검사(scholastic aptitude test: SAT) 또는 미국 대학자격 검사(American college testing: ACT) 점수를 받아야 한다. 여기에서 최소 필수 핵심과목 이수에는 16학점의 이수가 필요한데, 영어 4과정, 수학 2과정, 사회과학 2과정, 자연과학 2과정 외에 영어, 수학, 자연과학 중 추가 1과정 또는 외국어 등 다른 과목의 추가 1과정의 이수가 필요하다. 그리고 운동선수의 고등학교 성적이 GPA 2.0 이상이거나 GPA 1.7에 SAT 1,400 이상 또는 최소한의 SAT 700에 GPA 2.5 이상이면 대학선수의 자격이 주어진다. 그러나 2016년부터는 GPA 2.3에 SAT 1,000점 또는 GPA 2.5 이상을 받아야 하는 것으로 그 기준을 높였다.

또한 각 대학은 재학 중인 운동선수들에게 주 20시간 이하로 운동경기 연습을 하게 함으로써 학업을 소홀히 하지 않도록 해야 한다. 이를 위해 NCAA에서는 대학이 운동선수들의 학업을 적절하게 관리하고 있는지를 알아보기 위해 새롭게 학업진도율(academic progress rate: APR)이라는 개념을 도입했다. 이는 운동선수들의 졸업성공률(graduation success rate)을 판정하는 기준이다. 현재는 4년간 APR 900(40%의 졸업률) 또는 최근 2년간 APR 930(50%의 졸업률)을 맞춰야 정기시즌 후 경기에 나갈 수 있다. 그러나 이것도 2014년부터는 4년간 APR 930 또는 최근 2년간 APR 940으로 그 기준을 높였다. 이를 지키지 못해 최근에 NCAA로부터 제재를 받은 대학이 앞에서도 언급한 바 있는 코네티컷 대학 남자농구부다. 이 대학은 2009~2010년의 APR이 826(25%의 졸업률)이었을 뿐 아니라, 4년간의 APR이 888, 그리고 최근 2년간의 APR도 900에 불과해 2012~2013년 정기시즌 경기 후 포스트시즌 경기에 나가지 못하게 되었다.

이처럼 미국 대학 스포츠의 근간은 철저한 아마추어리즘이다. 운동선수로서 학생은 운동과 학업을 병행할 수 있어야 진정한 대학인이다. 그리고 아마추어 선수인 학생에게 금전 수수는 철저히 금지되어 있다. 대학은 이를 보장하여야 하고, 또 NCAA에서는 이를 철저히 감독한다. 이런 이유들로 미국의 유명 프로 운동선수 중에는 대학시절 운동과 학업을 철저히 병행하여 명문대학을 우수한 성적으로 졸업한 사람들이 많이 있다. 따라서 이는 우리나라 대학이나 학원 스포츠가 타산지석으로 삼아야 할 것이다.

운동선수로 활약할 수 있는 기간은 그렇게 길지 않다. 다행이 학생이 운동 실력이 월등하여 고등학교나 대학 졸업 후 프로에 진출해 크게 성공하면 다행이지만, 그럴 수 있는 사람은 해마다 그렇게 많지 않다. 그렇지 않다면 우리는 학생 선수들에게 학업과 운동을 병해하게 해야 한다. 학생이 졸업 후 프로에 진출하지 못하더라도 일반 직장에 갈 수 있는 실력을 갖추도록 해야 하고, 또 이를 관계기관에서는 철저하게 감독해야 한다.

그런데 우리나라 운동선수들은 대체로 초등학교 때부터 학업을 멀리하는 경향이 있다. 그 큰 이유는 학생 선수나 부모에게도 책임이 있지만, 대체로 학교나 코치가 성적 지상주의에 내몰리기 때문이다. 그리고 신성한 학원 스포츠에서도 종종 선수를 둘러싼 금전 거래가 발생하여 말썽이 생기는 경우가 있다. 이는 아마추어 정신을 크게 훼손하는 것이므로 대오각성하여 건전한 학원 스포츠의 정착에 모두가 힘써야 할 것이다.

4) 미국 대학 스포츠의 효과

미국의 초기 대학들은 영국의 옥스퍼드 대학이나 케임브리지 대학의 정신을 이어받아 미국 내뿐 아니라 세계적인 지도자와 신사를 양성하는 것을 대학의 교육목적으로 삼았다. 소위 지정체가 조화된 인간을 육성하는 것이 대학들의 중요한 교육목적이었다. 따라서 각 대학은 19세기부터 발달하기 시작한 스포츠를 당연히 대학인이 가져야 할 덕목의 하나로 중시하였다. 그런데 미국의 동북부 지역의 대학을 중심으로 발달되던 스포츠가 남부와 중서부 등 미국의 다른 지역의 대학들로 퍼져나가면서, 신사의 덕목의 하나로서 건전한 신체의 단련이라는 본래의 목적 외에 다른 기능 및 역할을 하는 것이 발견되었다. 그 후 미국의 대학들은 스포츠에 많은 예산을 투입하게 되었는데, 참고로 미국 대학들 중 스포츠 예산이 가장 많은 대학들을 보면 다음 〈표 3-1〉과 같다.

표 3-1 2012년도 미국의 스포츠 예산 상위 대학

순위	대학	소재지	예산(백만 달러)	컨퍼런스
1	텍사스(Texas)	오스틴	153.5	Big 12
2	오하이오 주립(OSU)	콜럼버스	126.5	Big Ten
3	미시간(Michigan)	앤아버	109.8	Big Ten
4	테네시(Tennessee)	녹스빌	103.3	SEC
5	플로리다(Florida)	게인즈빌	97.7	SEC
6	오번(Auburn)	오번	95.7	SEC
7	앨라배마(Alabama)	터스컬루사	95.3*	SEC
8	펜실베이니아 주립(Penn State)	유니버시티 파크	92.0	Big Ten
9	루이지애나 주립(LSU)	배턴루지	90.6	SEC
10	오클라호마(Oklahoma)	노먼	90.5	Big 12
11	조지아(Georgia)	애선스	90.0	SEC

* 앨라배마 대학은 2010년과 2011년의 평균치임.
출처: Sportsbusinessdaly.com

이 대학들의 면면을 보면, 모두가 각 주를 대표하는 가장 큰 주립대학들임을 알 수 있다. 스포츠 예산 규모를 보면, 이는 대략 우리나라 큰 국립대학들의 1년 전체 예산에 맞먹는다고 할 수 있다. 그런데 미국 대학들이 스포츠에 이렇게 많은 예산을 투입하는 것은 그 이유가 있다.

우선 스포츠는 대학 관련 집단구성원의 집단결속력을 높인다. 사실 대학 스포츠가 미국처럼 인기 있는 나라도 없다. 대학의 미식축구나 남자농구가 열리는 날이면 대학 구성원뿐 아니라 동문, 지역사회, 더 나아가 주 전체의 축제의 장이 된다. 따라서 아무리 미국 어느 대학에 유학을 가서 공부를 했어도, 미식축구나 남자농구를 참관해 보지 않고는 그 대학에 대해서 아는 체 하지를 말라는 말이 있다. 이는 미국의 대학문화를 총체적으로 이해하기 위해서는 반드시 통과해야 할 하나의 필수 코스라 할 수 있다.

스포츠와 관련해서 미국 대학의 문화와 결속력을 가장 잘 나타내는 것이 아마 귀교일, 즉 홈커밍 데이(homecoming day) 행사라 할 수 있다. 이는 보통 미식축구 시합이 있는 특정일을 정해 홈에서 벌이는 대대적인 행사인데, 다른 스포츠의 경기가 있는 날에 하는 경우도 있다. 이를 두고 베일러(Baylor), 일리노이(Illinois), 미주리(Missouri) 대학은 서로 자신들이 원조라고 주장한다. 베일러 대학은 1909년, 일리노이 대학은 1910년, 그리고 미주리 대학은 1911년에 처음 시작했다고 주장하는데, 앞의 두 대학은 도중에 가끔 단절되기도 했고, 또 처음부터 '홈커밍'이라는 말을 쓰지 않았다. 이에 비해 미주리 대학은 1911년 당시 체육부장이던 브루어(Brewer)가 숙적 캔자스(Kansas) 대학과의 미식축구 시합 일에 졸업 동문들에게 'come home'이라는 말을 사용했다는 공식기록이 있고, 그 후 해마다 연례행사로 지금까지 이어져 오고 있으며, 이 대학의 홈커밍 데이 행사는 미국 내에서 가장 화려하고 규모가 커서 기네스북에도 올라 있다.

그 후 홈커밍 데이 행사는 미국의 거의 모든 대학뿐 아니라 중고등학교로 확대되었다. 그리고 이제 이 문화행사는 다른 나라들에까지 수출되었다.

그런데 홈커밍 데이에는 몇 가지 전통이 있다. 먼저, 학생들의 비밀투표에 의해 그 해 대학에 가장 공헌이 큰 학생을 대학의 왕이나 여왕으로 뽑고, 이 날 왕관을 씌우는 즉위식을 거행한다. 그리고 대학에서부터 시작하여 도시 중심부를 거쳐 미식축구장에 이르는 대대적인 퍼레이드를 벌이는데, 퍼레이드에는 대체로 밴드부가 앞장서고 각종 관심 있는 단체나 인사들이 각종 치장을 하거나 복장을 입고 참여하여 장관을 이룬다. 또한 국내·외 각지에서 동문들이 특히 캠핑카 등을 몰고 와 함께 파티(tailgate party)를 열고 축제를 즐기며, 모교(alma mater)의 운동복을 입고 후원행사를 하기도 한다. 그리고 자신의 대학 팀을 응원하는 집회(rally)를 하며 불꽃놀이(bonfire)를 하기도 한다. 이처럼 미국에서 대학 스포츠는 동문들의 모교에 대한 애교심을 길러주고, 지역사회 및 주 전체 사람들의 자기 지방 대학에 대한 애정을 북돋아 집단결속력을 높이고, 또 이를 통해 많은 기부금이나 후원금을 받기도 한다.

다음으로 스포츠는 학생유치에 큰 역할을 한다. 미국의 고등학교 또한 대학처럼 스포츠를 중시하고, 또 대학과 마찬가지로 특히 미식축구와 남자농구가 큰 인기가 있다. 미국의 고등학생들은 자연스럽게 미식축구와 농구에 익숙해 있고, 그 결과 대학에 진학할 때는 특별히 자기가 선호하는 아이비리그 소속의 명문 사립대학이 아닌 한, 같은 값이면 미식축구와 남자농구를 잘 하는 대학을 선호하는 경향이 있다. 그리고 또 미식축구와 남자농구를 잘 하는 대학들은 대체로 주요 컨퍼런스에 소속되어 있는 명문대학들이 대부분이다.

미국에서는 해마다 대학 미식축구 시즌(대체로 8월 말에서 다음 해 1월 초까지)이나 농구 시즌(대체로 11월 중순에서 다음 해 4월 초까지)이 되면, 매주 전국에서 잘 하는 팀을 골라 AP(Associated Press) 통신사와 코치들 (*USA Today* 지 및 방송사 ESPN과 공동으로)이 별도로 1위에서부터 25위까지 순위를 발표한다. 그런데 미식축구의 I부의 상부(I-A, Bowl Subdivision) 에는 약 120여 개의 팀이 있다. 그리고 남자농구의 경우는 상·하부를 구별하지 않는데, I부에만 해도 약 350개의 팀이 있다. 그러니 이 중에서 전국적인 순위에 든다는 것은 대단히 어려운 일이다.

한편, 미식축구 경기는 대체로 주말에 한 번씩 열려, 한 시즌에 대강 12차례 정도의 정규 경기를 하는데, 대략 절반은 홈에서 그리고 절반은 원정경기를 한다. 그리고 남자농구는 대체로 주중과 주말에 한 번씩 열려, 한 시즌에 약 30회 정도의 시합을 하는데, 이 또한 홈에서 절반 그리고 원정으로 절반 정도의 경기를 한다. 그런데 미식축구나 대학농구 시즌이 되면, CBS, ABC, NBC, FOX, ESPN 등 전국의 유명한 방송사들은 많은 중계료를 지불하고 TV를 통해 주요 대학의 경기들을 전국적 또는 지역적으로 생중계하고, 또 라디오·신문·잡지 등 각종 매체에서는 그러한 경기결과를 상세히 보도한다. 이는 방송사 측에서 봤을 때는 대학 스포츠가 그만큼 인기가 있어 시청자를 많이 확보할 수 있으므로, 광고를 확보하여 소위 장사가 되기 때문이다.

반면에 대학 측에서 봤을 때는 미식축구나 남자농구를 잘해서 전국적으로 생중계되면, 그만큼 대학의 노출효과가 크고 또 선전이 되어 대학의 브랜드 가치를 높일 수 있으며, 그 결과 학생 유치에 훨씬 유리해진다. 따라서 어떤 해에 어떤 대학이 미식축구나 남자농구에서 전국 랭킹을 어느 정도 하느냐에 따라 입학생 수가 달라질 수 있다. 비교적 최근의 예를 들자면, 미국 중부의 미주리 대학은 AAU 회원대학으로서, 미식축구나 남자농구를 비교적 잘 하기는 해도 전국대회 우승을 한 번도 해 본 적이 없는 대학이다. 그런데 이 대학이 2007년 미식축구에서 무려 40여 년 만에 전국 랭킹 1위를 딱 한 주 동안 했었다. 물론 그 해에는 성적이 좋아 거의 모든 게임이 전국에 생중계되기는 했었다. 그런데 그 다음 해에 이 대학의 입학 지원자 수가 무려 20%나 늘었다고 언론에 보도된 바 있다.

또한 미국의 대학 스포츠는 대학의 재정 수입에 큰 영향을 주기도 한다. 먼저 미국 대학의 미식축구나 남자농구의 입장료는 상당히 비싼 편인데, 이는 곧 대학의 재정 수입과 직접 관련된다. 미식축구를 잘 하는 대학의 입장료는 보통 좌석의 위치에 따라 다르지만, 대체로 100~3,000달러까지 한다. 그리고 남자농구는 대체로 5~500달러까지 한다. 대학의 미식축구장은 대략 8만 명 이상부터 시작해서 10만 명 내외로 수용 가능하면 A급, 5만 명 이상 8만 명 미만 수용 가능하면 B급, 그리고 5만 명 미만 수용 가능하면 C급 경기장이라 할 수 있다. 참고로 미국 대학에서 가장 규모가 큰 미식축구장 10개를 소개하면 다음 〈표 3-2〉와 같다.

표 3-2 미국 대학 10대 미식축구장

순위	대학	소재지	개장연도	구장명칭	규모	컨퍼런스
1	미시간	앤아버	1927	Michigan Stadium[1]	109,901	Big Ten
2	Penn State	유니버시티 파크	1960	Beaver Stadium	106,572	Big Ten
3	테네시	녹스빌	1921	Neyland Stadium[2]	102,455	SEC
4	OSU	컬럼버스	1922	Ohio Stadium[3]	102,329	Big Ten
5	앨라배마	터스칼루사	1929	Bryant-Denny Stadium[4]	101,821	SEC

6	텍사스	오스틴	1924	Texas Memorial Stadium[5]	100,119	Big 12
7	UCLA	패서디나	1922	Rose Bowl[6]	94,392	Pac 12
8	USC	로스앤절리스	1923	LA Memorial Coliseum[7]	93,607	Pac 12
9	조지아	애선스	1923	Sanford Stadium[8]	92,746	SEC
10	LSU	배턴루지	1924	Tiger Stadium	92,542	SEC

1) 별칭은 Big House.
2) 구장명은 전설적인 미식축구 감독 Neyland를 기리기 위해 그의 이름에서 따옴.
3) 별명은 말편자(Horseshoe).
4) 구장명은 전설적인 미식축구 감독 'Bear' Bryant와 총장이었던 Denny를 기리기 위해 그들의 이름에서 따옴.
5) 원 구장명은 전설적인 미식축구 감독 Darrell K. Royal을 기리기 위해 그의 이름을 붙여 Darrell K. Royal-Texas Memorial Stadium이라 함.
6) 소유주는 Pasadena 시.
7) 소유주는 Los Angeles 시와 California 주 공동.
8) 구장명은 대학에 공헌이 컸던 총장 Sanford를 기리기 위해 그의 이름에서 따옴.

이 미식축구장들의 규모를 보면, 어떤 경우는 수용인력이 그 구장이 있는 도시의 전체 인구보다 더 큰 경우도 더러 있다. 이는 그만큼 대학의 미식축구가 미국인들에게 인기가 있어 해당 도시 및 주뿐만 아니라 전국 각지에서 경기를 관람하고 자기 팀을 응원하기 위해 모인다는 것을 반증한 것이라 할 수 있다. 그리고 구장의 규모와 입장료를 보면 대체적인 대학의 입장 수입을 계산할 수 있을 것이다. 참고로 2011년 미식축구를 통해 수익을 많이 올린 10개 대학의 면면을 보면 다음 〈표 3-3〉과 같다.

표 3-3 미식축구 10대 수익 대학

표 3-3 미식축구 10대 수익 대학

(달러)

순위	대학	수입	지출	수익
1	텍사스	93,942,815	25,112,331	68,830,484
2	조지아	70,838,539	18,308,654	52,529,885
3	Penn State	70,208,539	19,780,939	50,427,645
4	미시간	63,189,417	18,328,233	44,861,184
5	플로리다	68,715,750	24,457,557	44,258,193
6	LSU	68,819,806	25,566,520	43,253,286
7	앨라배마	71,884,525	31,118,134	40,776,391
8	테네시	56,593,946	17,357,345	39,236,601
9	오번	66,162,720	27,911,713	38, 251,607
10	오클라호마	58,295,888	20,150,769	38,145,119

출처: businessofcollegesports.com

한편, 대학 농구장은 대체로 수천 명을 수용하는 적은 것에서부터 시
작하여 평균 약 만 명 정도를 수용할 수 있는 것이 대부분이다. 그러나 큰
농구장의 경우는 규모가 2~3만 명까지도 수용할 수 있다. 참고로 미국에
서 대학이 사용하는 큰 농구장의 순위와 규모는 대체로 다음 〈표 3-4〉
와 같다.

표 3-4 미국 대학 10대 농구장

순위	대학	소재지	구장명칭	규모	컨퍼런스
1	시러큐스	시러큐스	Carrier Dome	33,000	Big East[1]
2	테네시	녹스빌	Thompson-Boling Arena[2]	24,535	SEC
3	켄터키	렉싱턴	Rupp Arena[3]	23,500	SEC

4	브리검 영	프로보	Marriott Center	22,700	WAC
5	노스캐롤라이나	채플 힐	Dean Smith Center[4]	21,750	ACC
6	조지타운	워싱턴, DC	Verizon Center[5]	20,674	Big East
7	세인트루이스	세인트루이스	Scottrade Center[6]	20,000	A 10
8	NC State[7]	롤리	RBC Center	19,722	ACC
9	OSU	콜럼버스	Value City Arena	19,500	Big Ten
10	아칸소	페이엇빌	Bud Walton Arena[8]	19,200	SEC

1) 시러큐스 대학은 2013년부터 ACC로 옮겨감.
2) 농구장 명칭은 사업가 Thompson과 Boling 총장을 기리기 위해 이름에서 따옴.
3) 농구장 명칭은 전설적인 감독의 이름에서 따옴.
4) 농구장 명칭은 전설적인 감독 이름에서 따옴.
5) 홈구장(Home court)은 별도로 있음.
6) 소유주는 Saint Louis 시.
7) 롤리(Raleigh) 시에 있는 노스캐롤라이나 주립 대학.
8) 농구장 명칭은 Wal-Mart 공동창업자인 'Bud' Walton을 기리기 위해 그의 이름에서 따옴.

이처럼 미국 대학의 농구장들은 우리나라의 실내경기장들에 비하면 상당히 큰 편이다. 그러나 미식축구장에 비하면 규모도 적고 또한 입장료도 상대적으로 저렴하다. 미식축구가 올리는 수익에 비할 바는 못 되지만, 그래도 상당한 정도로 대학의 재정에 기여한다. 참고로 2011년 농구를 통해 올린 수익이 큰 대표적인 대학들의 면면을 보면, 대체로 다음 〈표 3-5〉와 같다.

표 3-5 농구 10대 수익 대학   (달러)

순위	대학	수입	지출	수익
1	루이빌	25,890,003	9,089,769	16,800,234
2	듀크	26,667,058	12,286,475	14,380,581
3	노스캐롤라이나	20,551,168	6,647,459	13,903,709

4	애리조나	19,258,038	5,806,535	13,478,503
5	OSU	16,190,723	4,554,908	11,435,815
6	시러큐스	18,309,470	8,086,376	10,223,094
7	위스콘신	17,666,311	7,539,418	10,126,893
8	일리노이	14,413,222	4,980,589	9,432,633
9	인디애나	16,570,158	7,653,945	8,816,213
10	아칸소	15,515,830	6,839,213	8,676,617

출처: businessofcollegesports.com

마지막으로 미국의 대학 스포츠는 지역사회 경제의 활성화에 큰 영향을 주기도 한다. 비교적 대학의 규모가 크고 미식축구나 남자농구의 성적이 좋은 해는 경기가 열리는 날이면, 국내·외 각지에서 동문들이 경기를 구경하고 자기 팀을 응원하기 위해 대거 모일 뿐 아니라 상대 팀들의 응원단도 성적이 좋을 경우 대거 원정을 오며 지역사회의 숙박업소, 음식점, 위락시설 등은 활황을 맞는다. 따라서 지역 경제권은 자기 도시에 소재하는 대학의 미식축구나 남자농구의 성적이 좋아지기를 학수고대한다. 이처럼 미국의 대학 스포츠는 지역사회 경제에도 적지 않은 영향을 준다.

5) 미식축구와 남자농구의 위력

전술한 사실들로 미루어 판단하겠지만, 오늘날 미국 대학에서 가장 영향력이 크고 또 소위 인기가 가장 많은 운동경기는 미식축구와 남자농구라 할 수 있다. 그 중에서도 미식축구의 영향력은 가히 절대적이라 할 수 있다. 그리고 주요 컨퍼런스들도 거의 대부분 이 미식축구를 중심으로 형성되어 있다. 그런데 미식축구를 육성하기에는 너무 많은 예산이 들어가기 때문에, 농구를 위주로 하는 컨퍼런스들도 여러 개 따로 결성이 되어 있으나, 그 영향력은 주요 미식축구를 위주로 하는 컨퍼런스에 비할 바는 못 된다.

우선 미식축구는 100야드의 경기장을 절반으로 나누어 한 팀의 공격수 11명과 다른 팀의 수비수 11명이 하는 경기인데, 공격하는 팀이 4번의 공격에 10야드씩 전진하여 50야드 전방에 있는 수비 팀의 끝줄(endline)에 도달하면 득점을 하는 경기다. 이 때 수비 팀은 공격 팀이 전진을 하지 못하도록 수비를 하는데, 공격 팀이 4번의 공격에서 10야드를 전진하지 못하면 공격권이 넘어간다. 각 팀은 공격과 수비 선수를 따로 육성하는데, 후보 선수까지 합치면 한 팀에는 대체로 100여 명의 선수가 있다. 이처럼 미식축구는 선수가 많아 선수 육성에도 재정적 투자가 많이 들고, 또 가장 격렬한 스포츠 중 하나이다 보니 부상이나 사망의 위험도 크다. 그럼에도 불구하고 미국에서는 대학사회뿐 아니라 나라 전체가 열광하고 워낙 인기가 있는 스포츠여서, 사람들은 미식축구를 가장 미국적인 스포츠이고 또 미국에서나 할 수 있는 스포츠라고 생각한다.

현재 NCAA 산하 I부에만 대학 미식축구 팀이 약 240여 개 팀이 있는데, 이것도 축구실력의 수준 차에 따라 상부(I-A, Football Bowl Subdivision)와 하부(I-AA, Football Championship Subdivision)로 나뉜다. 그리고 상부에 약 120여 개 팀, 그리고 하부에 약 120여 개 팀이 있다. 그런데 상부의 120여 개 팀들은 다시 10여 개의 서로 다른 컨퍼런스에 소속되어 있다. 그리고 I부의 하부와 II부와 III부에도 수많은 미식축구 팀이 있고 또 그들 나름의 컨퍼런스를 구성하고 있다. 우리가 잘 아는 소위 동북부 8대 명문 사립대학들의 협의회인 아이비리그는 I부의 하부에 소속되어 있다. 이 대학들은 처음으로 미국 대학에서 미식축구를 시작하고 또 초기에는 이를 주도해 왔으나, 시간이 지날수록 다른 대학들에게 주도권을 내주고 이제는 하부로 밀려나고 말았다.

　다음으로 남자농구의 경우 우리에게 익숙한 것처럼 5명의 선수가 한 팀을 이루어 경기를 한다. 한 팀의 선수 구성은 대체로 센터, 파워 포드, 스몰 포드, 슈팅 가드, 포인트 가드로 구성되어 있다. 따라서 한 팀에 선수가 후보 선수를 포함해서 대략 12~13명이면 족하다. 인기에 비해 선수 육성에 큰 돈이 들지 않으므로, 많은 미국 대학들이 농구부를 보유하고 있다. 현재 미국 대학에는 남자농구의 경우 1부에만 33개 컨퍼런스에 약 350개 팀이 등록되어 있다. 그런데 농구의 경우는 미식축구와는 달리 하위 팀이 상위 팀을 이기는 경우가 빈번하므로, 팀 수는 많아도 특별하게 상부와 하부를 따로 나누지는 않는다.

　그런데 미국 대학에서 미식축구와 남자농구의 위력을 가장 잘 느낄 수 있는 것은 우선 감독들이 받는 연봉을 보면 쉽게 알 수 있다. 미국 사람들은 특히 모든 것을 금전으로 환산하기 좋아하는데, 조금 명성 있는 큰 대학들의 미식축구 감독은 200만 달러 내외, 그리고 남자농구의 감독은 보통 150만 달러 내외의 연봉을 받는다. 물론 미식축구나 남자농구의 감독 모두 300~500만 달러 이상을 받는 특급 감독들도 더러 있다. 그러나 보통은 몇 십만 달러를 받는 것이 보통이고(이것도 적지 않은 연봉임), 학문에 강조를 두는 아이비리그 감독들은 대체로 10만 달러 내외의 비교적 적은 연봉을 받는다.

　이에 비해 그들을 고용한 총장들의 연봉을 보면, 명성 있는 주립대학 총장들의 연봉은 대체로 40~50만 달러 선 내외이고, 사립대학 총장들의 연봉은 대체로 100만 달러 내외다. 물론 주립대학 총장 중에서도 오하이오 주립대학 총장처럼 100만 달러 이상을 받는 경우도 있고, 사립대학의 경우는 예일 대학 총장처럼 150만 달러 정도를 받는 사람들도 상당 수 있다. 그러다 보니 아이비리그 쪽에서는 운동부 감독들의 영향력이 거의 없지만, 미식축구나 남자농구로 명성이 있는 큰 대학들에서는 주립대학이나 사립대학을 막론하고 감독들의 목소리가 크다. 물론 성적이 나쁜 해에는 해고를 각오해야 하지만 말이다. 참고로 미국 명문대학 교수들의 평균 연봉을 보면, 조교수의 경우 대체로 7~10만 달러, 부교수는 9~12만 달러, 그리고 정교수는 14~20만 달러 정도다.

또 미국 대학 내에서 미식축구나 남자농구의 위력을 알 수 있는 것은 그 프로그램들이 벌어들이는 수익으로 대학 내 다른 스포츠 종목들의 운영을 거의 이끌어 간다는 것이다. 앞에서 보았듯이, 미국 대학들은 많은 스포츠 종목들을 장려하고 있는데, 이들 중 소위 돈이 되는 종목은 미식축구와 남자농구를 빼면 별로 없다. 그런데 어떤 종목이든지 원정 경기를 하게 되는 경우, 선수단 및 응원단의 이동에는 숙박비 및 교통비 등 적지 않은 자금이 들어간다. 물론 대학에서도 이를 알고 예산을 세우지만, 앞의 〈표 3-3〉과 〈표 3-5〉에서 보았듯이, 상당 부분 미식축구와 남자농구가 벌어들이는 수입으로 이를 보전하는 편이다. 그러다보니 대학 내에서 자연히 미식축구와 남자농구의 위세가 크다고 할 수 있다.

미식축구와 남자농구의 위력을 알 수 있는 또 하나는 학교 예산의 편성에서 이 종목들이 우선순위를 점해 다른 부분에 적지 않은 영향을 미친다는 것이다. 아이비리그처럼 운동을 부차적으로 생각하는 대학에서는 그러한 일이 좀처럼 일어나지 않지만, 미식축구나 남자농구를 중시하는 다른 큰 대학에서는 종종 이러한 일로 구성원 간에 갈등이나 마찰이 일어나기도 한다. 가장 최근의 일로서 학문적으로는 AAU 회원대학이면서 동시에 미식축구와 남자농구에서도 비교적 최근에 전국 챔피언을 차지한 플로리다 대학은 2012년 예산을 편성하면서 체육부 예산(거의 1억 달러)을 2백만 달러 늘리는 대신 첨단 학문으로서 한 해 유지하는 데 170만 달러 정도가 드는 컴퓨터 사이언스 학과를 폐지한다고 발표하였다. 그러자 해당 학과의 교수, 학생, 동문들은 물론이고, 미국 내·외의 관련 인사들이 집회를 하거나 이메일을 통해 거세게 항의하였다. 그러나 이에 대해 플로리다 대학 본부의 자세는 요지부동이다. 이처럼 미국에서는 대학에 따라 체육부 예산 때문에 엉뚱한 곳이 피해를 입는 사례가 종종 발생하곤 한다.

또한 미식축구나 남자농구의 위력은 해당 종목의 감독이나 우수선수에 대한 대학 및 지역사회에서의 대우나 인기 정도에서도 그것을 느낄 수 있다. 성적이 우수한 대학의 감독은 연봉에서도 그 위상이 나타나지만, 일단 운동경기 시즌이 시작되면 대학 내·외의 언론의 집중적인 스포트라이트를 받으며 경기 전·후에는 TV나 라디오에 고정적인 출연시간을 갖기도 한다. 그리고 우수선수, 특히 미식축구의 공격을 총지휘하는 사령탑이라 할 수 있는 쿼터백(quarterback) 또한 대학 내에서 최고로 인기 있는 스타로서 교내·외 언론의 집중적인 조명을 받는다. 또한 만일 어떤 주의 어떤 대학이 전국 대회 결승전이라도 하는 날이면, 해당 대학의 총장은 물론이고, 그 주의 주지사, 그리고 심지어 대통령까지도(자신의 모교나 출신 주의 대학인 경우) 총출동하여 참관 및 응원하기도 한다. 그러고 나서 전국대회 우승을 하여 챔피언이라도 되면, 이는 해당 대학뿐 아니라 도시 전체, 더 나아가 주 전체의 축제일이 된다. 그리고 또 대통령으로부터 백악관에 초대되는 특혜까지도 받는다.

그렇기 때문에 미국에서는 미식축구나 남자농구에서 우승한 대학의 경우 한 동안 그 위세가 대단하다고 할 수 있다. 참고로 미식축구의 전국 챔피언이 공식적으로 인정된 것은 1936년 AP 의견조사에 의한 것이 처음이고, 1950년부터 감독(코치)들의 의견조사에 의해서도 따로 선정되기 시작하였다. 그런데 두 의견조사별로 가끔씩 차이가 나기도 했다. 그래서 NCAA에서는 1998년부터 연말 전국 순위 1위 팀과 2위 팀이 1월 초에

서로 맞붙어 이기는 팀을 챔피언으로 결정하기 시작했는데, 전국 순위는 Harris 의견조사, 코치들의 의견조사, 그리고 컴퓨터 의견조사 등의 자료를 집계하여 NCAA에서 결정한다. 그러나 2014년부터는 플레이오프 (playoff)에 나가는 팀을 4팀으로 늘리기로 결정하였다.

한편, 미식축구의 위상이 높다 보니까 각 대학이나 여론기관에서는 AP 의견조사 이전의 기록까지를 뒤져 소위 미식축구가 시작되었다고 하는 1869년부터 챔피언을 정하는데, 이 때는 미식축구를 하는 대학이나 경기 수도 적었고 또 규칙도 제대로 정해지지 않아 이를 공식 기록으로 인정하기는 어렵다 할 것이다. 그런데도 불구하고 각 대학이 자신들이 우승 대학이라고 주장하는 회수를 보면, 프린스턴 대학 28회, 예일 대학 26회, 앨라배마 대학 15회, 그리고 미시간 대학, 노트르담 대학, 남캘리포니아 대학(USC) 각각 11회 등이다. 그러나 프린스턴 대학과 예일 대학을 포함한 모든 아이비리그 팀은 현재는 I부의 하부에 소속되어 있다.

그런데 1869년 이후 2012년까지 역대 미식축구 최다승 대학들과 그들이 1936년 이후 공식적인 챔피언에 오른 횟수, 기타 미식축구 관련 기록들을 보면, 다음 〈표 3-6〉과 같다. 그리고 그동안 올린 총 승수는 많지 않으나 전국 챔피언을 많이 한 대학과 2회 이상 우승을 한 전설적인 감독들(괄호 안)을 보면, 마이애미-플로리다 대학 5회(Erickson), 미네소타 대학 4회(Bierman), 플로리다 대학 3회(Meyer), 육사(Army) 2회(Blaik), 플로리다 주립대학 2회(Bowden), 미시간 주립대학 2회, 피츠버그 대학 2회 등이다. 전설적인 감독에 오른 사람들 중 플로리다 대학의 마이어(Meyer) 감독과 아래 표의 앨라배마 대학의 사반(Saban) 감독은 아직도 현역으로 활동 중이다. 다만 마이어 감독은 대학을 옮겨 현재는 오하이오 주립대학 감독이다.

표 3-6 미식축구의 최다승 대학(2012년까지)

대학	승	패	무	역사	챔피언[1]	컨퍼런스	전설적 감독
미시간	904	315	36	133	2	Big Ten	Yost, Kipke
텍사스	867	334	33	120	4	Big 12	Royal
노트르담	865	301	42	124	8	독립	Rockne, Leahy
네브래스카	856	353	40	123	5	Big Ten	Devaney, Osborne
OSU[2]	837	316	53	123	5	Big Ten	Hayes
오클라호마	831	310	53	118	7	Big 12	Wilkinson, Switzer
앨라배마[3]	827	321	43	118	10	SEC	Wade, Bryant, Saban
테네시	799	354	53	116	2	SEC	–
USC[4]	786	319	54	119	7	Pac 12	Jones, McKay, Carroll
조지아	759	402	54	119	1	SEC	–
LSU	743	393	47	119	3	SEC	–
Penn State[5]	723	365	41	126	2	Big Ten	Paterno
오번	714	414	47	120	2	SEC	–

1) 전국챔피언 선정은 1936년 AP 통신사가 시작, 1950년부터 대학코치들도 선정하기 시작, 챔피언 횟수는 두 poll 중 어느 하나 또는 양쪽에 선정된 합계.
2) OSU는 2010년의 10승을 박탈당함.
3) 앨라배마는 1993년의 8승 1무, 2005~2007년의 21승을 박탈당함.
4) USC는 2004~2005년의 14승을 박탈당함.
5) Penn State는 1998~2011년의 111승을 부 코치의 동성애 스캔들로 박탈당함.

한편, 대학 남자농구 챔피언은 1939년부터 토너먼트로 결정되었다. 현재는 NCAA에서 3월 중~4월 초에 걸쳐 약 350개 팀 중에서 각 컨퍼런스의 챔피언, 성적과 스케줄의 강도 등을 따져 68개 팀을 골라 토너먼트를 벌여 우승한 대학을 챔피언으로 결정한다. 토너먼트에는 어느 팀이 뽑히느냐, 그리고 어느 팀과 어느 팀이 붙게 되느냐에 대해 언론과 모든 농구 팬 그리고 대학사회의 관심이 지대하다. 전국에서 모인 68강들이 매 차례 단판 승부로 포스트시즌 경기를 하는 토너먼트를 빅 댄스(Big Dance)라고도 하는데, 시합은 동부, 남부, 중서부, 서부의 4개 지역으로 나누어 한다. 시합을 하여 16강에 오르면 Sweet 16, 8강에 오르면 Elite 8, 그리고 지역 우승을 하여 4강에 오르면 지역 챔피언(Regional Champion) 또는 Final Four라 한다. 이 4개 팀이 다시 한 곳에 모여 경기를 해서 우승한 팀이 챔피언으로 결정된다. 그런데 미국의 3월은 특히 대학농구의 컨퍼런스 챔피언 결정전과 전국 토너먼트 경기의 열기로 뜨겁다. 농구는 5명의 선수가 하는 시합이므로, 그날 선수들의 컨디션에 따라 하위 팀이 상위 팀을 잡는 역전극이 자주 연출된다. 미국 사람들은 이를 '3월의 광란(March Madness)'이라고도 한다.

참고로 아래 표〈3-7〉은 2013년까지 남자농구 최다 우승대학의 명단이다. 이와 함께 각 대학의 남자농구 관련 정보를 실었다. 전설적인 감독들 중 노스캐롤라이나 대학의 윌리엄스(Williams), 듀크 대학의 슈셰프스키(Krzyzewski), 그리고 플로리다 대학의 도노번(Donovan) 감독은 아직도 현역으로 활동 중이다. 특히 슈셰프스키 감독은 앞에서도 언급했듯이, 흔히 'Coach K'라는 별명으로 더 자주 불리는데, 그는 대학농구 역대 최다승 감독일 뿐 아니라 미국 올림픽 팀을 이끌고 두 차례 우승을 한 적도 있다.

표 3-7	남자농구 최다 우승대학(2013년까지)					
대학	시작연도	우승	승리	패배	컨퍼런스	전설적 감독[1]
UCLA	1920	11	1753	779	Pac 12	Wooden
켄터키	1903	8	2111	661	SEC	Rupp
노스캐롤라이나	1911	5	2090	745	ACC	Smith, Williams
인디애나	1901	5	1719	966	Big Ten	Knight
듀크	1906	4	2001	840	ACC	Krzyzewski
캔자스	1898	3	2101	812	Big 12	–
루이빌	1912	3	1697	869	AAC[2]	Pitino
코네티컷	1901	3	1589	888	AAC[3]	Calhoun
신시내티	1902	2	1646	963	AAC[3]	Jucker
플로리다[4]	1915	2	–	–	SEC	Donovan
NC State	1913	2	1617	980	ACC	–
미시간 주립	1899	2	1552	1036	Big Ten	–
오클라호마 주립	1908	2	1558	1080	Big 12	Iba
샌프란시스코[5]	1907	2	–	–	WCC	Woolpert

1) 전설적 감독들은 2회 이상 우승 감독임. 특히 UCLA의 우든 감독은 10회나 우승을 함. 그의 업적을 기리기 위해 매년 최우수 선수에게 우든 상을 수여.
2) 루이빌 대학은 2014년부터 ACC로 옮겨감. 이 대학의 Pitino 감독은 두 대학(한 번은 켄터키 대학)에서 우승한 유일한 감독임.
3) ACC는 American Afhletic Conference.
4) 플로리다 대학은 비교적 최근에 남자농구 명문대학으로 떠올랐으나, 그 전에는 비교적 승률이 낮아 밝혀진 통계가 없음.
5) 샌프란시스코 대학은 오래 전에 2회 우승했으나, 최근에는 성적이 좋지 않아 기록이 없음. WCC는 서해안 컨퍼런스(West Coast Conference).

2. 미국 대학 스포츠의 주요 변천사

1) NCAA의 설립과 변화

미국 대학들 사이에서 처음으로 열린 운동경기는 앞에서 언급했듯이 크리켓, 조정, 럭비, 축구 등이었다. 그러다가 19세기 후반부터 야구, 미식축구, 농구가 미국에서 새롭게 탄생하여 인기를 끌었다. 그 중에서도 특히 미식축구는 가장 격렬하면서도 미국적인 특징을 잘 갖추고 있어 대단히 인기가 높았다. 그런데 이 경기는 너무 격렬한 데 비해 당시까지만 해도 제대로 된 보호장비가 갖춰지지 않아 부상자가 속출하고 심지어 사망에 이르는 경우도 가끔 있었다. 당시 루스벨트(Theodore Roosevelt) 대통령은 이와 관련된 인사들을 두 번이나 백악관으로 초청하여 미식축구를 개혁하도록 권유하였다. 그 여파로 뉴욕 대학의 맥크래켄(MacCracken) 총장 주도하에 13개 대학이 발의하고 62개 대학이 창단 멤버로 참여하여 1906년 지금의 NCAA의 전신인 미국 대학 운동경기 협의회(Intercollegiate Athletic Association of the United States: IAAUS)가 결성되었다. 그리고 나서 1910년에 이 단체는 지금의 전국 대학 운동경기 협의회(NCAA)로 개명하였다.

현재는 이 단체에 가입한 대학 수가 1,281개교나 되고, 또 미국 대학의 거의 모든 스포츠를 관장하고 있으니, 약 100여 년에 걸친 세월 동안 엄청난 발전을 해 온 셈이다. 그런데 이 단체는 원래 대학 여자 선수들의 운동경기는 주관하지 않았다. 이를 위해 대학 여자 선수들의 경기는 따로 대학 여자 운동선수 협의회(Association for Intercollegiate Athletics for Women: AIAW)라는 다른 단체에서 주관하였다. 그러나 NCAA가 1982년부터는 대학 여자경기도 주관하기 시작하자, AIAW 회원대학들이 거의 대부분

NCAA 산하에 들어오게 되었다.

이 단체는 원래 정해진 회장도 없었고, 본부는 시카고 시에 있는 라살(LaSalle) 호텔에 있었다. 그런데 이곳은 Big Ten 컨퍼런스의 사무실과 같이 나누어 썼던 터라 아무래도 Big Ten 컨퍼런스의 영향이 클 수밖에 없었다. 그러자 1952년 미주리 주 캔자스시티 출신 바이어스(Byers) 초대 회장은 어떤 컨퍼런스의 영향도 배제할 겸 미국의 한 가운데에 위치하고 또 좀 더 넓은 사무실을 확보하고자 본부를 자신의 고향인 캔자스시티로 옮겼다. 이때만 해도 직원은 4명에 불과했다. 그러나 점점 더 일이 많아져서 직원도 300명 정도로 늘어나고 또 캔자스시티의 사무실도 낡아 1999년 NCAA는 인디애나폴리스에 새 건물을 짓고 본부를 옮겨 지금에 이르고 있다. 현재는 마크 에멋(Mark Emmert)이 회장을 맡고 있다.

2) 미국 대학 주요 컨퍼런스의 변천사

미국 대학 스포츠는 처음에는 영국의 영향을 받아 크리켓, 조정, 럭비, 축구로 시작되었다. 그러나 미국의 대학풍토에 걸맞게 19세기 말부터 크리켓이 변형된 야구, 럭비가 변형된 미식축구가 활성화되고, 또 새로 탄생된 농구가 널리 확대되었다. 그러자 대학들 간 운동경기 협의회도 여러 개 결성되기 시작하였다. 다음 〈표 3-8〉에서는 미국 대학의 컨퍼런스 결성을 중심으로 주요 스포츠 변천사를 연대별로 개괄하고자 한다.

표 3-8 미국 대학 주요 컨퍼런스의 변천사

1870년	미국 대학 조정 협의회(Rowing Association of American Colleges) 결성.

1876년	하버드, 프린스턴, 컬럼비아 대학이 참여하여(예일 대학은 나중에 참여) 대학 미식축구 협의회(Intercollegiate Football Association) 결성.
1894년	남부 대학 운동 협의회(Southern Intercollegiate Athletic Association) 결성. 나중에 이는 남부 컨퍼런스(Southern Conference)로 발전. 더 나아가 남동부 컨퍼런스(SEC)와 대서양 연안 컨퍼런스(ACC)로 분리됨.
1896년	서부 컨퍼런스(Western Conference) 결성. 이는 나중에 Big Ten 컨퍼런스로 발전.
1902년	하버드, 예일, 프린스턴, 컬럼비아 대학이 동부 대학 농구 리그(Eastern Intercollegiate Basketball League) 결성.
1905년	캘리포니아 주 패서디나에서 열리는 미식축구의 Rose Bowl 탄생.
	루스벨트(T. Roosevelt) 백악관 회의에서 미식축구 규칙 개정 요구.
1906년	미국 대학 운동경기 협의회(Intercollegiate Athletic Association of the United States: IAAUS) 창설. 이는 나중에 NCAA로 발전.
1907년	미주리 협곡 대학 운동협의회(Missouri Valley Intercollegiate Athletic Association) 결성. 이는 후에 Big 8, 또 나중에 Big 12 컨퍼런스 결성의 초석이 됨.
1910년	전국 대학 운동경기 협의회(NCAA) 결성.
1914년	텍사스 주 중심의 남서부 컨퍼런스(Southwest Conference: SWC) 결성. 나중에 이는 해체되고 일부가 Big 8과 합쳐 Big 12 결성.
1915년	태평양 연안 컨퍼런스(Pacific Coast Conference: PCC) 결성. 이는 나중에 Pac 8, Pac 10, Pac 12로 발전.
1917년	Big Ten 컨퍼런스 결성.
1921년	남부 컨퍼런스(Southern Conference) 결성.
1932년	남동부 컨퍼런스(Southeastern Conference: SEC) 결성.

1935년	미식축구 최우수 선수에게 선수·감독·체육부장으로서 전설적인 인물이 된 하이즈먼(Heisman)을 기리는 트로피 수여 시작.
	루이지애나 주 뉴올리언스에서 열리는 미식축구 Sugar Bowl과 플로리다주 마이애미에서 열리는 미식축구 Orange Bowl 탄생.
1936년	AP에서 미식축구 전국 챔피언 선정 시작.
1937년	텍사스 주 알링턴에서 열리는 Cotton Bowl 탄생.
1939년	대학 남자농구 전국 토너먼트에 의해 챔피언 결정 시작.
1946년	시카고 대학 Big Ten 컨퍼런스 탈퇴. 그 대신 나중에 미시간 주립대학이 참여.
1950년	미식축구 감독들이 그 해 챔피언을 뽑는 의견조사(poll) 시작.
1953년	대서양 연안 컨퍼런스(Atlantic Coast Conference: ACC) 결성.
1954년	아이비리그 결성.
1958년	Big 8 컨퍼런스 결성. 이는 나중에 Big 12로 발전.
1969년	조지아 주 애틀랜타에서 열리는 Peach(Chick-fil-A) Bowl 탄생.
1972년	애리조나 주 글렌데일에서 열리는 Fiesta bowl 탄생.
1979년	Big East 컨퍼런스 결성. 이는 나중에 농구중심 대학들과 미식축구 병행 대학들로 분리.
1987년	남감리교 대학(Southern Methodist: SMU) 미식축구 스캔들로 인해 1987, 1988년 전 경기가 취소되는 등 치명적 타격 받음.
1994년	Big 8과 SWC의 일부가 합쳐져 Big 12 결성.
1999년	Mountain West 컨퍼런스(MWC) 결성.
2011년	펜실베이니아 주립대학 코치의 동성애 스캔들로 인해 NCAA로부터 치명적 타격에 가까운 제재 받음.
2013년	Big East 컨퍼런스가 농구만 하는 Big East와 미식축구를 병행하는 American Athletic Conference(AAC)로 분리.

3) 미식축구 주요 보울의 위상

앞의 표에서도 약간 언급되었지만, 미국 대학의 주요 스포츠 변천사에서 빼 놓을 수 없는 것이 연말에서부터 다음 해 초 사이에 미식축구의 정규시즌이 끝난 후에 벌어지는 포스트시즌 보울(bowl) 게임이라 할 수 있다. 보울 게임은 맨 처음 Rose 보울에서 시작하여 그 후 꾸준히 늘어나 현재는 약 35개 정도의 보울 게임이 있다. 보울 게임은 보통 I부의 상부의 특정 컨퍼런스들과 계약이 되어 있어 그에 소속된 팀들을 초청하여 경기를 하는 경우도 있고, 또 보울을 주관하는 단체가 자신들 마음대로 팀을 초청하여 경기를 하게 하는 경우도 있다. 다만 어느 팀이나 포스트시즌 경기에 나가려면 그 해 최소 여섯 경기를 승리한 기록이 있을 것을 NCAA에서는 요구하고 있다.

그런데 많은 보울 게임 중에서도 소위 4개의 주요 보울이라는 것이 있다. 현재는 Rose, Sugar, Orange, Fiesta 보울이 이에 해당된다. 이 보울들 중 Fiesta Bowl을 제외한 앞의 3개의 보울은 우선 역사가 가장 깊은 것들이다. 그러나 주요 보울이 되는 데는 역사도 역사지만 경기장 규모나 편의시설, 경기가 열리는 시기의 날씨, 그리고 든든한 스폰서 등의 조건을 고려하여 결정되었다. 따라서 Fiesta Bowl보다 역사가 더 깊은 Sun(1935), Cotton(1937), Gator(1946), Capital One(1947), Liberty(1960), Chick-fil-A Bowl(Peach Bowl, 1969) 등은 제외되었다.

주요 4개의 보울들은 특정 컨퍼런스들과 계약이 되어 있고, 또 1998년부터 2013년까지는 순회하면서 전국 챔피언 결정전을 개최한다. 또한 경기 후에 참가한 팀들이 받는 배당금도 다른 보울들이 보통 몇 십만 달러에서 몇 백만 달러에 불과한 데 비해, 이 주요 보울들은 공히 1,800만 달러나 지불한다. 현재 Rose Bowl은 1947년 이후 계속해서 Big Ten 컨퍼런스 및 Pac 12 컨퍼런스와 계약이 되어 있고, 'Sugar Bowl'은 SEC와, 'Orange Bowl'은 ACC와, 그리고 'Fiesta Bowl'은 Big 12 컨퍼런스와 계약이 되어 있다. 각 보울에서 전국 1위와 2위가 맞붙는 챔피언전이 열리지 않는 한 계약한 컨퍼런스의 챔피언들끼리 또는 계약한 컨퍼런스의 챔피언과 전국 순위가 높은 팀 중에서 초청된 팀이 경기를 벌인다.

그런데 2014년부터는 전국 순위 상위 4개 팀이 플레이오프를 치룬 다음 여기에서 이긴 팀들이 맞붙어 챔피언을 결정하기로 하였다. 그리고 여기에 참여하는 주요 보울도 6개로 늘리기로 하였다. 이는 바로 기존의 Rose, Sugar, Orange, Fiesta 보울 외에 Cotton Bowl과 Chick-fil-A (Peach) Bowl이 선정되었다. 한편, 4팀 플레이오프가 개최되지 않은 해에는 'Rose Bowl'은 여전히 Big Ten 챔피언(챔피언 팀이 4팀 플레이오프에 나가는 경우는 다음 순위 팀)과 Pac 12 챔피언이, 그리고 'Sugar Bowl'은 SEC 챔피언과 Big 12 챔피언이, 또한 'Orange Bowl'은 ACC 챔피언과 노트르담 대학 또는 Big Ten이나 SEC에서 초청된 팀이 맞붙기로 계약을 갱신하였다. 그리고 나머지 보울들은 아직 계약관계가 밝혀지지 않았다. 참고로 이 주요 보울들의 역사, 소재지, 규모 등을 한데 모아 소개하면 다음 〈표 3-9〉와 같다.

표 3-9 6대 주요 보울 현황

명칭	개시연도	소재지	경기장	좌석
Rose	1901	Pasadena, CA	Rose Bowl	94,392
Sugar	1934	New Orleans, LA	Mercedes-Benz Superdome	76,468
Orange	1934	Miami Gardens, FL	Sun Life Stadium	80,120
Cotton	1936	Arlington, TX	Cowboys Stadium	108,713

| Chick-fil-A (Peach) | 1968 | Atlanta, GA | Georgia Dome | 74,000 |
| Fiesta | 1971 | Glendale, AZ | U of Phoenix Stadium | 78,600 |

4) 미국 대학 컨퍼런스의 위상

미국 대학들 중 스포츠를 제일 먼저 시작한 곳이 아이비리그 쪽이니 컨퍼런스도 아마 아이비리그가 제일 먼저 결성된 것으로 생각하기 쉬울 것이다. 그러나 아이비리그가 정식으로 결성된 것은 앞의 표에서 보았듯이, 1954년에 가서야 이루어졌다. 미국 대학에서 스포츠 컨퍼런스 다운 것이 맨 처음 결성된 것은 지금의 남동부 컨퍼런스(SEC)와 대서양 연안 컨퍼런스(ACC)의 전신이라 할 수 있는 남부 대학 운동 협의회(Southern Intercollegiate Athletic Association: SIAA)가 결성된 1894년이다. 그리고 2년 뒤에 지금의 Big Ten 컨퍼런스의 전신인 서부 컨퍼런스가 결성되었다.

그 후 스포츠를 하는 대학의 수가 늘어남에 따라 컨퍼런스 수도 증가하였다. 지금은 미식축구의 경우 I부의 상부에 10개, 그리고 하부에 13개의 컨퍼런스가 있다. 그리고 남자농구의 경우 미식축구를 하는 컨퍼런스를 포함해서 I부에만 33개의 컨퍼런스가 있다. 또한 II부와 III부에도 미식축구와 농구를 병행하는 컨퍼런스와 농구를 위주로 하는 컨퍼런스가 따로 있어 그 수를 합치면 대단히 많다. 그러나 그 많은 컨퍼런스 중에서도 미국 대학사회에서 가장 영향력이 큰 컨퍼런스는 5개 정도라고 할 수 있다.

그리고 앞의 표에서도 보았듯이, 미국 대학들의 컨퍼런스 재편성(realignment)은 가끔 있어온 일이다. 그런데 최근 들어 미국 대학들은 다시 한 번 컨퍼런스 재편성의 소용돌이 와중에 놓여 있는데, 이는 2014년 경부터는 대체로 안정되어 갈 것 같다. 왜냐하면 미식축구와 관련된 주요 5개 컨퍼런스가 대체로 이때부터 주요 보울 및 방송사들과 새로 계약을 체결하였고, 또 새로운 4팀 플레이오프 제도가 2014년부터 시작되기 때문이다. 이처럼 미국 대학들은 어떤 컨퍼런스에 속하느냐가 중요한데, 이는 해당 대학에 미치는 영향이 그만큼 크기 때문이다. 미국 대학들이 소속 컨퍼런스를 강조하는 이유를 몇 가지 살펴보면 다음과 같다.

먼저 미국 대학들이 어떤 컨퍼런스를 결성하고 회원대학들을 받아들이는 것은 자신들만의 동질성을 높이고 또 결속력을 다지기 위해서다. 그러므로 컨퍼런스 결성에 영향을 미치는 요인이 단지 스포츠에 국한된 것만은 아니다. 어떤 대학이 어떤 컨퍼런스에 소속되거나 다른 컨퍼런스로 옮기기 위해서는 대학 이사회와 총장의 승인을 받아야 하는데, 이때 중요한 것은 스포츠만이 아니다. 예를 들면, 아이비리그는 미국 동북부의 담쟁이덩굴로 뒤덮인 고색창연한 8개 명문 사립대학들의 모임이다. 이들을 아이비들(Ivies) 또는 'Ancient Eight'이라고도 한다. 그런데 이들은 스포츠를 미국에서 맨 처음 시작하고 또 주도권을 행사하기는 했지만, 이제는 그 주도권을 다른 컨퍼런스의 대학들에게 넘겨주고 말았다. 이제는 스포츠보다는 학문을 위주로 하고 스포츠는 보조적인 것으로 간주한다. 그리고 이들은 현재 일어나고 있는 미국 대학 컨퍼런스들의 재편성 소용돌이 와중에서도 회원대학을 늘이지도 않는다. 그만큼 그들은 자신들의 리그에 대한 자부심과 사회적 엘리트 의식이 아주 강하다.

이에 비해 Big Ten 컨퍼런스는 노스웨스턴 대학을 제외하면 모두 중북부의 큰 주립대학들의 모임이다. 이들은 아이비리그와는 달리 학문뿐 아니라 스포츠 또한 강조한다. 그 결과 미식축구와 남자농구 등 여러 스포츠 분야에서도 두드러진 성적을 내왔다. 그런데 이 컨퍼런스의 회원대학이 되려면 초청을 받아야 하는데, 무엇보다도 학문적으로 탁월한 미국 대학협의회(AAU) 회원대학일 것을 총장들이 요구한다. 그 외에도 Pac 12, SEC, ACC, Big 12 등 주요 컨퍼런스들은 모두 이처럼 스포츠 외에 학문적 탁월성, 그리고 각 주에서의 해당 대학의 위상과 명성 등을 강조한다. 이를 통해 그들은 자기들끼리 동질성을 확보하고 또 결속력을 다지려 한다.

또 하나 각 컨퍼런스는 자신들의 자존심을 대단히 소중히 여긴다. 원래 미국 대학의 학문과 스포츠는 동북부 아이비리그에서 시작되었고 한동안 아이비리그는 미국 대학들의 학문과 스포츠 등 모든 분야에서 자존심 그 자체였다. 그러나 학문적 분야에서는 그 자존심을 유지할 수 있었으나, 스포츠 분야에서는 새로 생겨난 다른 컨퍼런스들이 이를 추월하기 시작했다. 특히 Big Ten 컨퍼런스는 학문적으로도 아이비리그에 뒤지지 않게 성장했을 뿐 아니라, 스포츠 분야에서는 아이비리그를 이미 추월하기 시작했다. 한 때 Big Ten 컨퍼런스는 스포츠 분야, 그 중에서도 특히 미식축구와 남자농구는 아이비리그로부터 그 주도권을 넘겨받아 전 미국 대학들을 이끌었다. 그러나 시간이 지날수록 다른 주요 컨퍼런스들도 이러한 자존심 경쟁에 뛰어들었다.

그 결과 Pac 12 컨퍼런스는 학문적으로나 스포츠 분야에서 어느 컨퍼런스에 뒤지지 않을 만큼 성장했다. 그리고 ACC는 학문적으로도 다른 컨퍼런스에 뒤지지 않을 뿐 아니라, 특히 남자농구 분야에서는 그동안 어느 컨퍼런스보다도 두드러진 업적을 내었다. 또한 SEC와 Big 12 컨퍼런스는 지난 10년 동안 대학 미식축구를 거의 주도하였다. 특히 SEC는 지난 7년 동안 연속적으로 미식축구 전국 챔피언을 배출하였을 뿐만 아니라 거의 모든 미국 대학의 스포츠를 주도하여, 이 분야에서는 자존심이 대단히 세다. 이는 남동부 지역이 기후 조건상 일 년 내내 운동하기 좋을 뿐 아니라 주민들의 열성과 대학사회의 지원이 가능하기 때문이다.

또 이는 미국의 인구가 그 동안 동북부 상공업 중심의 녹물지대(rust belt)로부터 따뜻한 햇볕지대(sun belt)로 이동하는 것과도 무관치 않아 보인다. 아무튼 이처럼 미국 대학의 각 컨퍼런스는 그들만의 자존심을 소중히 여긴다.

컨퍼런스 및 그 소속 대학들의 자존심을 둘러싸고 최근에(2013년) 일어난 사건이 하나 있다. 오하이오 주립대학(OSU)이라 하면 학문적으로나 스포츠 면에 있어서나 미국 대학을 대표하는 대학의 하나다. 그리고 이 대학의 총장은 연봉에 있어서나 다방면에 걸쳐 그 영향력에 있어서 다른 주립대학이나 사립대학 총장들을 선도하는 격에 있다. 그런데 이 대학 총장이던 고든 지(Gordon Gee)는 2012년 말 자기 대학의 체육부 모임에서 다른 컨퍼런스에 속하는 대학들, 즉 미식축구의 명문 노트르담(Notre Dame, 독립) 대학과 남자농구의 명문인 루이빌(Louisville, Big East에서 ACC로 옮겨감) 대학과 켄터키(Kentucky, SEC) 대학을 조소하는 듯하는 발언을 한 것이 언론에 새나가 화근이 되었다. 그러자 비난여론이 비등하고 또 관련 대학 및 컨퍼런스들이 대단히 흥분하였다. 그는 해당 대학 및 컨퍼런스에 정중하게 사과를 했는데도 불구하고, 대학 측으로서도 무척 곤혹스러워 그를 퇴직시키기로 하였다(물론 본인이 연령도 있고 해서 자진 은퇴하는 형식을 취했지만).

또한 컨퍼런스는 재정적 측면에서도 매우 중요하다. 각 컨퍼런스는 소속 팀에 대한 배당금을 많이 주기 위해 수입을 최대한 올리도록 서로 경쟁적으로 노력한다. 사실 각 컨퍼런스의 회장(commissioner)의 능력을 평가하는 척도 중 가장 중요한 것이 바로 이것이다. 그리고 최근 미국 대학들이 컨퍼런스 재편성의 소용돌이에 놓인 가장 큰 핵심의 하나도 바로 이 배당금 문제라고 할 수 있다.

각 컨퍼런스가 소속 대학에 주는 배당금은 여러 가지 원천으로부터 나온다. 우선 미국 대학의 큰 컨퍼런스들은 대체로 TV 등 자체 방송망을 가지고 있어서 전국 방송망에서 중계를 하지 않는 게임은 자체 중계를 하고 가입자들로부터 시청료를 받는다. 그렇기 때문에 각 컨퍼런스가 새로운 회원대학을 영입할 때는 해당 대학의 학문적 명성과 운동실력도 중요하지만, 그 주의 전체 주민 수 및 TV 보유자 수도 대단히 중요하다. 또한 각 컨퍼런스는 CBS, ABC, ESPN, NBC, FOX 등 주요 전국 방송망과 계약을 맺고 있어 미식축구나 남자농구의 주요 경기를 중계하고 엄청난 액수의 중계료를 받는다. 특히 어떤 컨퍼런스의 몇 팀이 미식축구의 주요 보울과 다른 보울, 그리고 남자농구의 토너먼트에 출전해서 성적이 어떠했느냐에 따라 소속 팀들이 받는 배당금이 달라진다. 각 대학이 자신들의 컨퍼런스로부터 받는 배당금은 대체로 공평하여 비슷하다. 현재 Big Ten, Pac 12, SEC, Big 12의 4대 큰 컨퍼런스에 소속된 대학의 경우 한 해에 약 2~3천만 달러 정도를 받는 것으로 알려졌다. 이에 비해 ACC에 소속된 대학들은 약간 더 적은 액수를 받고, 더 작은 컨퍼런스에 소속된 대학들은 그에 훨씬 못 미치는 금액을 받는다. 이를 위해 각 대학들은 기회가 있으면 주요 컨퍼런스로 옮기려고 애를 쓴다. 최근에 이 5대 컨퍼런스는 또 상부의 I부에서 따로 독립하여 슈퍼 디비젼을 만들려는 움직임을 보이고 있다.

3. 미국 대학의 주요 컨퍼런스

1) 남동부 컨퍼런스

남동부 컨퍼런스(Southeastern Conference: SEC)의 전신은 1894년 결성

된 남부 대학 운동 협의회(Southern Intercollegiate Athletic Association)이다. 이는 나중에 남부 컨퍼런스(Southern Conference)로 발전했다가, 다시 남동부 컨퍼런스(SEC)와 대서양 연안 컨퍼런스(ACC)로 분리되었다. 그리고 원래 창립 멤버였던 조지아 공대(Georgia Tech), 툴레인(Tulane), 남부(the South, Sewanee) 대학 등이 탈퇴하고, 그 대신 아칸소(Arkansas), 사우스캐롤라이나(South Carolina), 미주리(Missouri), 텍사스농공(Texas A & M) 대학이 나중에 가입하였다. 이 컨퍼런스는 미식축구를 현재 7년 연속 우승한 것을 비롯하여 지난 10년 동안 미식축구 우승 8회, 남자농구 우승 3회 등 실질적으로 미국 대학의 스포츠를 이끌고 있다고 할 수 있다. 이 컨퍼런스 및 그에 소속된 대학들과 관련된 사항들을 간단히 살펴보면 다음 〈표 3-10〉 및 그 이하와 같다. 여기에서 각 대학과 관련된 사항은 표로 정리하였으나 번잡함을 피하기 위해 표에 번호를 매기지는 않았다.

여기에서 미식축구 우승 성적은 산정이 조금 복잡하다. 공식적으로 전국우승 및 준우승이 선정된 것은 1998년 이후 NCAA 산하 Football Bowl Subdivision에서 여러 가지 의견조사를 통해 그 해 최고 성적의 두 팀을 맞붙게 하여 그 경기결과로 결정하였다. 그러나 그 전에는 수학적으로 계산하는 방식만 해도 20여 가지, 의견조사 방법도 10여 가지, 그리고 역사적 회고방법까지 있어 매우 다양했다. 각 선정기관이 발표하거나 관심 대학이 주장하는 당해 챔피언이 상당히 달랐다. 그러나 그 중에서도 가장 전통 있고 영향력 있는 선정방식은 1936년부터 시작된 AP 통신사와 1950년부터 시작된 대학 미식축구 코치들의 선정(지금은 *USA Today* 지에서 관장)이라고 할 수 있다. 따라서 여기에서 미식축구 우승 대학은 먼저 AP 또는 코치들의 의견조사 횟수, 그리고 주요 선정기관(괄호 안 첫 번째 숫자) 및 해당 대학 주장(괄호 안 두 번째 숫자)을 같이 표기하기로 한다.

또한 준우승(1998년 이후) 횟수 및 6대 보울 승리 횟수(타이 기록은 공동 우승으로 간주하여 각각 계산)도 나타내기로 한다. Chick-fil-A(Peach) Bowl은 그 전에는 그렇게 권위 있는 보울이 아니었으나, 2014년부터 플레이오프에 포함되어 여기에 포함시키기로 하였다.

한편, 남자농구 성적은 1939년 전국 토너먼트 시작 이후의 우승, 준우승 및 Final Four 참여횟수를 말한다. 또한 기타 종목 성적은 그 외 종목들의 개인전을 제외한 단체전 전국우승 횟수만을 말한다. 참고로 여기에 실린 성적은 2012~2013 시즌까지의 우승 성적이다. 그리고 컨퍼런스 멤버십은 2014년 시즌을 기점으로 하여 재구성하였다.

표 3-10 남동부 컨퍼런스 관련 사항

창립연도	1932년
본부 사무실	Birmingham, AL
회장	Michael Slive
남자 종목(9)	야구, 농구, 크로스컨트리, 미식축구, 골프, 수영 및 다이빙, 테니스, 실내육상, 실외육상
여자 종목(12)	소프트볼, 농구, 크로스컨트리, 축구, 골프, 수영 및 다이빙, 테니스, 실내육상, 실외육상, 배구, 승마, 체조

* 승마는 NCAA 후원 종목은 아님.

(1) 동부 지구

① Florida(21종목)

소재지	설립연도	유형	학생 수	재산	운동부 별칭
Gainesville, FL	1853	주립	51,500	13억	Gators

대표적 라이벌[1]		미식축구	남자농구	기타 종목 성적
Georgia	40-48-2	우승 3 (5,3)	우승 2	골프: 남 4, 여 2 / 테니스: 여 6
Florida St[2]	34-21-2	Sugar 3	준우승 1	체조: 여 2, 축구: 여 1
Auburn	38-43-2	Orange 2	Final Four 4	수영: 남 2, 여 3 / 실외: 남 4[3]
LSU	31-25-3	–	–	실내: 남 3, 여 1

1) 대표적 라이벌은 미식축구의 라이벌임. 숫자는 제시된 라이벌 대학에 대한 각 대학의 승-패-무승부의 횟수임. 라이벌 의식은 각 대학의 사정에 따라 달라질 수 있어 이는 상대적임.
2) 승자에게는 주지사배(Governor's Cup)가 수여됨.
3) 실내는 실내육상, 실외는 실외육상을 가리킴.

② Georgia(19종목)

소재지	설립연도	유형	학생 수	재산	운동부 별칭
Athens, GA	1785	주립	35,500	7억 5천만	Bulldogs
대표적 라이벌		미식축구	남자농구	기타 종목 성적	
Auburn	54-54-8[1]	우승 1(5,5)	Final Four 1	야구: 1 / 승마: 5	
G' Tech	63-39-5[2]	Sugar 4, Peach 2	–	테니스: 남 8, 여 2 / 골프: 남 2, 여 1	
Florida	49-40-2[3]	Rose 1, Cotton 2 Orange 2	–	수영: 여 5 / 체조: 여 10	

1) 이 경기를 최남단 최고의 라이벌전(Deep South Oldest Rivalry)이라 칭함.
2) 이 경기를 깨끗한 고전적 증오(Clean, Old-Fashioned Hate)라 칭함.
3) 양 대학이 서로 주장하는 승리 횟수가 다름. 이런 경우는 다른 대학들도 많음.

③ Kentucky(22종목)

소재지	설립연도	유형	학생 수	재산	운동부 별칭
Lexington, KY	1865	주립	28,100	9억 2천만	Wildcats
대표적 라이벌		미식축구	남자농구	기타 종목 성적	
Tennessee	24-75-9	우승 1(1,1)	우승 8, 준우승 3	응원 19[1]	
Louisville[2]	14-11	Cotton 1, Peach 1	Final Four 15	-	
Indiana	17-18-1	Sugar 1	-	-	

1) 응원은 응원 및 댄스를 말함. 이는 NCAA 후원 종목은 아님.
2) 같은 주의 루이빌 대학과의 경기에서 승자에게는 주지사배(Governor's Cup)가 수여됨. 그러나 켄터키 대학은 루이빌 대학 및 인디애나 대학처럼 미식축구보다 남자농구가 더 강하므로, 이 세 대학들 간에는 남자농구에서 라이벌 의식이 훨씬 더 강함.

④ Missouri(Mizzou, 18종목)

소재지	설립연도	유형	학생 수	재산	운동부 별칭
Columbia, MO	1839	주립	34,300	11억 7천만	Tigers
대표적 라이벌[1]		미식축구	남자농구	기타 종목 성적	
Kansas	57-54-9	우승 0(2,0)	-	야구 1	
Nebraska[2]	36-65-3	Sugar 1, Orange 1	-	실내: 남 1	
Iowa St	61-34-9	Cotton 1	-	-	

1) 미주리 대학은 2012년 Big 12 컨퍼런스에서 왔기 때문에 대표적 라이벌들이 모두 그때의 라이벌들임. 특히 캔자스 대학과의 미식축구 경기는 국경전쟁(Border War)이라 하여 아주 치열함. 주 경계선이 맞닿은 경우 이 같은 이름을 사용하는 경우가 더러 있음.
2) 승자에게 승리의 종(Victory Bell)이 수여됨. 같은 명칭을 사용하는 라이벌 경기가 더러 있음.

⑤ South Carolina(USC, 19종목)

소재지	설립연도	유형	학생 수	재산	운동부 별칭
Columbia, SC	1801	주립	30,700	4억 9천만	Gamecocks
대표적 라이벌*		미식축구	남자농구	기타 종목 성적	
Clemson	41−65−4	−	−	야구 2 / 승마: 여 2	
Georgia	17−46−2	−	−	육상: 여 1	
UNC	17−34−4	−	−	−	

* 같은 주의 Clemson 대학과의 미식축구를 야자나무 주의 전투(Battle of the Palmetto State)라 칭함. Palmetto State는 사우스캐롤라이나 주의 별칭임. Palmetto는 야자나무의 일종임.

⑥ Tennessee(18종목)

소재지	설립연도	유형	학생 수	재산	운동부 별칭
Knoxville, TN	1794	주립	27,500	8억 5천만	Volunteers (Vols)
대표적 라이벌		미식축구	남자농구	기타 종목 성적	
Vanderbilt	73−29−5	우승 2(7,6)	−	농구: 여 8 / 크로스: 남 1[1]	
Alabama[2]	38−49−7	Orange 1, Fiesta 1	−	수영: 남 1 / 실내: 남 1, 여 2	
Kentucky	75−24−9	Cotton 3, Peach 1	−	실외: 남 3, 여 1	

1) 크로스는 크로스컨트리를 가리킴.
2) 앨라배마 대학과의 미식축구 경기를 10월 셋째 토요일의 혈투(Third Saturday in October)라 칭함.

⑦ Vanderbilt(Vandy, 16종목)

소재지	설립연도	유형	학생 수	재산	운동부 별칭
Nashville, TN	1873	사립	12,100	34억 1천만	Commodores
대표적 라이벌			미식축구	남자농구	기타 종목 성적
Tennessee	29−73−5		Peach 1	−	−
Mississippi	37−47−2		−	−	−

(2) 서부 지구

① Alabama(21종목)

소재지	설립연도	유형	학생 수	재산	운동부 별칭
Tuscaloosa, AL	1831	주립	33,600	10억	Crimson Tide
대표적 라이벌		미식축구	남자농구	기타 종목 성적	
Tennessee	49−38−7	우승 10 (19,15)	−	체조 6, 소프트: 볼 1	
Auburn[1]	42−34−1	Sugar 8, Orange4	−	골프: 남 1, 여 1	
LSU	47−25−5	Cotton 3, Rose5	−	−	

1) 같은 주의 오번과의 미식축구 경기는 미국 대학 미식축구 경기 중 가장 치열한 라이벌 경기의 하나임. 승자에게는 이 주의 주산물의 하나인 철을 상징하는 Iron Bowl이 수여됨.

② Arkansas(19종목)

소재지	설립연도	유형	학생 수	재산	운동부 별칭
Fayetteville, AR	1871	주립	24,600	10억 6천만	Razorbacks (Hogs)
대표적 라이벌		미식축구	남자농구	기타 종목 성적	
Texas	21-56	우승 0(2,1)	우승 1	크로스 12, 실내 19	
Texas A & M[1]	41-25-3	Sugar 1, Orange 1	Final Four 6	실외 11	
LSU[2]	20-34-2	Fiesta 1, Cotton 5	-	-	

1) 이 경기를 남서부 클래식 경기(Southwest Classic)라 칭함.
2) 승자에게 황금장화(Golden Boot)가 수여됨.

③ Auburn(19종목)

소재지	설립연도	유형	학생 수	재산	운동부 별칭
Auburn, AL	1856	주립	25,100	4억 7천만	Tigers
대표적 라이벌		미식축구	남자농구	기타 종목 성적	
Alabama	34-42-1	우승 2(5,2)	-	수영: 남 8, 여 5	
Georgia	54-54-8	Orange 1, Cotton 1	-	승마 3 / 실외: 여 1	
Florida	42-38-2	Peach 4, Sugar 3	-	-	

④ Louisiana State(LSU, 21종목)

소재지	설립연도	유형	학생 수	재산	운동부 별칭
Baton Rouge, LA	1860	주립	29,500	6억 9천만	Fighting Tigers
대표적 라이벌		미식축구	남자농구	기타 종목 성적	
Tulane[1]	66-22-7	우승 3(8,3)	Final Four 4	골프: 남 4 / 야구 6	
Mississippi[2]	57-39-4	준우승 1	-	실외: 남 4, 여 14	
Florida	25-31-3	Sugar 4, Peach 5	-	실내: 남 2, 여 11	
Alabama	25-47-5	Orange 2, Cotton 4	-	농구: 여 1	

1) 같은 주의 툴레인 대학과의 경기를 깃발전쟁(Battle for the Rag)이라 칭함.
2) 승자에게는 목련 보울(Magnolia Bowl)이 수여됨.

⑤ Mississippi(Ole Miss, 18종목)

소재지	설립연도	유형	학생 수	재산	운동부 별칭
Oxford, MS	1848	주립	19,800	4억 7천만	Rebels
대표적 라이벌		미식축구	남자농구	기타 종목 성적	
Miss St[1]	61-42-6	우승 0(3,3)	-	-	
LSU	39-57-4	Cotton4, Sugar5	-	-	
Arkansas	26-31-1	Peach1	-	-	

1) 같은 주의 미시시피 주립대학과의 경기를 계란 보울(Egg Bowl)이라 칭함. 승자에게는 황금 계란배가 수여됨.

⑥ Mississippi State(MSU, 16종목)

소재지	설립연도	유형	학생 수	재산	운동부 별칭
Starkville	1878	주립	21,400	3억 5천만	Bulldogs
대표적 라이벌		미식축구	남자농구	기타 종목 성적	
Mississippi	43−60−6	Orange 1	Final Four 1	−	
Alabama	18−75−3	Peach 1	−	−	
Kentucky	20−20	−	−	−	

⑦ Texas A & M(18종목)

소재지	설립연도	유형	학생 수	재산	운동부 별칭
College Station, TX	1876	주립	52,600	70억	Aggies
대표적 라이벌		미식축구	남자농구	기타 종목 성적	
Texas[1]	37−76−3	우승 1(3,1)	−	농구: 여 1 / 소프트: 볼 3	
Baylor[2]	68−31−9	Cotton 5	−	실외: 남4, 여3 / 골프: 남1	
Arkansas	25−41−3	Sugar 1	−	승마 2	

1) 이 경기를 텍사스의 결투(Lone Star Showdown)라 칭함. 텍사스 주 기에는 큰 별이 하나 있는데 Lone Star는 텍사스 주의 별칭임.
2) 이 경기를 브라조스 강의 전투(Battle of the Brazos)라 칭함. 브라조스 강은 두 대학 사이를 흐름.

2) Big Ten 컨퍼런스

　　　　　　Big Ten 컨퍼런스의 전신은 원래 1896년 창립된 서부 컨퍼런스였다. 원 멤버 중에서 시카고(Chicago) 대학이 탈퇴하고, 그 대신 미시간 주립(Michigan State) 대학이 참여하였고, 나중에 펜실베이니아 주립(Penn

State), 네브라스카(Nebraska), 매릴랜드(Maryland), 러트거스(Rutgers) 대학들이 가입하였다. 그리고 2014년 현재 14개 대학이 회원교이지만, 이름은 그 전의 Big Ten을 그대로 사용하고 있다. 이 컨퍼런스는 그동안 학문적으로는 아이비리그와 엇비슷하게 성장했고, 스포츠 또한 아이비리그로부터 그 주도권을 넘겨받는 데 앞장섰다. 현재까지는 이 컨퍼런스의 자존심이 대단히 강하다. 그러나 지난 10년 동안 이 컨퍼런스의 어떤 대학도 미식축구와 남자농구에서 한 번도 전국 우승을 못했다. 이에 비해 SEC는 지난 10년 동안 미식축구 8번, 그리고 남자농구 3번을 우승했다. 스포츠의 주도권이 이제는 서서히 따뜻한 남동부 컨퍼런스로 넘어가고 있다고 할 수 있다. 한편 Big Ten 컨퍼런스 및 그에 소속된 대학들과 관련된 사항들을 간단히 정리하면 다음 〈표 3-11〉 및 그 이하와 같다.

표 3-11 Big Ten 컨퍼런스 관련사항

창립연도	1896(1917 재조직)
본부 사무실	Park Ridge, IL
회장	James Delany
남자 종목(12)	야구, 농구, 크로스컨트리, 미식축구, 골프, 수영 및 다이빙, 테니스, 실내육상, 실외육상, 축구, 레슬링, 체조
여자 종목(14)	소프트볼, 농구, 크로스컨트리, 축구, 골프, 수영 및 다이빙, 테니스, 실내육상, 실외육상, 배구, 승마, 체조, 필드하키, 조정

(1) 동부지구

① Indiana(24종목)

소재지	설립연도	유형	학생 수	재산	운동부 별칭
Bloomington, IN	1820	주립	42,500	15억 8천만	Hoosiers
대표적 라이벌	**미식축구**	**남자농구**	**기타 종목 성적**		
Purdue[1]	37−71−6	−	우승 5	축구: 남 8 / 수영: 남 6
Illinois[2]	22−45−2	−	준우승 1	크로스: 남 3
Michigan St	15−41−2	−	Final Four 8	실외: 남 1 / 레슬링 1

1) 같은 주의 퍼듀 대학과의 경기에서 승자에게 오크통 배(Old Oaken Bucket)가 수여됨.
2) 승자에게 황동 타구 배(Old Brass Spittoon)가 수여됨.

② Maryland(20종목)

소재지	설립연도	유형	학생 수	재산	운동부 별칭
College Park, MD	1856	주립	37,600	7억 9천만	Terrapins (Terps)
대표적 라이벌[1]	**미식축구**	**남자농구**	**기타 종목 성적**		
Virginia	43−32−2	우승 1(2,1)	우승 1	라크로스: 남 2
W Virginia	21−26−2	Rose 1, Peach 1	Final Four 2	−

1) 매릴랜드 대학은 2014년부터 옮겨 오므로 그 전의 라이벌 대학들임.

③ Michigan(27종목)

소재지	설립연도	유형	학생 수	재산	운동부 별칭
Ann Arbor, MI	1817	주립	37,200	78억 3천만	Woolverines

대표적 라이벌		미식축구	남자농구	기타 종목 성적
Ohio St	58-44-6	우승 2 (22, 11)	우승 1	아이스: 남 9[1] / 실외: 남 1
Michigan St[2]	68-32-5	Sugar 1, Orange 1	준우승 5	필드하키: 여 1 / 골프: 남 2
Minnesota[3]	72-24-3	Fiesta 1, Rose 8	Final Four 7	체조: 남 4 / 소프트볼 1 / 야구 2
Notre Dame	23-16-1	−	−	수영: 남 11 / 테니스: 남 1

1) 아이스는 아이스하키를 가리킴.
2) 같은 주의 미시간 주립대학과의 경기에서 승자에게 폴 버니언-미시간 주지사배 (Paul Bunyan-Governor of Michigan Trophy)가 수여됨. 폴 버니언은 전설 속의 북미의 거인 나무꾼임.
3) 승자에게 소형 갈색 저그(Little Brown Jug)가 수여됨.

④ Michigan State(25종목)

소재지	설립연도	유형	학생 수	재산	운동부 별칭
East Lansing, MI	1855	주립	48,900	17억	Spartans

대표적 라이벌		미식축구	남자농구	기타 종목 성적
Michigan	32-67-5	우승 2(6,6)	우승 2	아이스: 남 3 / 축구: 남 2
Notre Dame[1]	28-46-1	Rose 3	준우승 1	크로스: 남 8 / 소프트볼 1
Indiana	41-15-2	−	Final Four 8	레슬링 1 / 권투 2[2] / 체조: 남 1

1) 승자에게는 메가폰 배(Megaphone Trophy)가 수여됨.
2) 권투는 현재 NCAA 후원 종목이 아님.

⑤ Ohio State(OSU, 35종목)

소재지	설립연도	유형	학생 수	재산	운동부 별칭
Columbus, OH	1870	주립	56,900	23억 7천만	Buckeyes

대표적 라이벌		미식축구	남자농구	기타 종목 성적
Michigan	44-58-6	우승 5(14,7)	우승 1	골프: 남 2 / 야구 1 / 펜싱 4
Illinois	63-30-4	준우승 2, Rose 7	준우승 4	체조: 남 3 / 수영: 남 11 / 조정 1
Penn St	14-8	Orange 1, Cotton 1	Final Four 10	배구: 남 1 / 응원 1 / 사격 5
-	-	Fiesta 5, Sugar 2	-	싱크로 27[1] / 실외: 남 1

1) 싱크로는 싱크로나이즈 수영을 말함. 이는 NCAA 후원 종목은 아님.

⑥ Pennsylvania State(Penn State, PSU 31종목)

소재지	설립연도	유형	학생 수	재산	운동부 별칭
University Park, PA	1855	주립	44,800	17억 3천만	Nittany Lions

대표적 라이벌		미식축구	남자농구	기타 종목 성적
Pitt	48-42-4	우승2(7)	Final Four 1	크로스: 남 3 / 펜싱 11 / 레슬링 3
Syracuse	42-23-5	Rose 1, Sugar 1	-	필드하키: 여 2 / 체조: 남 12, 여 2
Michigan St[1]	13-12-1	Orange 4, Cotton 3	-	아이스: 남 7 / 라크로스: 여 2
Ohio St	8-14	Fiesta 5	-	축구: 남 11 / 배구: 남 2, 여 5

1) 승자에게 토지증여 배(Land Grant Trophy)가 수여됨. 두 대학은 각각 가장 오래된 토지 증여 대학들 중의 하나임.

⑦ Rutgers(27종목)

소재지	설립연도	유형	학생 수	재산	운동부 별칭
New Brunswick, NJ	1766	주립	38,900	7억	Scarlet Knights
대표적 라이벌[1]	미식축구	남자농구	기타 종목 성적		
Navy	12−11−1	우승 0(1,1)	Final Four 1	−	
Army	19−18	−	−	−	

1) 2014년부터 옮겨가므로 그 전의 라이벌들임.

(2) 서부지구

① Illinois(21종목)

소재지	설립연도	유형	학생 수	재산	운동부 별칭
Champagne, IL	1867	주립	41,900	16억	Fighting Illini
대표적 라이벌	미식축구	남자농구	기타 종목 성적		
N'western[1]	54−47−5	우승 0(5,5)	Final Four 4	펜싱 2 / 체조: 남 7	
Ohio St	30−63−4	Rose 3	−	테니스: 남 1 / 실내 4	
Purdue[2]	42−39−6	−	−	실외 6	

1) 같은 주의 노스웨스턴 대학과의 경기에서 승자에게 링컨 배(Land of Lincoln Trophy)가 수여됨. 링컨 대통령은 일리노이 주의 상징임.
2) 승자에게 퍼듀 대포(Purdue Cannon)가 수여됨.

② Iowa(24종목)

소재지	설립연도	유형	학생 수	재산	운동부 별칭
Iowa City, IA	1847	주립	31,500	10억 4천만	Hawkeyes

대표적 라이벌	미식축구	남자농구	기타 종목 성적
Minnesota[1]	43-61-2	우승 0(4,1)	Final Four 3	체조: 남 1 / 레슬링 2
Wisconsin[2]	42-42-2	Rose 2, Orange 1	–	–
Iowa St[3]	39-21	Peach 1	–	–

1) 승자에게 청동 돼지 배(Floyd of Rosedale)가 수여됨. Floyd of Rosedale은 원래는 산 돼지였으나, 돼지 콜레라에 걸려 죽은 후 청동으로 다시 제작함.
2) 승자에게는 황동 수소 배인 Heartland Trophy가 수여됨. 양 주는 각각 미국의 핵심적인 곡창지대임.
3) 같은 주의 아이오와 주립대학과의 경기에서 승자에게 Cy-Hawk Trophy가 수여됨. Cy는 아이오와 주립대학(운동부 별칭 Cyclones)을, 그리고 Hawk는 아이오와 대학(운동부 별칭 Hawkeyes)을 상징함.

③ Minnesota(23종목)

소재지	설립연도	유형	학생 수	재산	운동부 별칭
Minneapolis, MN	1851	주립	51,900	25억	Golden Gophers

대표적 라이벌	미식축구	남자농구	기타 종목 성적
Wisconsin[1]	58-56-8	우승 4(7,7)	–	아이스: 남 7, 여 5
Iowa	61-43-2	Rose 1	–	야구 3 / 골프: 남 1
Michigan	24-72-3	–	–	실외: 남 1 / 레슬링 3

1) 두 대학 간에 가장 많은 미식축구 라이벌 경기를 해 왔음. 승자에게 폴 버니언 도끼(Paul Bunyan Axe)가 수여됨.

④ Nebraska(21종목)

소재지	설립연도	유형	학생 수	재산	운동부 별칭
Lincoln, NE	1869	주립	24,600	12억 4천만	Cornhuskers

대표적 라이벌		미식축구	남자농구	기타 종목 성적
Oklahoma	38-45-3	우승 5(11,5)	-	배구: 여 3 / 보울링 4
Missouri	65-36-3	준우승 1, Sugar 3	-	체조: 남 8 / 실내: 여 1
Iowa[1]	28-12-3	Cotton 1, Fiesta 2	-	-
-		Orange 8	-	-

1) 승자에게 영웅 배(Heroes Trophy)가 수여됨.

⑤ Northwestern(19종목)

소재지	설립연도	유형	학생 수	재산	운동부 별칭
Evanston, IL	1851	사립	15,000	71억 8천만	Wildcats

대표적 라이벌		미식축구	남자농구	기타 종목 성적
Illinois	47-54-5	Rose 1	-	라크로스: 여 5
Wisconsin	32-55-4	-	-	수영: 남 4
Minnesota	33-50-5	-	-	

⑥ Purdue(18종목)

소재지	설립연도	유형	학생 수	재산	운동부 별칭
West Lafayette, IN	1869	주립	39,600	20억	Boilermakers

대표적 라이벌		미식축구	남자농구	기타 종목 성적
Indiana	71-37-6	우승 0(1,0)	Final Four 2	농구: 여 1
Illinois	39-42-6	Peach 1	-	골프: 남 1, 여 1
Notre Dame[1]	26-56-2	Rose 1	-	-

1) 승자에게 슐레일레 배(Shillelagh Trophy)가 수여됨. 슐레일레는 보통 참나무나 벚나무 묘목으로 만든 아일랜드 산 봉(club)임.

⑦ Wisconsin(23종목)

소재지	설립연도	유형	학생 수	재산	운동부 별칭
Madison, WI	1848	주립	42,600	18억 7천만	Badgers

대표적 라이벌		미식축구	남자농구	기타 종목 성적		
Minnesota	56-58-8	우승 0(1,0)	우승 1	아이스: 남 6, 여 4		
Iowa	42-42-2	Rose 3	Final Four 2	크로스: 남 5, 여 2		
Illinois	36-35-7	-	-	실내: 남 1 / 축구: 남 1 / 권투 8		

3) 태평양 12 컨퍼런스

흔히 사람들이 Pac 12라고 부르는 컨퍼런스의 공식명칭은 Pacific(태평양) 12 컨퍼런스다. 그리고 원래 명칭은 태평양 연안 컨퍼런스(Pacific Coast Conference: PCC)에서 출발하였다. 이 컨퍼런스는 학문적으로나 스포츠 면에 있어서 Big Ten 컨퍼런스에 뒤지지 않아 두 컨퍼런스 간에는 Rose Bowl을 공동 개최하는 등 공조가 잘 되고 있다. 그러나 이 컨퍼런스도 지난 십년 간 미식축구와 남자농구에서 별다른 성적을 내지 못해 그 위상이 점점 흔들리고 있다. 특히 지난 2004년 이 컨퍼런스 소속의 남 캘리포니아 (Southern Cal) 대학이 미식축구에서 우승했으나 비리가 발견되어 우승이 박탈되었다. Pac 12 관련사항 및 소속 대학들이 그 동안 스포츠에서 이룬 업적을 표로 제시하면 다음 〈표 3-12〉와 같다.

표 3-12   Pac 12 관련사항

창립연도	1915
본부 사무실	Walnut Creek, CA
회장	Larry Scott
남자 종목(12)	야구, 농구, 크로스컨트리, 미식축구, 골프, 수영 및 다이빙, 테니스, 실외육상, 축구, 조정, 럭비, 레슬링
여자 종목(11)	소프트볼, 농구, 크로스컨트리, 축구, 골프, 수영 및 다이빙, 테니스, 실외육상, 배구, 체조, 조정

(1) 북부지구

① California-Berkeley(Cal, Berkeley, 29종목)

소재지	설립연도	유형	학생 수	재산	운동부 별칭
Berkeley, CA	1868	주립	36,100	31억 5천만	Golden Bears
대표적 라이벌	미식축구	남자농구	기타 종목 성적		
Stanford[1] 46-58-11	우승 0(5,5)	우승 1	야구 2 / 조정: 남 16 / 테니스: 남 3		
UCLA 32-50-1	Rose 3	준우승 1	골프: 남 1 / 체조: 남 4 / 육상: 남 2		
- - -	Final Four 3	럭비 26[2] / 수영: 남 4, 여 3 / 수구 13			
- - -	-	소프트볼 1 / 라크로스 1			

1) 이 경기를 Big Game이라 칭함.
2) 럭비는 NCAA 후원 종목이 아님.

② Oregon(18종목)

소재지	설립연도	유형	학생 수	재산	운동부 별칭
Eugene, OR	1876	주립	24,400	6억	Ducks
대표적 라이벌		**미식축구**	**남자농구**	**기타 종목 성적**	
Oregon St[1]	60-46-10	준우승 1	우승 1	크로스: 남 6, 여 3	
Washington[2]	42-58-5	Rose 2	Final Four 1	실내: 남 1, 여 4	
-	-	Fiesta 2	-	실외: 남 5, 여 1	

1) 이 경기를 내전(Civil War)이라 칭함.
2) 이 경기를 국경전쟁(Border War)이라고 함.

③ Oregon State(OSU, 17종목)

소재지	설립연도	유형	학생 수	재산	운동부 별칭
Corvallis, OR	1868	주립	26,400	4억 7천만	Beavers
대표적 라이벌		**미식축구**	**남자농구**	**기타 종목 성적**	
Oregon	46-60-10	Rose 1	-	야구 2 / 레슬링 1	
Washington	34-59-4	Fiesta 1	-	크로스: 남 1	

④ Stanford(36종목)

소재지	설립연도	유형	학생 수	재산	운동부 별칭
Stanford, CA	1891	사립	19,900	170억 4천만	Cardinal
대표적 라이벌		**미식축구**	**남자농구**	**기타 종목 성적**	
California	58-46-11	우승 0(2,1)	우승 1	야구 2 / 크로스: 남 4, 여 5 / 농구: 여 2	
Notre Dame[1]	9-18	Rose 8	-	골프: 남 8 / 체조: 남 5 / 수영: 남 8, 여 8	

Washington	38-41-4	Orange 1	-	테니스: 남 17, 여 17 / 싱크로: 여 7
-	-	-	-	배구: 남 2, 여 6 / 수구: 남 10, 여 3
-	-	-	-	축구: 여 1 / 실외: 남 4

1) 승자에게 캘리포니아 산 삼나무 받침에 아일랜드 산 크리스털로 된 레전드 배(Legends Trophy)가 수여됨.

⑤ Washington(19종목)

소재지	설립연도	유형	학생 수	재산	운동부 별칭
Seattle, WA	1861	주립	42,600	29억 3천만	Huskies
대표적 라이벌		미식축구	남자농구	기타 종목 성적	
WSU[1]	67-32-6	우승 1(4,2)	Final Four 1	소프트볼 1	
Oregon	58-42-5	Orange 1	-	조정: 여 3	
Stanford	41-38-4	Rose 8	-	-	

1) 승자에게 워싱턴 주의 주산물인 사과를 상징하는 사과 배(Apple Cup)가 수여됨.

⑥ Washington State(WSU, 15종목)

소재지	설립연도	유형	학생 수	재산	운동부 별칭
Pullman, WA	1890	주립	21,400	6억 2천만	Cougars
대표적 라이벌		미식축구	남자농구	기타 종목 성적	
Washington	32-67-6	Rose 1	-	실내: 남 1	
Idaho[1]	70-18-3	-	-	-	

1) 이 경기를 펄루스의 전투(Battle of the Palouse)라 칭함. 펄루스는 두 대학이 있는 미국 북서부의 농업지대를 말함.

(2) 남부지구

① Arizona(18종목)

소재지	설립연도	유형	학생 수	재산	운동부 별칭
Tucson, AZ	1885	주립	40,200	5억 3천만	Wildcats
대표적 라이벌		미식축구	남자농구	기타 종목 성적	
Arizona St[1]	47-38-1	Fiesta 1	우승 1	소프트볼 8 / 수영: 남 1, 여 1	
New Mexico	43-20-3	-	준우승 1	골프: 남 1, 여 2 / 싱크로 3	
-	-	-	Final Four 4	야구 3	

1) 같은 주의 애리조나 주립대학과의 경기를 사막의 결투(Duel in the Desert)라 칭함.
승자에게 영토 배(Territorial Cup)가 수여됨.

② Arizona State(ASU)

소재지	설립연도	유형	학생 수	재산	운동부 별칭
Tempe, AZ	1885	주립	59,800	5억 2천만	Sun Devils
대표적 라이벌		미식축구	남자농구	기타 종목 성적	
Arizona	38-47-1	우승 0(2,0)	-	수영: 여 7 / 야구 5 / 체조: 남 1	
USC	10-18	Fiesta 5	-	실외: 남 1, 여 2 / 실내: 남 2, 여 13	
-	-	Rose 1	-	테니스: 여 3 / 레슬링 1	
-	-	Peach 1	-	골프: 남 1, 여 1 / 소프트볼 2	

③ California-Los Angeles(UCLA)

소재지	설립연도	유형	학생 수	재산	운동부 별칭
Los Angeles, CA	1919	주립	40,700	29억 8천만	Bruins
대표적 라이벌		미식축구	남자농구	기타 종목 성적	
USC	29-46-7	우승 1(1,1)	우승 11	골프: 남 2, 여 3 / 체조: 남 2, 여 6	
Cal	50-32-1	Fiesta 2	Final Four 18	실외: 남 8, 여 3 / 소프트볼 11	
-	-	Cotton 2	준우승 2	테니스: 남 16, 여 1 / 배구: 남 19, 여 4	
-	-	Rose 5	-	수구: 남 8, 여 7 / 야구 1 / 축구: 남 4 / 실내: 여 2	

④ Colorado(17종목)

소재지	설립연도	유형	학생 수	재산	운동부 별칭
Boulder, CO	1876	주립	29,300	7억 9천만	Buffalos (Buffs)
대표적 라이벌		미식축구	남자농구	기타 종목 성적	
Utah	30-24-3	우승 1(1,1)	-	크로스: 남 3, 여 2	
Nebraska	18-49-2	Cotton 1, Fiesta 1	-	스키 19	
Colorado St	59-20-2	Orange 2	-	-	

⑤ Southern California(USC, 21종목)

소재지	설립연도	유형	학생 수	재산	운동부 별칭
Los Angeles, CA	1880	사립	38,000	35억	Trojans
대표적 라이벌		미식축구	남자농구	기타 종목 성적	
UCLA[1]	46-29-7	우승 7 (17,11)	–	야구 12 / 체조: 남 1 / 수영: 남 9, 여 1	
Notre Dame[2]	35-44-5	Rose 25	–	테니스: 남 20, 여 7 / 실외: 남 26, 여 1	
–	–	Orange 2	–	실내: 남 2 / 배구: 남 6, 여 6 / 골프: 여 2	
–	–	Cotton 1	–	수구: 남 8, 여 5 / 축구: 여 1	

1) 승자에게 승리의 종(Victory Bell)이 수여됨.
2) 승자에게 보석 슐레일레(Jeweled Shillelagh)가 수여됨.

⑥ Utah

소재지	설립연도	유형	학생 수	재산	운동부 별칭
Salt Lake City, UT	1850	주립	32,400	6억 7천만	Utes
대표적 라이벌		미식축구	남자농구	기타 종목 성적	
Colorado[1]	24-30-3	우승 0(1,0)	–	체조: 여 10	
BYU[2]	55-34-4	Sugar 1	준우승 1	스키: 남 1, 여 1 / 혼합 9	
Utah St[3]	77-28-4	–	Final Four 4	–	

1) 이 경기를 로키 산맥의 굉음(Rumble in the Rockies)이라 칭함.
2) 이 경기를 성전(Holy War)이라 칭함. 유타 주는 모르몬(Mormon)교(말일성도 예수 그리스도교)의 본산임.
3) 이 경기를 형제 간 싸움(Battle of the Brothers)이라 칭함.

4) Big 12 컨퍼런스

Big 12 컨퍼런스의 결성 과정과 그 후의 행보는 다소 복잡하다. 먼저 1907년 결성된 미주리 협곡 컨퍼런스(MVC)에서 1928년 주요 대학들이 빠져나와 Big 8 컨퍼런스를 결성하였다. 그러나 미주리 협곡 컨퍼런스는 아직도 소규모 대학들로 구성되어 잔존하고 있다. 다른 한편으로 1914년 결성된 남서부 컨퍼런스(SWC)에서 텍사스 주 4개 대학이 빠져나와 Big 8 컨퍼런스 대학들과 함께 1994년 Big 12 컨퍼런스를 결성하였다. 그러자 남서부 컨퍼런스는 소멸되고 나머지 대학들은 다른 컨퍼런스들로 이동하였다.

그런데 Big 12 컨퍼런스는 다른 컨퍼런스들과는 달리 소속 대학들 간에 각 대학 운동경기의 방송중계 등에 근거한 배당금에 차별이 있었다. 그리고 거기에다가 텍사스 대학이 컨퍼런스를 옮기려고 시도하거나 스포츠 전문 방송망 ESPN과 독자적으로 계약을 맺고 자기 대학의 경기중계를 통해 더 많은 수익을 올릴 뿐만 아니라, 고등학생 선수의 선발 등에서 이득을 보게 되자 다른 대학들의 불만이 고조되어 하나씩 떠나기 시작하였다. 그래서 2011년 Colorado 대학은 Pac 12로, 네브래스카 대학은 Big Ten으로, 그리고 2012년 Missouri 대학과 Texas A & M 대학은 남동부 컨퍼런스(SEC)로 옮겨가고 말았다.

그 결과 Big 12 컨퍼런스는 한 때 해체의 위기도 있었으나, 텍사스 크리스천(Texas Christian) 대학과 웨스트 버지니아(West Virginia) 대학을 회원교로 초빙하여 지금은 소속대학이 10개 대학인 컨퍼런스가 되었다. 그러나 명칭은 그대로 Big 12를 쓰고 있다. 그리고 SEC와 장기적으로 제휴

하여 각 컨퍼런스의 미식축구 챔피언이 'Sugar Bowl'에서 맞붙기로 하는 등 안정을 도모하고 있다. Big 12 컨퍼런스 및 소속대학과 관련된 사항은 다음 〈표 3-13〉 및 그 이하에 나와 있다.

표 3-13 Big 12 관련사항

창립연도	1994
본부 사무실	Irving, TX
회장	Bob Bowlsby
남자 종목(10)	야구, 농구, 크로스컨트리, 미식축구, 골프, 수영 및 다이빙, 테니스, 실내육상, 실외육상, 레슬링
여자 종목(13)	소프트볼, 농구, 크로스컨트리, 축구, 골프, 수영 및 다이빙, 테니스, 실내육상, 실외육상, 배구, 승마, 체조, 조정

① Baylor(16종목)

소재지	설립연도	유형	학생 수	재산	운동부 별칭
Waco, TX	1845	사립	15,200	11억	Bears

대표적 라이벌		미식축구	남자농구	기타 종목 성적	
TCU	50-51-7	Sugar 1	준우승 1	농구: 여 2 / 테니스: 남 1	
Texas Tech	34-36-1	Peach 1	Final Four 2	승마 1	
SMU	36-36-7	–	–	–	

② Iowa State(ISU, 16종목)

소재지	설립연도	유형	학생 수	재산	운동부 별칭
Ames, IA	1858	주립	31,000	6억 1천만	Cyclones

대표적 라이벌		미식축구	남자농구	기타 종목 성적
Iowa	21-39	-	Final Four 1	크로스: 남 2, 여 5
Missouri[1]	34-61-9	-	-	레슬링 8
Kansas St	49-43-4	-	-	-

1) 승자에게 전화 배(Telephone Trophy)가 주어짐.

③ Kansas(16종목)

소재지	설립연도	유형	학생 수	재산	운동부 별칭
Lawrtence, KS	1865	주립	30,000	13억	Jayhawks

대표적 라이벌		미식축구	남자농구	기타 종목 성적
Kansas St[1]	65-40-5	Orange 1	우승 3	크로스: 남 1
Missouri	54-57-9	-	준우승 6	실내: 남 3 / 실외: 남 3, 여 1
Nebraska	23-90-3	-	Final Four 14	-

1) 이 경기를 해바라기의 결투(Sunflower Showdown)라 칭함. 해바라기는 캔자스 주의 상징임. 승자에게 지사 배(Governor's Cup)가 수여됨.

④ Kansas State(K-State, KSU, 14종목)

소재지	설립연도	유형	학생 수	재산	운동부 별칭
Manhatton, KS	1863	주립	24,400	3억 4천만	Wildcats

대표적 라이벌		미식축구	남자농구	기타 종목 성적
Kansas	40-65-5	Fiesta 1	준우승 1	-
Iowa St	43-49-4	Cotton 1	Final Four 4	-

⑤ Oklahoma(19종목)

소재지	설립연도	유형	학생 수	재산	운동부 별칭
Norman, OK	1890	주립	29,700	12억	Sooners
대표적 라이벌		미식축구	남자농구	기타 종목 성적	
Texas[1]	43−59−5	우승 7(17,7)	준우승 2	레슬링 7 / 골프: 남 1	
OSU[2]	83−17−7	준우승 3, Orange 11	Final Four 4	체조: 남 8 / 소프트 볼 1	
Nebraska	45−38−3	Fiesta 2, Cotton 1	−	야구 2	
−	−	Rose 1, Sugar 5	−	−	

1) 이 경기를 붉은 강의 라이벌(Red River Rivalry)이라 칭하는데, 가장 치열한 라이벌 경기 중 하나임. 붉은 강은 두 주 사이를 흐름. 승자에게는 황금 모자 배(Golden Hat)가 수여됨.

2) 같은 주의 오클라호마 주립대학과의 경기를 대소동 시리즈(Bedlam Series)라 칭함. 원래 이 시리즈는 두 대학 간의 레슬링 경기에서 시작되어 다른 경기에도 적용됨. 승자에게는 크리스털로 된 대소동 벨(Bedlam Bell)이 수여됨.

⑥ Oklahoma State(OK State, OSU, 16종목)

소재지	설립연도	유형	학생 수	재산	운동부 별칭
Stillwater, OK	1890	주립	23,300	6억 8천만	Cowboys (girls)
대표적 라이벌		미식축구	남자농구	기타 종목 성적	
Oklahoma	17−83−7	우승 0(1,0)	우승 2	레슬링 34 / 야구 1	
Tulsa	40−27−5	Sugar 1, Cotton 1	Final Four 6	−	
−	−	Fiesta 2			

⑦ Texas(18종목)

소재지	설립연도	유형	학생 수	재산	운동부 별칭
Austin, TX	1883	주립	51,200	72억	Longhorns
대표적 라이벌		미식축구	남자농구	기타 종목 성적	
Oklahoma	59−43−5	우승 4(9,4)	Final Four 3	농구: 여 1 / 배구: 여 3	
Texas A&M	76−37−5	준우승 1, Orange 2	−	골프: 남 3 / 수영: 남 10, 여 9	
Texas Tech[1]	47−15	Fiesta 1, Cotton 11	−	크로스: 여 1 / 테니스: 여 2	
Arkansas[2]	56−21	Rose 2, Sugar 1	−	실내: 여 6 / 실외: 여 5 / 야구 6	

1) 승자에게 총장의 편자(Chancellor's Spurs)가 수여됨.
2) 이 경기를 대 전투(Big Shootout)라 칭함.

⑧ Texas Christian(TCU, 18종목)

소재지	설립연도	유형	학생 수	재산	운동부 별칭
Fort Worth, TX	1873	사립	9,100	12억	Horned Frogs
대표적 라이벌		미식축구	남자농구	기타 종목 성적	
SMU[1]	45−40−7	우승 1(3,2)	−	골프: 여 1 / 승마: 여 1	
Baylor	51−50−7	Sugar 2, Cotton 3	−	사격 2	
Texas Tech	23−29−3	Rose 1	−	−	

1) 이 경기를 철 냄비의 전투(Battle for the Iron Skillet)라 칭함. 승자에게는 철 냄비 배가 수여됨.

⑨ Texas Tech(16종목)

소재지	설립연도	유형	학생 수	재산	운동부 별칭
Lubbock, TX	1923	주립	32,600	8억 9천만	Red Raiders
대표적 라이벌		미식축구	남자농구	기타 종목 성적	
Texas	15−47	−		농구: 여 1	
Texas A&M	32−37−1	−	−	−	
TCU	29−23−3	−	−	−	

⑩ West Virginia(17종목)[1]

소재지	설립연도	유형	학생 수	재산	운동부 별칭
Morgantown, WV	1867	주립	29,300	4억 1천만	Mountaineers
대표적 라이벌		미식축구	남자농구	기타 종목 성적	
Pitt[2]	40−61−3	Sugar 1	준우승 1	사격 15	
Syracuse[3]	27−32	Orange 1	Final Four 2	−	
V Tech[4]	28−22−1	Fiesta 1	−	−	

1) 2012년에 옮겨왔기 때문에 라이벌 대학들이 그 전의 대학들임.
2) 뒷마당 싸움(Backyard Brawl)이라 칭함.
3) 승자에게는 웨스트버지니아 대학의 선수 출신으로서 시러큐스 대학의 감독이 된 슈바르츠발더를 기리기 위해 벤 슈바르츠발더 배(Ben Schwartzwalder Trophy)가 수여됨.
4) 승자에게 흑 다이아몬드 배(Black Diamond Trophy)가 수여됨.

5) 대서양 연안 컨퍼런스

대서양 연안 컨퍼런스(Atlantic Coast Conference: ACC)는 원래 남부 대학 운동 협의회가 발전된 남부 컨퍼런스에서 일부 대학이 탈퇴하여 남동

ATLANTIC COAST CONFERENCE

부 컨퍼런스(SEC)를 결성하고, 그 외에 남은 대학들 중 일부가 결성하여 만든 컨퍼런스다. 이 컨퍼런스는 학문적으로 우수한 대학들이 여럿 소속되어 있을 뿐 아니라 남자농구에서는 타의 추종을 불허할 정도로 강한 컨퍼런스다. 한때는 미식축구에서도 다른 컨퍼런스에 뒤지지 않을 정도로 강했으나 최근에는 약간 주춤한 듯하다. 그래서 배당금 배정에 있어서는 다른 컨퍼런스에 약간 미치지 못한다. ACC 및 그에 소속된 대학들에 관한 사항은 다음 〈표 3-14〉와 그 이하에 제시되어 있다.

표 3-14 ACC 관련사항

창립연도	1953
본부 사무실	Greensboro, NC
회장	John Swofford
남자 종목(11)	야구, 농구, 크로스컨트리, 미식축구, 골프, 수영 및 다이빙, 테니스, 실내육상, 실외육상, 축구, 레슬링
여자 종목(12)	소프트볼, 농구, 크로스컨트리, 축구, 골프, 수영 및 다이빙, 테니스, 실내육상, 실외육상, 배구, 조정, 필드하키

(1) 대서양 지구

① Boston College(BC, 29종목)

소재지	설립연도	유형	학생 수	재산	운동부 별칭
Chestnut Hill, MA	1863	사립	14,600	19억	Eagles

대표적 라이벌	미식축구	남자농구	기타 종목 성적
Notre Dame[1]	9-12	우승 0(0,1)	아이스: 남 5 / 요트 6[3]	-
Clemson[2]	9-10-2	Sugar 1	-	-
Syracuse	18-28	Cotton 1	-	-

1) 같은 가톨릭 대학 간의 시합으로 성전(Holy War)이라 불림. 승자에게는 프랭크 레이히 기념 보울(Frank Leahy Memorial Bowl)과 아일랜드 배(Ireland Trophy)가 수여됨. 프랭크 레이히는 양 대학의 감독을 지냈음.
2) 승자에게 오루어키-맥패든 배(O'Rourke-McFadden Trophy)가 수여됨. 참고로 오루어키와 맥패든은 각 대학을 대표하는 선수였음.
3) 요트는 NCAA 후원 종목은 아님.

② Clemson(19종목)

소재지	설립연도	유형	학생 수	재산	운동부 별칭
Clemson, SC	1889	주립	20,600	4억 8천만	Tigers

대표적 라이벌	미식축구	남자농구	기타 종목 성적
S Carolina	65-41-4	우승 1(1,1)	-	축구: 남 2 / 골프: 남 1
NC St[1]	52-27-1	Cotton 1, Orange 2	-	-
G Tech	26-50-2	Peach 3	-	-

1) 이 경기를 섬유 보울(Textile Bowl)이라 칭함. 섬유산업은 노스캐롤라이나 주와 사우스캐롤라이나 주의 대표적 산업임.

③ Florida State(FSU, 18종목)

소재지	설립연도	유형	학생 수	재산	운동부 별칭
Tallahassee, FL	1851	주립	40,800	5억 3천만	Seminoles (Noles)

대표적 라이벌		미식축구	남자농구	기타 종목 성적
Florida[1]	21-34-2	우승 2(7,2)	준우승 1	체조: 남 2 / 실외: 남 3, 여 1
Miami[1]	26-31	준우승 2, Fiesta 2	Final Four 1	골프: 여 1 / 실내: 여 1
Clemson	18-8	Cotton 1, Peach 2	–	소프트 볼 2
Virginia[2]	14-3	Sugar 4, Orange 4	–	–

1) 플로리다, 마이애미, 플로리다 주립대학 간의 경기에서 성적이 가장 좋은 팀에게 플로리다 배(Florida Cup)가 수여됨.
2) 승자에게는 제퍼슨-에페스 배(Jefferson-Eppes Trophy)가 수여됨. 참고로 에페스는 이 대학 설립의 공로자로서, 버지니아 대학을 세운 제퍼슨 대통령(Thomas Jefferson)의 손자임.

④ Louisville(21종목)

소재지	설립연도	유형	학생 수	재산	운동부 별칭
Louisville, KY	1798	주립	22,300	7억 2천만	Cardinals

대표적 라이벌		미식축구	남자농구	기타 종목 성적
Kentucky	11-14	Orange 1	우승 3	응원 15
Cincinnati[1]	21-30-1	Sugar 1	Final Four 10	–

1) 승자에게는 못 통 배(Keg of Nails)가 수여됨.

⑤ North Carolina State(NC State, 24종목)

소재지	설립연도	유형	학생 수	재산	운동부 별칭
Raleigh, NC	1887	주립	34,800	6억 4천만	Wolfpack
대표적 라이벌		미식축구	남자농구	기타 종목 성적	
UNC	32−64−6	Peach 4	우승 2	크로스: 여 2	
Duke	36−40−5	−	Final Four 3	−	
W Forest	62−36−6	−	−	−	

⑥ Syracuse(20종목)

소재지	설립연도	유형	학생 수	재산	운동부 별칭
Syracuse, NY	1870	사립	21,000	10억 1천만	Orange
대표적 라이벌		미식축구	남자농구	기타 종목 성적	
Boston C	28−18	우승 1(1,1)	우승 1	라크로스: 남 15	
Pitt	30−34−3	Sugar 1, Orange 1	준우승 2	크로스: 남 1	
Penn St	23−41−5	Cotton 1	Final Four 5	조정 6	
W Virginia	33−27	Peach 1	−	−	

⑦ Wake Forest(16종목)

소재지	설립연도	유형	학생 수	재산	운동부 별칭
Winston− Salem, NC	1834	사립	7,400	15억	Demon Deacons

대표적 라이벌		미식축구	남자농구	기타 종목 성적
UNC	36-68-2	-	Final Four 1	필드하키: 여 3 / 골프: 남 3
NC St	37-62-6	-	-	야구 1 / 축구: 남 1
Duke	37-54-2	-	-	-

(2) 연안 지구

① Duke(26종목)

소재지	설립연도	유형	학생 수	재산	운동부 별칭
Durham, NC	1838	사립	14,200	83억	Blue Devils

대표적 라이벌		미식축구	남자농구	기타 종목 성적
UNC[1]	35-55-4	Sugar 1	우승 4	라크로스: 남 1
NC St	36-40-5	Orange 1	준우승 6	축구: 남 1
W Forest	54-37-2	Cotton 1	Final Four 15	골프: 여 5

1) 승자에게는 승리의 종(Victory Bell)이 수여됨. 그러나 Duke, UNC, NC State 세 대학은 남자농구의 명문으로서 농구에서의 라이벌 의식이 훨씬 더 강함.

② Georgia Institute of Technology(Georgia Tech, 17종목)

소재지	설립연도	유형	학생 수	재산	운동부 별칭
Atlanta, GA	1885	주립	21,600	16억 2천만	Yellow Jackets

대표적 라이벌		미식축구	남자농구	기타 종목 성적
Georgia	39-62-5	우승 1(6,4)	준우승 1	테니스: 여 1
Auburn	41-47-4	Rose 1, Sugar 4	Final Four 2	-
Clemson	50-25-2	Orange 3, Cotton 1	-	-

③ U of Miami(the U, 14종목)

소재지	설립연도	유형	학생 수	재산	운동부 별칭
Coral Gables, FL	1925	사립	15,700	7억 2천만	Hurricanes
대표적 라이벌		미식축구	남자농구	기타 종목 성적	
Florida	28−26	우승 5(9,5)	−	골프: 여 5 / 수영: 여 2	
FSU	31−26	준우승 1, Orange 6	−	조정: 남 1 / 폴로 4	
−	−	Cotton 1, Peach 2	−	야구 4	
−	−	Rose 1, Sugar 2	−	−	

④ North Carolina(UNC, 27종목)

소재지	설립연도	유형	학생 수	재산	운동부 별칭
Chapel Hill, NC	1789	주립	29,400	21억 8천만	Tar Heels
대표적 라이벌		미식축구	남자농구	기타 종목 성적	
Duke	55−35−4	−	우승 5	농구: 여 1 / 필드하키: 여 6	
NC St	64−32−6	−	준우승 4	라크로스: 남 4, 여 3	
Virginia[1]	59−54−4	−	Final Four 18	핸드볼: 남 3, 여 4[2] / 조정: 남 1	
−	−	−	−	축구: 남 2, 여 22	

1) 남부 최고의 라이벌(South's Oldest Rivalry)이라 칭함.
2) 핸드볼은 NCAA 후원 종목은 아님.

⑤ Pittsburgh(Pitt, 19종목)

소재지	설립연도	유형	학생 수	재산	운동부 별칭
Pittsburgh, PA	1787	공사립	28,800	26억 2천만	Panthers
대표적 라이벌		미식축구	남자농구	기타 종목 성적	
Penn St	42−48−4	우승 2 (11,9)	Final Four 1	−	
W Virginia	61−40−3	Rose 1, Sugar 2	−	−	
Syracuse	34−31−3	Fiesta 1	−	−	
Notre Dame	20−46−1	−	−	−	

⑥ Virginia(25종목)

소재지	설립연도	유형	학생 수	재산	운동부 별칭
Charlottesville, VA	1819	주립	21,000	26억	Cavaliers
대표적 라이벌		미식축구	남자농구	기타 종목 성적	
Maryland	32−43−2	Peach 2	Final Four 2	축구: 남 6 / 라크로스: 남 5, 여 3	
UNC	54−59−4	−	−	크로스: 여 2 / 조정 2	
V Tech[1]	37−52−5	−	−	권투 1 / 테니스: 남 2	

1) 승자에게는 연방 배(Commonwealth Cup)가 수여됨.

⑦ Virginia Polytechnic Institute and State(Virginia Tech, 19종목)

소재지	설립연도	유형	학생수	재산	운동부 별칭
Blacksburgh, VA	1872	주립	31,100	6억 3천만	Hokies

대표적 라이벌		미식축구	남자농구	기타 종목 성적
Virginia	52–37–5	준우승 1, Sugar 1	–	–
W Virginia	22–28–1	Orange 1, Peach 2	–	–

6) 아이비리그

현재의 아이비리그(Ivy League)는 미국 대학 중에서 스포츠를 제일 먼저 도입한 대학들이다. 그리고 또 이들은 1870년에 이미 미국 대학 조정 협의회(Rowing Association of American Colleges)를 결성하였으며, 1876년에는 하버드, 프린스턴, 컬럼비아 대학이 참여하여(예일 대학은 나중에 참여) 대학 미식축구 협의회(Intercollegiate Football Association)를 결성하였으므로, 아이비리그라는 단체도 당연히 미국 대학 컨퍼런스 가운데 가장 먼저 탄생했을 것이라고 생각하기 쉽다. 그러나 정작 이 리그가 창립된 것은 다른 주요 컨퍼런스가 모두 결성된 뒤인 1954년에 가서야 이루어졌다. 이 리그는 학문적 성취를 더 강조하기 때문에, 현재 미식축구와 남자농구 등 주요 종목들의 주도권은 모두 다른 컨퍼런스들에게 내어 주고(미식축구는 1부의 하부에 소속), 몇몇 종목에서만 다른 컨퍼런스들과 경쟁을 하고 있다. 아이비리그 및 그에 소속된 대학들과 관련된 사항들은 다음 〈표 3–15〉 및 그 이하와 같다.

표 3-15 아이비리그 관련사항

창립연도	1954
본부 사무실	Princeton, NJ
회장	Robin Harris
남자 종목(16)	야구, 농구, 크로스컨트리, 미식축구, 골프, 수영 및 다이빙, 테니스, 실내육상, 실외육상, 축구, 레슬링, 펜싱, 아이스하키, 라크로스, 조정, 스쿼시
여자 종목(16)	소프트볼, 농구, 크로스컨트리, 축구, 골프, 수영 및 다이빙, 테니스, 실내육상, 실외육상, 배구, 조정, 필드하키, 아이스하키, 펜싱, 라크로스, 스쿼시

① Brown(37종목)

소재지	설립연도	유형	학생 수	재산	운동부 별칭
Providence, RI	1764	사립	8,600	25억 2천만	Bears
대표적 라이벌		**미식축구**	**남자농구**	**기타 종목 성적**	
Rhode Island	69-26-2	–	–	조정 6 / 프리스비 [1] 1	

1) 프리스비는 NCAA 후원 종목은 아님.

② Columbia(29종목)

소재지	설립연도	유형	학생 수	재산	운동부 별칭
New York, NY	1754	사립	22,900	76억 5천만	Lions
대표적 라이벌		**미식축구**	**남자농구**	**기타 종목 성적**	
Cornell [1]	35-60-3	우승 0(1,0)	–	축구 2 / 펜싱 2	
Fordham	4-7	Rose 1	–	골프 1	

1) 이 경기를 제국 주의 보울(Empire State Bowl)이라 칭함. 제국 주는 뉴욕 주의 별칭임. 승자에게는 제국 배(Empire Cup)가 수여됨.

③ Cornell(36종목)

소재지	설립연도	유형	학생 수	재산	운동부 별칭
Ithaca, NY	1865	공사립	20,600	52억 3천만	Big Red
대표적 라이벌		미식축구	남자농구	기타 종목 성적	
Columbia	60-35-3	우승 0(5,5)	-	조정 15 / 아이스 2	
Penn[1]	45-68-5	-	-	폴로 24[2] / 라크로스 3	

1) 승자에게는 이사회 배(Trustee's Cup)가 수여됨.
2) 폴로는 NCAA 후원 종목은 아님.

④ Dartmouth(34종목)

소재지	설립연도	유형	학생 수	재산	운동부 별칭
Hanover, NH	1769	사립	6,100	34억 9천만	Big Green
대표적 라이벌		미식축구	남자농구	기타 종목 성적	
Princeton[1]	43-43-4	우승 0(1,1)	준우승 2	스키 3 / 피겨[2] 5 / 요트 3	
-	-	-	-	사이클링 3 / 조정 1	

1) 승자에게는 1917년에 발행된 1모탕 달러(Sawhorse Dollar)가 수여됨. 이 지폐는 현재의 1달러 보다 약 3분의 1이 더 큰데, 지폐의 뒷부분에 'United States'와 'of America'라는 글자의 배열이 나무 톱질할 때 괴는 X자 형의 도구 모탕(sawhorse)을 닮았다 해서 붙여진 별명임.
2) 피겨는 피겨스케이팅. 피겨, 요트, 사이클링은 NCAA 후원 종목은 아님.

⑤ Harvard(41종목)

소재지	설립연도	유형	학생 수	재산	운동부 별칭
Cambridge, MA	1636	사립	21,200	320억	Crimson
대표적 라이벌		미식축구	남자농구	기타 종목 성적	
Yale[1]	56-65-8	우승 0(12,7)	-	골프 6 / 아이스 1 / 라크로스 1	

				축구 4 / 펜싱 1 / 레슬링 1
–	–	–	–	요트 2 / 조정 1

1) 이 경기를 그냥 'The Game'이라고 칭함.

⑥ Pennsylvania(27종목)

소재지	설립연도	유형	학생 수	재산	운동부 별칭
Philadelphia, PA	1740	사립	20,600	67억 6천만	Quakers
대표적 라이벌	미식축구	남자농구		기타 종목 성적	
Cornell	68-45-5	우승 0(6,7)	Final Four 1	조정 1 / 축구 10	

⑦ Princeton(38종목)

소재지	설립연도	유형	학생 수	재산	운동부 별칭
Princeton, NJ	1746	사립	7,600	169억 5천만	Tigers
대표적 라이벌	미식축구	남자농구		기타 종목 성적	
Yale	50-74-10	우승 0 (28,28)	–	라크로스 9 / 펜싱 1 / 골프 8	
Dartmouth	43-43-4	–	–	필드하키 1 / 축구 7 / 조정 1	

⑧ Yale(35종목)

소재지	설립연도	유형	학생 수	재산	운동부 별칭
New Haven, CT	1701	사립	11,700	193억 5천만	Bulldogs

대표적 라이벌		미식축구	남자농구	기타 종목 성적
Harvard	65-56-8	우승 0(27,26)	–	펜싱 2 / 수영 및 다이빙 4
Princeton	74-50-10	–	–	축구 4 / 골프 21 / 아이스하키 1

7) 독립 팀

① Notre Dame(23종목)[1]

소재지	설립연도	유형	학생 수	재산	운동부 별칭
South Bend, IN	1842	사립	11,700	63억 3천만	Fighting Irish

대표적 라이벌		미식축구	남자농구	기타 종목 성적
USC	44-35-5	우승 8(21,11)	–	펜싱: 남 3, 여 1, 혼 4 / 축구: 여 3
Purdue	56-26-2	준우승 1, Sugar 2	Final Four 1	테니스: 남 2 / 농구: 여 1
Navy	73-12-1	Orange 2, Fiesta 1	–	크로스: 남 1 / 골프: 남 1
MSU	46-28-1	Cotton 5, Rose 1	–	–

1) 미식축구를 제외한 다른 종목들은 ACC에 속함.

② Brigham Young(BYU, 21종목)[1]

소재지	설립연도	유형	학생 수	재산	운동부 별칭
Provo, UT	1875	사립	34,100	9억 2천만	Cougars

대표적 라이벌		미식축구	남자농구	기타 종목 성적
Utah	31-53-4	우승 1(1,1)	–	크로스: 여 4 / 실외: 남 1
Utah St	45-34-3	Cotton 1	–	배구: 남 3 / 골프: 남 1

1) BYU는 2011년까지는 Mountain West 컨퍼런스(MWC) 소속이었음.

③ United States Military Academy(Army, 육사)

소재지	설립연도	유형	학생 수	재산	운동부 별칭
West Point, NY 1802	1802	연방	4,600	–	Black Knights
대표적 라이벌		미식축구	남자농구	기타 종목 성적	
Navy[1]	49-57-7	우승 2(5,3)	–	–	
Rutgers	18-19	–	–	–	

1) 해사, 공사와의 3자 대결의 승자에게는 1972년부터 총사령관 배(Commander-in-Chief's Trophy)가 수여됨.

④ United States Naval Academy(Navy, 해사)[1]

소재지	설립연도	유형	학생 수	재산	운동부 별칭
Annapolis, MD	1845	연방	4,600	–	Midshipmen
대표적 라이벌		미식축구	남자농구	기타 종목 성적	
Army	57-49-7	우승 0(1,1)	–	조정 31 / 펜싱: 남 3	
Notre Dame	12-71-1	Rose 1, Sugar 1	–	축구: 남 2 / 실외: 남 1	
Maryland[2]	14-7	Cotton 1	–	권투 5	

1) 2015년부터 AAC로 옮겨감.
2) 같은 주의 메릴랜드 대학과의 경기를 대게 보울 클래식(Crab Bowl Classic)이라 칭함. 승자에게는 이 주의 주산물인 대게를 상징하는 대게 보울 배(Crab Bowl Trophy)가 수여됨.

8) 기타 컨퍼런스

지금까지 언급한 주요 컨퍼런스 외에도 미국에는 더 많은 컨퍼런스들이 있다. 먼저 미식축구 I부의 상부에 소속된 컨퍼런스도 5개 정도 더 있다. 그리고 I부의 하부로 구성된 컨퍼런스들도 여럿 있고, 또 II부와 III부의 컨퍼런스들도 많이 있다. 또한 남자농구를 위주로 하는 컨퍼런스(예를 들면, 새로 결성된 Big East)들은 더 많이 있다. 그러나 이들을 모두 다룰 수는 없으므로 여기에서는 미식축구 I부의 상부에 속하는 다른 컨퍼런스들과 그에 소속된 대학들만 간단히 소개하기로 한다. 그 순서는 대학 운동부의 별칭, 소재지, 설립유형, 설립연도, 학생 수, 그리고 운동부의 성적(괄호 안) 순이다.

(1) American Athletic 컨퍼런스(AAC)

(창립연도) 1979년(그러나 2013년 미식축구를 하는 대학들이 Big East에서 분리되어 재조직)

(본부) Providence, RI

① Southern Methodist: Mustangs, Dallas, TX, 사립, 1911년, 12,000명(미식축구 우승 0(3, 3), Cotton Bowl 2, Final Four 1)

② Temple: Owls, Philadelphia, PA, 주립, 1884년, 37,700명(Final Four 2, 축구: 남 2, 라크로스 4)

③ Cincinnati: Bearcats, Cincinnati, OH, 1819년, 주립, 42,400명(남자농구: 우승 2, 응원 4)

④ Connecticut: Huskies, Storrs, CT, 주립, 1881년, 30,000명(남자농구: 우승 2, Final Four 4, 축구: 남 3, 농구: 여 8, 필드하키: 여 2)

⑤ Houston: Cougars, Houston, TX, 주립, 1927년, 40,700명(Final Four 5, 골프: 남 16, 크로스 1)

⑥ Memphis: Tigers, Memphis, TN, 주립, 1912년, 23,000명(Final Four 3)

⑦ Central Florida: Knights, Orlando, FL, 주립, 1963년, 59,800명(응원 2)

⑧ South Florida: Bulls, Tampa, FL, 주립, 1956년, 47,100명

⑨ East Carolina: Pirates, Greenville, NC, 주립, 1907년, 27,800명(수영: 남 1)

⑩ Tulane: Green Wave, New Orleans, LA, 사립, 1834년, 13,400명(Sugar 1)

⑪ Tulsa: Golden Hurricane, Tulsa, OK, 사립, 1894년, 4,400명(Orange 1, 골프: 여 4)

(2) Big East 컨퍼런스

창립연도 1979년(그러나 2013년 농구만 하는 가톨릭 대학들이 중심이 되어 재조직)
본부 New York, NY

① Butler: Bulldogs, Indianapolis, IN, 1855년, 사립, 4,700명(남자농구: 준우승 2, 크로스: 남 1)

② Creighton: Bluejays, Omaha, NE, 1878년, 사립, 7,700명

③ De Paul: Blue Demons, Chicago, IL, 1898년, 사립, 25,400명(Final Four 2)

④ Georgetown: Hoyas, Washington, DC, 1789년, 사립, 16,400명(남자농구: 우승 1, Final Four 5, 크로스: 여 1)

⑤ Marquette: Golden Eagles, Milwaukee, WI, 1881년, 사립, 11,600명(남자농구: 우승 1, 준우승 1, Final Four 3)

⑥ Providence: Friars, Providence, RI, 1917년, 사립, 4,600명(Final

Four 2)

⑦ St John's: Red Storm, New York, NY, 1870년, 21,400명(남자농구: 준우승 1, Final Four 2, 축구: 남 1, 펜싱 1)

⑧ Seton Hall: Pirates, South Orange, NJ, 1856년, 사립, 9,700명(남자농구: 준우승 1, Final Four 1)

⑨ Villanova: Wildcats, Villanova, PA, 1842년, 사립, 10,500명(남자농구: 우승 1, Final Four 4, 크로스: 남 4, 실내 3, 실외 1)

⑩ Xavier: Musketeers, Cincinnati, OH, 1831년, 사립, 6,600명

(3) Mountain West 컨퍼런스(MWC)

창립연도 1999년
본부 Colorado Springs, CO

※ Mountain Division

① Air Force(공사): Falcons, Colorado Springs, CO, 1954년, 연방, 4,420명(Cotton 1, 권투 18, 레슬링 1, 럭비 3)

② Boise State: Broncos, Boise, ID, 1932년, 주립, 21,200명(Fiesta 2)

③ Colorado State: Rams, Fort Collins, CO, 1870년, 주립, 24,900명(라크로스: 남 5, 여 3)

④ New Mexico: Lobos, Albuquerque, NM, 1889년, 주립, 34,700명 (스키 1)

⑤ Utah State: Aggies, Logan, UT, 1888년, 주립, 29,000명(배구1, 소프트볼2)

⑥ Wyoming: Cowboy(girl)s, Laramie, WY, 1886년, 주립, 12,500명, (남자농구 1, 스키 1)

※ West Division

① Fresno State: Bulldogs, Fresno, CA, 1911년, 주립, 25,600명(야구 1, 소프트볼 1)

② Hawaii: Rainbow Warriors(Wahine), Honolulu, HI, 1907년, 주립, 20,100명

③ Nevada: Wolf Pack, Reno, NV, 1874년, 주립, 18,000명

④ San Diego State: Aztecs, San Diego, CA, 1897년, 주립, 33,800명 (배구: 남 1, 럭비 1, 응원 3)

⑤ San Jose State: Spartans, San Jose, CA, 1857년, 주립, 33,800명(골프: 남 1, 여 3, 축구 1, 크로스 2, 권투 3, 육상 1, 유도 45)

⑥ Nevada−Las Vegas(UNLV) : Rebels, Las Vegas, NV, 1957년, 주립, 29,000명(남자농구: 우승 1, Final Four 4, 골프: 남 1)

(4) Mid - American 컨퍼런스(MAC)

창립연도 1946년

본 부 Cleveland, OH

※ East Division

① Akron: Zips, Akron, OH, 1870년, 주립, 29,300명(축구 1, 양궁 1)

② Bowling Green State: Falcons, Bowling Green, OH, 1910년, 주립, 18,800명(아이스 1)

③ SUNY−Buffalo: Bulls, Buffalo, NY, 1846년, 주립, 28,600명

④ Kent State: Golden Flashes, Kent, OH, 1910년, 주립, 24,500명

⑤ Miami U: Red Hawks, Oxford, OH, 1809년, 주립, 20,100명

⑥ Ohio U: Bobcats, Athens, OH, 1804년, 주립, 21,800명

※ West Division

① Ball State: Cardinals, Muncie, IN, 1918년, 주립, 20,100명

② Central Michigan: Chippewas, Mount Pleasant, MI, 1892년, 주립, 28,400명

③ Eastern Michigan: Eagles, Ypsilanti, MI, 1849년, 주립, 23,000명

④ Northern Illinois: Huskies, De Kalb, IL, 1895년, 주립, 25,300명

⑤ Toledo: Rockets, Toledo, OH, 1872년, 주립, 21,600명

⑥ Western Michigan: Broncos, Kalamazoo, MI, 1903년, 주립, 25,000명
(크로스: 남 2)

(5) 컨퍼런스 USA(C - USA)

(창립연도) 1995년
(본부) Irving, TX

※ East Division

① Alabama-Birmingham: Blazers, Birmingham, AL, 주립, 1969년, 18,500명

② Marshall: Thundering Herd, Huntington, WV, 주립, 1837년, 14,200명

③ Southern Mississippi: Golden Eagles, Hattiesburg, MS, 주립, 1910년, 16,500명

④ Middle Tennessee State: Blue Raiders, Murfreesboro, TN, 주립, 1911년, 24,200명(골프: 남 1)

⑤ Florida Atlantic: Owls, Boca Raton, FL, 주립, 1961년, 29,300명

⑥ Florida International: Panthers, Miami,FL, 주립, 1965년, 48,000명

※ West Division

① Louisiana Tech: Bulldogs(Lady Techsters), Ruston, LA, 주립, 1894년, 11,600명(농구: 여 3, 역도: 남 18, 여 15, 비행 1)

② North Texas: Mean Green, Denton, TX, 주립, 1890년, 35,700명(골프: 남 4)

③ Texas-San Antonio: Roadrunners, San Antonio, TX, 1969년, 주립, 31,100명(크로스: 남 1, 여 1)

④ Rice: Owls, Houston, TX, 사립, 1912년, 6,100명(Orange 1, Cotton 3, 야구 1)

⑤ Texas-El Paso: Miners, El Paso, TX, 주립, 1914년, 22,600명(남자 농구: 우승 1, 크로스: 남 7, 실내: 남 7, 실외: 남 6)

⑥ Western Kentucky: Hilltoppers, Bowling Green, KY, 1906년, 주립, 21,000명

※ Non-Football Member

① NC-Charlotte: 49ers, Charlotte, NC, 주립, 1946년, 25,100명(Final Four 1)

② Old Dominion: (Lady)Monarchs, Norfolk, VA, 1930년, 주립, 24,100명

(6) Sunbelt 컨퍼런스

(창립연도) 1976년

(본부) New Orleans, LA

① South Alabama: Jaguars, Mobile, AL, 1963년, 주립, 15,000명

② Troy: Trojans, Troy, AL, 1887년, 주립, 29,700명

③ Arkansas-Little Rock, Trojans, Little Rock, AR, 1927년, 주립, 13,200명

④ Arkansas State: Red Wolves, Jonesboro, AR, 1909년, 주립, 13,400명

⑤ Louisiana-Lafayette: Raging Cajuns, Lafayette, LA, 1898년, 주립, 16,900명

⑥ Louisiana-Monroe: Warhawks, Monroe, LA, 1931년, 주립, 8,700명

⑦ Georgia State: Panthers, Atlanta, GA, 1913년, 주립, 32,000명

⑧ Georgia Southern: Eagles, Statesboro, GA, 1906년, 주립, 20,600명

⑨ Texas-Arlington: Mavericks, Arlington, TX, 1895년, 주립, 33,800명

⑩ Texas State: Bobcats, San Marcos, TX, 1899년, 주립, 34,100명

⑪ Appalachian State: Mountaineers, Boone, NC, 1899년, 주립, 18,000명

⑫ Idaho: Vandals, Moscow, ID, 1889년, 주립, 12,300명

⑬ New Mexico State: Aggies, Las Cruces, NM, 1888년, 주립, 18,500명

(Final Four 1)

세계적 명문대학·대학원

1. 세계 400대 명문대학

　영국의 세계적인 대학 평가기관인 QS의 대학 평가 방법은 그동안 대학의 국제적 학문적 명성 30%, 대학 대표의 국제적 지명도 10%, 교수당 논문 수 15%, 논문당 피인용 수 15%, 교수 대 학생 비율 20%, 외국인 교수 비율 2.5%, 외국인 학생 비율 2.5%, 학생 국내 교류 비율 2.5%, 그리고 학생 외국 교류 비율 2.5%를 반영하여 점수화한 후 결과를 산출하여 해마다 순위를 정하여 발표하였다. 그런데 최근에 이 기관은 평가지표를 약간 바꾸어 논문당 피인용 수 20%, 대학에 대한 학계의 평가 40%, 졸업생 평판도 10%, 교수 대 학생 비율 20%, 국제화 지수 10%(외국인 학생 비율 5%, 그리고 외국인 교수 비율 5%)를 반영하여 평가한다고 발표하였다.

　따라서 여기에 실린 세계 400대 명문대학은 2012년 영국의 세계적인 대학 평가기관 QS가 세계의 대학들을 평가한 결과를 참고하여 정리한 것이다. 동 기관에서는 해마다 자신들의 평가지표에 따라 대학들을 평가하고 또 그 결과에 따라 순위를 매겨 발표한다. 그러나 순위라는 것은 해마다 바뀌고, 또 그 평가지표나 평가결과에 대해서는 누구나 의문을 가질 수 있다. 따라서 여기에서는 A, B, C, D 등 집단으로 묶어 자료를 제시하기로 하였다. 그러나 이것도 필자가 독자들의 편의를 위한 것이지 어떤 명확한 기준을 가지고 분류한 것은 아니다. 따라서 독자 여러분들은 이 점을 고려하여 다음 〈표 4-1〉의 자료를 읽어 주기를 바란다.

표 4-1 세계 400대 명문대학

집단	대학	국가	대학	국가
A	Cambridge	영국	Harvard	미국
	MIT	미국	Yale	미국
	Oxford	영국	Imperial C London	영국
	University C London (UCL)	영국	Chicago	미국
	Pennsylvania	미국	Columbia	미국
	Stanford	미국	Caltech	미국
	Princeton	미국	Michigan	미국
	Cornell	미국	Johns Hopkins	미국
	McGill	캐나다	Zürich 연방공대	스위스
	Duke	미국	Edinburgh	영국
B	Cal-Berkeley	미국	Hong Kong	홍콩
	Toronto	캐나다	Northwestern	미국
	Tokyo	일본	Australian National	호주
	King's C London	영국	국립 Singapore	싱가포르
	Manchester	영국	Bristol	영국
	Melbourne	호주	Kyoto	일본

	ENS Paris (파리고등사범)	프랑스	Cal−Los Angeles (UCLA)	미국
	Lausanne 연방공대 (EPFL)	스위스	École Polytechnique	프랑스
	Chinese U of Hong Kong	홍콩	Sydney	호주
	Brown	미국	Hong Kong과기대 (HKUST)	홍콩
C	Wisconsin	미국	Seoul National (서울대)	한국
	Carnegie Mellon	미국	New York	미국
	Osaka	일본	Peking(북경대)	중국
	Tsinghua(청화대)	중국	Queensland	호주
	New South Wales	호주	Warwick	영국
	British Columbia	캐나다	Copenhagen	덴마크
	Heidelberg	독일	München 공대	독일
	North Carolina	미국	U of Washington	미국
	Tokyo 공대	일본	Nanyang Technological	싱가포르
	Glasgow	영국	Monash	호주
D	Illinois	미국	Müchen(LMU, 뮌헨대)	독일
	Amsterdam	홀란드	London 정경대(LSE)	영국
	Trinity College Dublin	아일랜드	Berlin 자유대	독일
	Birmingham	영국	Leuven 카톨릭대	벨기에
	Geneva	스위스	Boston U	미국
	Tohoku(동북대)	일본	Sheffield	영국
	Western Australia	호주	Nottingham	영국
	Southampton	영국	Texas	미국

	Cal-San Diego	미국	Washington-St Louis	미국
	Aarhus	덴마크	Nagoya	일본
E	Utrecht	홀란드	Aukland	뉴질랜드
	Uppsala	스웨덴	Georgia Tech	미국
	Purdue	미국	Lund	스웨덴
	National Taiwan	대만	Leiden	홀란드
	Helsinki	핀란드	KAIST	한국
	Fudan	중국	Adelaide	호주
	Leeds	영국	Penn State	미국
	Durham	영국	York	영국
	St Andrews	영국	포항공대(POSTECH)	한국
	Dartmouth	미국	Alberta	캐나다
F	Cal-Davis	미국	Minnesota	미국
	Erasmus-Rotterdam	홀란드	Delft 공대(TU Delft)	홀란드
	Freiburg	독일	Zürich	스위스
	Southern Cal	미국	Oslo	노르웨이
	Maastricht	홀란드	Hong Kong 시립대	홍콩
	Ohio State	미국	국립 Lomonosov Moscow	러시아
	Maryland	미국	Emory	미국
	Groningen	홀란드	Pittsburgh	미국
	Rice	미국	Cal-Santa Barbara	미국
	Pierre & Marie Curie	프랑스	Hebrew-Jerusalem	이스라엘
G	Bergen	노르웨이	Kyushu	일본
	Liverpool	영국	Shanghai Jiao Tong	중국
	Louvain 가톨릭대	벨기에	Virginia	미국

	Newcastle	영국	Rochester	미국
	Yonsei	한국	Otago	뉴질랜드
	Vanderbilt	미국	Berlin	독일
	Lyon고등사범 (ENS Lyon)	프랑스	University C Dublin	아일랜드
	Cardiff	영국	Lausanne	스위스
	Montréal	캐나다	Radboud U Nijmegen	홀란드
	Hokkaido	일본	RWTH Aachen	독일
	Aberdeen	영국	Colorado	미국
	Bern	스위스	Queen's	캐나다
	Case Western Reserve	미국	Eindhoven 공대	홀란드
	Karlsruhe	독일	Cal-Irvine	미국
H	Göttingen	독일	Technical U of Denmark	덴마크
	Basel	스위스	Tübingen	독일
	Lancaster	영국	Bonn	독일
	Wien(Vienna)	오스트리아	Cape Town	남아프리카
	Western Ontario	캐나다	Texas A & M	미국
	McMaster	캐나다	Waterloo	캐나다
	Florida	미국	Illinois-Chicago	미국
	Arizona	미국	Michigan State	미국
	Ghent	벨기에	Georgetown	미국
I	Malaya	말레이	Bath	영국
	São Paulo	브라질	국립 Autónoma de México	멕시코
	Chulalongkorn	태국	Queen Mary-London	영국

	Tel Aviv	이스라엘	Tufts	미국
	Wageningen	홀란드	Barcelona	스페인
	Hong Kong Polytechnic	홍콩	Stockholm	스웨덴
	Vrije−Amsterdam	홀란드	KTH, 왕립공대	스웨덴
J	University C Cork	아일랜드	Frankfurt	독일
	Bologna	이태리	Gothenburg	스웨덴
	Waseda	일본	Nanjing	중국
	Tsukuba	일본	Keio	일본
	S & T of China	중국	Korea	한국
	Zhejiang	중국	Iowa	미국
	Queen's−Belfast	영국	Autonoma de Barcelona	스페인
	Leicester	영국	Libre de Bruxelles	벨기에
	Antwerp	벨기에	Sussex	영국
	Dundee	영국	King Saud	사우디
K	Sciences PO, Paris	프랑스	Chalmers 공대	스웨덴
	Hamburg	독일	Vrije U Brussel	벨기에
	Berlin 공대	독일	Paris 4(Sorbonne)	프랑스
	Exeter	영국	Paris−Sud(Paris 11)	프랑스
	Stuttgart	독일	Sapienza−U di Roma	이태리
	Macquarie	호주	Canterbury	뉴질랜드
	National Tsing Hua	대만	Paris1 (Panthéon−Sorbonne)	프랑스
	Reading	영국	Indiana	미국
	Indonesia	인도네시아	인도 Delhi 공대	인도
	Calgary	캐나다	Technion−Israel 공대	이스라엘

L	King Fahd 석유·광물대	사우디	Autonoma de Madrid	스페인
	Notre Dame	미국	Turku	핀란드
	Bombay 공대	인도	Twente	홀란드
	Strasbourg	프랑스	RMIT	호주
	Mahidol	태국	U of Miami	미국
	Vienna	오스트리아	Aalto	핀란드
	Ulm	독일	Dalhousie	캐나다
	Estadual de Campinas	브라질	Rutgers	미국
	Victoria U of Wellington	뉴질랜드	Paris 7(Diderot)	프랑스
	Nürnberg	독일	Darmstadt 공대	독일
M	Surrey	영국	SUNY−Stony Brook	미국
	Hong Kong Baptist	홍콩	Mannheim	독일
	Kyung Hee	한국	Würzburg	독일
	Köln	독일	Kobe	일본
	Hiroshima	일본	Pontificia U Catolica de Chile	칠레
	St Petersburg	러시아	Yeshiva	미국
	Complutense de Madrid	스페인	Grenoble, Joseph Fourier	프랑스
	Massachusetts	미국	Ottawa	캐나다
	South Australia	호주	Curtin 공대	호주
	Sungkyunkwan	한국	Simon Fraser	캐나다
N	East Anglia	영국	Chile	칠레
	Padova	이태리	Loughborough	영국

	Tokyo 과학대	일본	Norwegian 과기대	노르웨이
	Queensland 공대	호주	Sydney 공대	호주
	Wollongong	호주	Buenos Aires	아르헨티나
	Strathclyde	영국	Wake Forest	미국
	Umeå	스웨덴	Liege	벨기에
	Milano	이태리	Charles	체코
	North Carolina State	미국	Politecnico di Milano	이태리
	Kebangsaan Malaysia	말레이	Münster	독일
	Madras 공대	인도	Tokyo 의치대	일본
	Kiel	독일	Tulane	미국
	École des Ponts, Paris Tech	프랑스	National Cheng Kung	대만
	Cal−Santa Cruz	미국	Utah	미국
	Iowa State	미국	Innsbruck	오스트리아
O	Newcastle	호주	Victoria	캐나다
	Royal Holloway−London	영국	Rensselaer 공대	미국
	Hawaii	미국	George Washington	미국
	Konstanz	독일	국립 Ireland	아일랜드
	Flinders	호주	American−Beirut	레바논
	Beijing Normal	중국	National Yang Ming	대만
	Oriental & African Studies	영국	Oulu	핀란드
P	Eastern Finland	핀란드	Kanpur 공대	인도
	National Chiao Tung	대만	Pompeu Fabra	스페인
	Bordeaux 1(S & T)	프랑스	Jyvaskyla	핀란드
	Southern Denmark	덴마크	Düsseldorf	독일

	Troms ø	노르웨이	Hanyang	한국
	Essex	영국	Laval	캐나다
	La Trobe	호주	Brandeis	미국
	Paris 5(Descartes)	프랑스	Monterrey 공대	멕시코
	Mainz(구텐베르크 대)	독일	Pisa	이태리
	Chiba	일본	Paris−Dauphine	프랑스
	Cal−Riverside	미국	Dublin City	아일랜드
	Virginia Tech	미국	Saarland	독일
Q	Massey	뉴질랜드	Montpellier 2(S & T)	프랑스
	Bochum	독일	Philippines	필리핀
	Leipzig	독일	Aston	영국
	Sains Malaysia	말레이	Arizona State	미국
	SUNY−Buffalo	미국	United Arab Emirates	아랍연방
	Cincinnati	미국	Dresden 공대	독일
	Kharagpur 공대	인도	Gaujan Mada	인도네시아
	Tasmania	호주	Ewha Woman's	한국
	Toulouse 3 (Paul Sabatier)	프랑스	Griffith	호주
	Carlos III de Madrid	스페인	Regensburg	독일
R	Boston College	미국	Lyon 1 (Claude Bernard)	프랑스
	Brunel	영국	James Cook	호주
	Austral	아르헨티나	Washington State	미국
	Bielefeld	독일	London 시립대	영국
	Waikato	뉴질랜드	Putra Malaysia	말레이
	Marburg	독일	Ateneo de Manila	필리핀

	Firenze	이태리	Aalborg	덴마크
	Colorado State	미국	York U	캐나다
	Connecticut	미국	Graz	오스트리아
	Bremen	독일	St Gallen	스위스
	London-Birkbeck	영국	King Abdul Aziz	사우디
S	Missouri	미국	Central European	헝가리
	Taipei Medical	대만	Catalunya 공대	스페인
	Navarra	스페인	Jena	독일
	Sultan Qaboos	오만	Illinois Tech	미국
	Bauman Moscow 국립공대	러시아	Roma-Tor Vergata	이태리
	연방 Rio de Janeiro	브라질	Xian Jiaotong	중국
	Kentucky	미국	Pavia	이태리
	Ben Gurion-Negev	이스라엘	Georgia	미국
	Athens(아테네 대)	그리스	Santa Maria de los Buenos Aires	황립 아르헨티나 가톨릭대
T	Moscow 국립 국제관계대	러시아	Tampere	핀란드
	Tennessee	미국	Sogang	한국
	Jagiellorian	폴란드	Lisbon	포르투갈
	Lille 1	프랑스	Bayreuth	독일
	Manitoba	캐나다	Delhi	인도
	Witwaterstrand	남아프리카	Novosbirsk State	러시아

2. 아시아 100대 명문대학

여기에 실린 아시아 100대 명문대학은 영국의 세계적인 대학 평가 기관인 QS 사와 자매기관인 한국의 조선일보가 QS 사의 세계 대학 평가지표를 고려하여 2012년 아시아의 대학들을 평가한 결과를 참고하여 정리한 것이다. 동 지에서는 해마다 자신들의 평가지표에 따라 아시아의 대학들을 평가하고 그 결과에 따라 순위를 매겨 발표한다. 그러나 순위라는 것은 해마다 바뀌고, 또 그 평가지표나 평가결과에 대해 누구나 의문을 가질 수 있다. 따라서 여기에서는 A, B, C, D 등 집단으로 묶어 자료를 제시하기로 하였다. 그러나 이것도 필자가 독자들의 편의를 위해서 한 것이지 어떤 명확한 기준을 가지고 한 것은 아니다. 따라서 독자 여러분들은 이 점을 고려하여 다음 〈표 4-2〉의 자료를 검토해 주기를 바라는 바다.

표 4-2 아시아 100대 명문대학

집단	대학명	국가
A	Hong Kong U of S & T(HKUST, 홍콩 과기대)	홍콩
	Hong Kong(HKU, 홍콩대)	홍콩
	National U of Singapore(NSU, 국립 싱가포르대)	싱가포르
	Tokyo(도쿄대, 동경대)	일본
	Chinese U of Hong Kong(CUHK, 중국 홍콩대)	홍콩
	Seoul National(SNU, 서울대)	한국
	Kyoto(교토대, 경도대)	일본
	Osaka(오사카대, 대판대)	일본
	Tohoku(도호쿠대, 동북대)	일본

Tokyo Institute of Technology(도쿄공대, 동경공대)		일본
Korea Advanced Institute of S & T(KAIST, 과기대)		한국
Pohang U of Science & Technology(POSTECH, 포항공대)		한국
Peking(베이칭대, 북경대)		중국
Nagoya(나고야대)		일본
City U of Hong Kong(홍콩 시립대)		홍콩
Tsinghua(칭화대, 청화대)		중국
Nanyang Technological(NTU, 난양 이공대, 남양 이공대)		싱가포르
Kyushu(큐슈대)		일본
Yonsei(연세대)		한국
Hokkaido(홋카이도대, 북해도대)		일본
Fudan(후단대, 복단대)		중국
National Taiwan(NTU, 타이완대, 대만대)		대만
Tsukuba(쓰쿠바대)		일본
Keio(게이오대, 경응대)		일본
Science and Technology of China(중국 과기대)		중국
Korea(고려대)		한국
Sungkyungwan(성균관대)		한국
Zhejiang(저쟝대, 절강대)		중국
Nanjing(난징대, 남경대)	B	중국
Hong Kong Polytechnic(홍콩 이공대)		홍콩
National Tsing Hua(국립 칭화대, 청화대)		대만
National Cheng Kung(국립 청쿵대, 성공대)		대만
Shanghai Jiao Tong(SJTU, 상하이 쟈오통대, 교통대)		중국
Mahidol(마히돌대)		태국
Kobe(코베대)		일본
Indian Kanpur 공대(IITK, 인도 칸푸르 공대)		인도

	Indian Delhi 공대(IITD, 인도 델리 공대)	인도
	Indian Bombay 공대(IITB, 인도 봄베이 공대)	인도
	Malaya(말라야대)	말레이시아
	National Yang Ming(국립 양밍대, 양명대)	대만
	Hiroshima(히로시마대, 광도대)	일본
	Kyung Hee(경희대)	한국
	Indian Madras 공대(IITM, 인도 마드라스 공대)	인도
	Hanyang(한양대)	한국
	Ewha Woman's(이화여대)	한국
	Waseda(와세다대, 조도전대)	일본
	Chulalongkorn(출라롱콘대)	태국
	Indian Khragpur 공대(IITKGP, 인도 카락푸르 공대)	인도
	Hong Kong Baptist(홍콩 침례대)	홍콩
C	Indonesia(인도네시아대)	인도네시아
	Chiba(치바대)	일본
	National Chiao Tung(국립 챠오퉁대, 교통대)	대만
	Universiti Kebangsaan Malaysia(말레이 케방산대)	말레이시아
	Universiti Sains Malaysia(말레이 사인스대)	말레이시아
	Sogang(서강대)	한국
	Indian Roorkee 공대(IITR, 인도 루르키 공대)	인도
	Universiti Putra Malaysia(UPM, 말레이 푸트라대)	말레이
	Osaka City(오사카 시립대, 대판 시립대)	일본
	National Central(국립 중앙대)	대만
	Tokyo U of Science(TUS, 토쿄과학대, 동경 과학대)	일본
	Kyungpook National(경북대)	한국
D	National Taiwan U of Science & Technology (국립 대만 과기대)	대만

U of the Philippines(필리핀대)	필리핀
Bejing Normal(베이징 사범대, 북경사대)	중국
Ateneo de Manila(마닐라 아테네오대)	필리핀
Pusan National(부산대)	한국
Chiang Mai(치앙마이대)	태국
Tongji(통지대, 동제대)	중국
Kumamoto(구마모토대)	일본
National Sun Yat-sen(국립 순 얏센 대, 중산대)	대만
Nagasaki(나가사키대)	일본
Xi'an Jiaotong(시안 자오통대, 서안교통대)	중국
Nankai(난카이대)	중국
Tianjin(톈진대, 천진대)	중국
Tokyo Metropolitan(도쿄 메트로폴리탄대, 동경 수도대)	일본
Universiti Teknologi Malaysia(UTM, 말레이 공대)	말레이지아
Kanazawa(가나자와대)	일본
Delhi(델리대)	인도
Okayama(오카야마대)	일본
Universitas Gadjah Mada(가쟈 마다대)	인도네시아
Yokohama National(국립 요코하마대)	일본
Indian Guwahati 공대(인도 구와하티 공대)	인도
Tokyo Medical and Dental University(도쿄의치대)	일본
National U of S & T(NUST) Islamabad (국립 이슬라마바드 공대)	파키스탄
Sun Yat-sen(순얏센대, 중산대)	중국
Airlangga(에어랑가대)	인도네시아
Inha(인하대)	한국
Thammasat(타마사트대)	태국

Chang Gung(창궁대, 장경대)	대만
The Catholic U of Korea(한국 카톨릭대)	한국
Taipei Medical(타이페이 의대, 대북의대)	대만
Yokohama City(요코하마 시립대)	일본
Chung-Ang(중앙대)	한국
Gifu(기후대)	일본
Prince of Songkla(송클라 왕자대)	태국
Shandong(산동대, 산동대)	중국
Chonnam National(전남대)	한국
Bandung Institute of Technology(ITB, 반둥 공대)	인도네시아
Gunma(군마대)	일본
National Chung Hsing(국립 충싱대, 중흥대)	대만

3. 미국의 100대 명문 종합대학

영국의 세계적인 대학 평가기관인 QS(Quacquarelli Symonds)의 대학
평가방법은 그동안 대학의 국제적·학문적 명성 30%, 대학 대표의 국제
적 지명도 10%, 교수당 논문 수 15%, 논문당 피인용 수 15%, 교수 대 학
생 비율 20%, 외국인 교수 비율 2.5%, 외국인 학생 비율 2.5%, 학생 국내
교류 비율 2.5%, 그리고 학생 외국 교류 비율 2.5%를 반영하여 점수화한
후 결과를 산출하여 해마다 순위를 정하여 발표하였다. 최근에 이 기관
은 평가지표를 약간 바꾸어 논문당 피인용 수 20%, 대학에 대한 학계의
평가 40%, 졸업생 평판도 10%, 교수 대 학생 비율 20%, 국제화 지수
10%(외국인 학생 비율 5%, 그리고 외국인 교수 비율 5%)를 반영하여 평가한

다고 보고된 바 있다.

한편, 여기에 실린 미국의 100대 명문 종합대학은 2012년 *US News & World Report* 가 자매기관인 영국의 QS와 비슷한 방식으로 대학들을 평가한 결과를 참고하여 정리한 것이다. *US News & World Report* 에서는 해마다 해당 대학의 학문적 명성, 대학총장의 지도성, 교수-학생 비율, 외국인 교수, 외국인 학생, 논문당 피인용 정도를 각각 100점을 만점으로 하여 평가한 다음, 다시 이를 전체적으로 100점 만점으로 환산하여 점수를 산출한 후 그에 따라 순위를 매겨 발표한다.

그러나 양 기관의 평가지표를 보면 그 수가 너무 적고 또한 단순하다는 느낌이 든다. 특히 미국의 명문 연구중심 종합대학들의 모임인 미국대학협의회, 즉 AAU의 대학 평가지표와 비교하면 더욱 그렇다. 그 결과 AAU의 회원교가 되지 못하는 대학들이 이 두 기관들의 평가에서는 AAU의 회원교보다 순위에서 앞서는 일이 종종 발생한다. 그만큼 이 기관들의 평가결과는 그 타당도와 신뢰도에 의문을 제기할 수 있다.

그러나 이 기관들은 국제적 명성을 가지고 있고 또 그 평가결과는 해마다 언론에 발표되어 큰 방향을 일으킨다. 따라서 그 결과를 완전히 무시할 수도 없는 형편이다. 그런데 이 기관들이 발표하는 순위라는 것은 해마다 바뀌고, 또 그 평가지표나 평가결과에 대해 의문을 가질 수도 있으므로 여기에서는 이들의 평가결과를 참고하되, 순위 대신 A, B, C, D 등 집단으로 묶어 자료를 제시하기로 하였다. 그러나 이것도 필자가 독자들의 편의를 위해서 한 것이지 어떤 명확한 기준을 가지고 한 것은 아니다. 따라서 독자 여러분들은 이 점을 고려하여 다음의 자료〈표 4-3〉을 일별해 주기를 바라는 바다.

표 4-3 미국의 100대 명문 종합대학

집단	대학	
A	Harvard	Princeton
	Yale	Columbia
	Chicago	MIT
	Stanford	Duke
	Pennsylvania	Cal Tech
	Dartmouth	Northwestern
	Johns Hopkins	Washington−St Louis
	Brown	Cornell
	Rice	Notre Dame
	Vanderbilt	Emory
B	Georgetown	Cal−Berkeley
	Carnegie Mellon	Cal−Los Angeles
	Southern Cal	Virginia
	Wake Forest	Tufts
	Michigan	North Carolina
	Boston C*	New York
	Brandeis	William & Mary
	Rochester	Georgia Tech
	Case Western Reserve	Lehigh
	Cal−Davis	Cal−San Diego
C	Rensselaer	Cal−Santa Barbara
	Wisconsin	Cal−Irvine
	U* of Miami	Penn State
	Texas	Illinois
	U of Washington	Yeshiva

	Boston U*	George Washington
	Tulane	Pepperdine
	Florida	Northeastern
	Ohio State	Fordham
	Southern Methodist	Syracuse
	Maryland	Pittsburgh
	Georgia	Connecticut
	Purdue	Texas A & M
	Worcester Tech	Brigham Young
D	Clemson	Rutgers
	Minnesota	Michigan State
	Iowa	Virginia Tech
	Stevens Tech	Delaware
	American	Colorado S* of Mines
	SUNY−Environmental S & T*	Alabama
	Cal−Santa Cruz	Clark
	Missouri	Indiana
	Marquette	Denver
	Tulsa	Auburn
	SUNY−Binghamton&	Miami U*
E	St Louis	SUNY**−Stony Brook
	Texas Christian	San Diego
	Vermont	Florida State
	Colorado	Massachusetts
	Drexel	−

* 여기에서 U는 University, S는 경우에 따라 School 또는 Science, C는 Center 또는 College, 그리고 T는 Technology를 가리킴.

** SUNY는 State University of New York의 약자로서 뉴욕주립대학을 가리킴.

4. 미국의 100대 명문 인문대학

미국의 대학사회의 경우, 우리에게는 낯선 인문대학 내지는 문리과대학들이 많이 있다. 우리가 잘 알고 있는 대학들이란 대체로 유명한 종합들이다. 그런데 미국의 인문대학이나 문리과대학들 가운데는 종합대학에 비해 규모는 작지만, 대단히 알차고 경우에 따라서는 종합대학들을 능가하는 대학들이 많이 있다. 이들은 대체로 교명에 college를 붙이지만, 경우에 따라서는 university를 붙이기도 한다.

여기에 싣는 미국의 100대 명문 인문대학은 2012년에 실시된 *US News & World Report* 의 미국 대학 평가결과를 주로 참고하였다. 동 지에서는 해마다 해당 대학의 학문적 명성, 대학총장의 지도성, 교수–학생 비율, 외국인 교수, 외국인 학생, 논문당 피인용 정도를 각각 100점을 만점으로 하여 평가한 다음, 다시 이를 전체적으로 100점 만점으로 환산하여 점수를 산출한 후 그에 따라 해마다 순위를 매겨 발표한다. 그러나 순위라는 것은 해마다 바뀌고, 또 그 평가지표나 평가결과에 대해 누구나 의문을 가질 수 있다. 여기에서는 A, B, C, D 등 집단으로 묶어 자료를 제시하기로 하였다. 그러나 이것도 필자가 독자들의 편의를 위해서 한 것이지 어떤 명확한 기준을 가지고 한 것은 아니다. 따라서 독자 여러분들은 이 점을 고려하여 다음 〈표 4–4〉의 자료를 읽어 주기를 바란다.

표 4–4 미국의 100대 명문 인문대학

집단	대학	
A	Williams College	Amherst College
	Swarthmore College	Middlebury College
	Pomona College	Bowdoin College

	Wellesley College*	Carleton College
	Haverford College	Claremont McKenna College
	Vassar College*	Davidson College
	Harvey Mudd College	US Naval Academy
	Washington & Lee U	Hamilton College
	Wesleyan University	Colby College
	Colgate University	Smith College*
	US Military Academy	Bates College
	Grinnell College	Macalester College
	Scripps College	Byrn Mawr College*
	Oberlin College	Barnard College*
B	Colorado College	University of Richmond
	US Air Force Academy	Bucknell University
	College of Holy Cross	Kenyon College
	Mt Holyoke College*	Bard College
	Sewanee University	Trinity College
	Lafayette College	Occidental College
	Connecticut College	Union College
	Pitzer College	Skidmore College
	Whitman College	Dickinson College
	Franklin & Marshall College	Gettysburg College
C	Denison College	Furman University
	Soka University of America	Centre College
	Rhodes College	DePauw University
	St Olaf College	Lawrence University
	St Lawrence University	Wabash College

	Wheaton College	Hobart & William Smith College
	Southwestern University	Wheaton College
	Austin College	Beloit College
	College of Wooster	Willamette University
	Wofford College	Kalamazoo College
D	Spelman College	Hendrix College
	Illinois Wesleyan University	Lewis & Clark College
	Muhlenberg College	Virginia Military Institute
	Agnes Scott College	Berea College
	Knox College	Reed College
	Saint John's University	Transylvania University
	Ursinus College	Allegheny College
	Earlham College	Thomas Aquinas College
	Gustavus Adolphus College	University of Puget Sound
	New College of Florida	St Mary's College
E	St Mary's College of Maryland	College of the Atlantic
	Cornell College	Millsaps College
	St Michael's College	Washington & Jefferson College
	Westmont College	Augustana College
	College of St Benedict	Hillsdale College
	Washington College	Bennington College

* Seven Sisters: 원래 Barnard(Columbia), Bryn Mawr(Penn, Princeton), Mount Holyoke (Dartmouth), Radcliffe, Smith(Yale), Vassar(Yale), Wellesley(MIT, Harvard)의 여자 7대 명문대학을 가리킴. 이 중 Radcliffe는 Harvard와 통합되고, Vassar는 남녀공학으로 바뀜. 괄호 안은 자매결연 대학임.

5. 미국의 전공별 명문대학원

여기에 실린 미국의 전공별 명문대학원은 2012년 *US News & World Report*의 평가결과를 주로 참고하고, 그 외에 (graduate-school.phds.org), (world-newspapers.com), (the bestcolleges.org), (education-portal.com), (campusexplore.com), (socialpsychology.org), (US Dental Schools.com), (US College Rankings) 등에 나타난 자료를 참고하여 정리한 것이다. 그러나 순위라는 것은 해마다 바뀌고, 또 그 평가지표나 평가결과에 대해 누구나 의문을 가질 수 있다.

따라서 여기에서는 A, B, C, D 등 집단으로 묶어 자료를 제시하기로 하였다. 그러나 이것도 필자가 독자들의 편의를 위해서 한 것이지 어떤 명확한 기준을 가지고 한 것은 아니다. 따라서 독자 여러분들은 이 점을 고려하여 다음 자료를 검토해 주기를 바라는 바다. 표가 많아 번거로우므로 표에 번호를 붙이지 않았다.

1) 경영대학원

집단	대학	
A	Harvard	Stanford
	Pennsylvania	MIT
	Northwestern	Chicago
	California	Columbia
	Dartmouth	Yale
	New York	Duke
	Michigan	Virginia
	UCLA	Cornell

	Texas	Carnegie Mellon
	Emory	North Carolina
B	Southern Cal	Washington-St Louis
	Indiana	Georgetown
	Ohio State	Rice
	Notre Dame	Wisconsin
	Vanderbilt	Arizona State
	Minnesota	Georgia Tech
	Brigham Young	Washington
	Cal-Davis	Boston C
	Boston U	Illinois
	Rochester	Texas-Dallas
C	Purdue	Tulane
	Michigan State	Penn State
	Florida	Maryland
	Wake Forest	Cal-Irvine
	owa	Arkansas
	Case Western Reserve	Temple
	Southern Methodist	Missouri
	Northeastern	George Washington
	Arizona	Georgia
	Massachusetts	Babson College
D	Connecticut	Rutgers
	Baylor	Iowa State
	South Carolina	Tennessee
	Syracuse	Pittsburgh

	William & Mary	De Paul
	Rensselaer	Texas Christian
	U of Miami	Bentley
	Claremont Graduate	Thunderbird Global Management
	Miami U	NC State
	Alabama	Louisiana State
	Pepperdine	Saint Louis
	Colorado	Oklahoma
	Utah	Virginia Tech
	Auburn	Fordham
E	SUNY-Buffalo	Howard
	Houston	Oregon
	American	Rochester Tech
	Kentucky	Chapman
	Clarkson	CUNY-Bernard M. Baruch[1]
	Cal-Riverside	−

1) CUNY는 City University of Now York(뉴욕 시립대학)의 약자임.

2) 법률대학원

집단	대학	
	Yale	Stanford
	Harvard	Columbia
A	Chicago	New York
	California	Pennsylvania
	Virginia	Michigan

	Duke	Northwestern
	Georgetown	Cornell
	UCLA	Texas
	Vanderbilt	Southern Cal
	Minnesota	U of Washington
B	George Washington	Notre Dame
	Washington–St Louis	Emory
	Washington & Lee	Arizona State
	Boston U	Indiana
	Boston C	Fordham
	Alabama	Iowa
	Cal–Davis	Georgia
	William & Mary	Illinois
	Wisconsin	North Carolina
	Brigham Young	George Mason
C	Ohio State	Maryland
	Arizona	California
	Colorado	Wake Forest
	Utah	Florida
	Pepperdine	Baylor
	Florida State	Loyola Marymount
	Southern Methodist	Tulane
	Yeshiva	Houston
	Georgia State	Lewis & Clark
	Temple	Richmond
D	Illinois Tech	Connecticut

집단	대학	
	Kentucky	Brooklyn Law
	San Diego	Loyola−Chicago
	Case Western Reserve	Seton Hall
	Cincinnati	Denver
	U of Miami	New Mexico
	Pittsburgh	Tennessee
	Northeastern	Penn State
	Nevada−Las Vegas	Louisiana State
	Saint John's	Missouri
E	Catholic U of America	Michigan State
	Rutgers	Seattle
	SUNY−Buffalo	Oklahoma
	Oregon	De Paul
	Hofstra	Arkansas
	Kansas	Louisville
	Nebraska	Marquette
	Santa Clara	Syracuse
	Rutgers−Camden	Tulsa

3) 의학대학원

집단	대학	
A	Harvard	Johns Hopkins
	Pennsylvania	Stanford
	Cal−San Francisco	Washington−St Louis
	Yale	Columbia

	Duke	Chicago
	Michigan	U of Washington
	UCLA	Vanderbilt
	Pittsburgh	Cornell
	Cal-San Diego	Mount Sinai
	Northwestern	Texas-SW Medical Center
B	Baylor	Emory
	North Carolina	Case Western Reserve
	Virginia	New York
	Mayo Medical School	Wisconsin
	Iowa	Rochester
	Boston U	Dartmouth
	Alabama-Birmingham	Southern Cal
	Brown	Colorado-Denver
	Oregon Health & Science	Maryland
	Ohio State	Minnesota
C	Yeshiva	Cal-Davis
	Wake Forest	Tufts
	Cincinnati	Cal-Irvine
	Temple	Georgetown
	Indiana-Indianapolis	Florida
	Massachusetts-Worcester	Utah
	Medical School of Wisconsin	U of Miami
	George Washington	Texas H S C-Houston[1]
	Jefferson Medical	Medical U of South Carolina
	SUNY-Stony Brook	SUNY-Buffalo

D	Vermont	Rush
	Uniformed Services U of the H S	Connecticut
	Illinois−Chicago	Nebraska
	Kentucky	Texas H S C−San Antonio
	Georgia Health Sciences	St Louis
	Virginia Commonwealth	Kansas
	Oklahoma	Missouri
	Louisville	South Florida
	Wayne State	Arizona
	Tennessee	Creighton
E	Hawaii	M & D of New Jersey[2]
	Michigan State	Texas A & M
	New Mexico	Drexel
	Nevada	South Carolina
	South Dakota	West Virginia
	East Carolina	Florida State
	Mercer	Lincoln Memorial
	New York Medical	−

1) 여기에서 HSC는 Health Sciences Center의 약자임.
2) M & D는 Medicine & Dentistry의 약자임.

4) 공학(전체)

집단	대학	
A	MIT	Stanford
	Cal−Berkeley	Georgia Tech
	Caltech	Illinois

	Carnegie Mellon	Michigan
	Texas	Cornell
	Purdue	Texas A&M
	Southern Cal	Cal-San Diego
	Columbia	UCLA
	Wisconsin	Maryland
	Harvard	Northwestern
B	Princeton	Cal-Santa Barbara
	Pennsylvania	Virginia Tech
	Penn State	Johns Hopkins
	U of Washington	Duke
	Minnesota	Ohio State
	NC State	Rice
	Cal-Davis	Yale
	Florida	Colorado
	Vanderbilt	Boston U
	Cal-Irvine	Virginia
C	Rochester	Rensselaer
	Arizona State	Iowa State
	Lehigh	Brown
	Case Western Reserve	Pittsburgh
	Michigan State	Rutgers
	Arizona	Notre Dame
	Washington-SL	SUNY-Buffalo
	Utah	SUNY-Stony Brook
	Delaware	Iowa

	Massachusetts	Dartmouth	
D	Dayton	Northeastern	
	Colorado S of Mines	Cal−Riverside	
	Connecticut	Illinois−Chicago	
	Auburn	Colorado State	
	Drexel	New York Polytechnic	
	Tennessee	Illinois Tech	
	Central Florida	Stevens Tech	
	Syracuse	Tufts	
	Clemson	Houston	
	Texas−Dallas	Missouri	
E	Cincinnati	Mississippi State	
	Missouri S & T	Oregon State	
	North Carolina	Washington State	
	Cal−Santa Cruz	Michigan Tech	
	Rochester Tech	Alabama−Huntsville	
	New Mexico	Texas−Arlington	
	George Washington	Kansas State	
	Louisiana State	New Jersey Tech	
	Texas Tech	Nebraska	
	South Carolina	Worcester Polytechnic	

(1) 전기 및 전자 공학

집단	대학	
A	Princeton	Stanford
	Harvard	Caltech

Cal−Santa Barbara	Illinois
MIT	Cal−Berkeley
Purdue	Arkansas
Michigan	Cal−Los Angeles
Yale	Georgia Tech
Central Florida	Iowa State
Northwestern	Minnesota
Vanderbilt	Duke
Carnegie Mellon	Cornell
Cal−San Diego	Wisconsin
South Carolina	Oregon Health & Science
Arizona State	Johns Hopkins
Cal−Riverside	Cal−Santa Cruz
Penn State	Dayton
Connecticut	Boston U
Drexel	Rice
U of Washington	Virginia Tech
Rochester	Michigan State
Ohio State	Pennsylvania
Brown	Pittsburgh
U of Miami	Rensselaer
Texas A & M	Virginia
Notre Dame	Kentucky
Case Western Reserve	Central Florida
Texas	Columbia
Mississippi	Maryland

B 는 "Vanderbilt"에서 "Rochester"까지, C 는 "Ohio State"에서 "Mississippi"까지

	Massachusetts	New Mexico
	Iowa	North Carolina
D	SUNY-Stony Brook	Nebraska
	Utah	Cal-Davis
	Colorado State	Houston
	Florida	Colorado
	Washington-St Louis	Lehigh
	New Jersey Tech	Oregon State
	Southern Cal	Cincinnati
	Louisville	Old Dominion
	Kansas	Wyoming
	Delaware	Clemson
E	Auburn	Marquette
	Illinois-Chicago	Tufts
	NC State	Rutgers
	Texas-Dallas	Northeastern
	Tennessee	Toledo
	Michigan Tech	Southern Methodist
	Akron	Kansas State
	New Mexico State	Virginia Commonwealth
	Cal-Irvine	Howard
	Alabama-Huntsville	Arizona
	Texas Tech	CUNY
	Louisiana State	Missouri S & T
	Syracuse	Wayne State
	Catholic U of America	SUNY-Buffalo

집단	대학	
	Clarkson	Washington State
	Missouri	Ohio
	Oklahoma	Southern Illinois

(2) 기계공학

집단	대학	
A	Caltech	Brown
	Northwestern	Stanford
	Princeton	MIT
	Cal-Berkeley	Michigan
	Cal-Santa Barbara	Illinois
	Johns Hopkins	Minnesota
	Duke	Cal-San Diego
	Colorado	Rice
	Cornell	Purdue
	Georgia Tech	Florida State
B	Carnegie Mellon	Penn State
	Drexel	Washington State
	Arizona State	Maryland
	Rensselaer	Pennsylvania
	Rochester	Yale
	Central Florida	Louisville
	U of Washington	Cal-Riverside
	Cal-San Diego	Pittsburgh
	Wisconsin	Tufts
	Kansas	South Carolina

C	Iowa	San Diego State
	Texas A & M	Mississippi State
	Case Western Reserve	SUNY−Buffalo
	SUNY−Stony Brook	North Carolina
	Michigan State	Texas
	Virginia	Vanderbilt
	Virginia Tech	Cal−Los Angeles
	Florida International	NC State
	Notre Dame	Ohio State
	Cal−Irvine	CUNY
D	Nebraska	Toledo
	Columbia	Delaware
	Tennessee	Maryland−Baltimore
	Cincinnati	Illinois−Chicago
	Kentucky	Louisiana State
	Virginia Commonwealth	U of Miami
	SUNY−Binghamton	Syracuse
	Florida	Houston
	Michigan Tech	Nevada
	Auburn	Cal−Davis
E	Massachusetts	Idaho
	Washington−St Louis	Oklahoma State
	Oregon State	Missouri
	Catholic U of America	Florida Atlantic
	Iowa State	Western Michigan
	Lehigh	Clemson

Dayton	Northeastern
Old Dominion	Memphis
Boston U	Rutgers
Alabama	Akron
South Florida	Southern Cal
Kansas State	New Mexico
Missouri S & T	New Jersey Tech
Southern Methodist	Colorado State
New Mexico State	Brigham Young
Oklahoma	Utah
Clarkson	Illinois Tech
Connecticut	Southern Illinois
George Washington	–

(3) 토목 및 환경공학

집단	대학	
A	Yale	Cal-Berkeley
	Princeton	MIT
	Stanford	Georgia Tech
	Penn State	Cincinnati
	Illinois	Michigan
	Northwestern	Notre Dame
	Carnegie Mellon	Cal-Davis
	Texas	Caltech
	Wisconsin	Rice
	Vermont	Washington State

B	Purdue	Minnesota
	Cal-San Diego	Connecticut
	Southern Cal	Rensselaer
	Texas A & M	Colorado
	Washington-St Louis	Virginia Tech
	Delaware	Iowa
	Arizona State	Tufts
	Cal-Irvine	Cal-Los Angeles
	Pittsburgh	Clemson
	Tennessee	Vanderbilt
C	Cornell	Massachusetts
	Michigan State	Johns Hopkins
	Maryland	New Hampshire
	U of Washington	Florida
	Florida International	Hawaii
	Virginia	Lehigh
	Duke	Arizona
	Kansas	Alabama
	SUNY-Buffalo	Central Florida
	Louisville	Oklahoma
D	Arkansas	Utah State
	New Jersey Tech	Case Western Reserve
	Southern Illinois	Syracuse
	Auburn	Oregon State
	Iowa State	North Dakota State
	Missouri	CUNY

집단	대학	
E	Michigan Tech	Rutgers
	Northeastern	Kansas State
	NC State	Kentucky
	Clarkson	Drexel
	South Florida	Houston
	Columbia	Nevada
	Akron	New Mexico
	Louisiana State	George Washington
	Alabama—Birmingham	Alabama—Huntsville
	Wisconsin—Milwaukee	Toledo

(4) 화학공학

집단	대학	
A	Caltech	MIT
	Cal—Berkeley	Texas
	Cal—Santa Barbara	Princeton
	Michigan	Delaware
	Minnesota	Illinois
	Wisconsin	Carnegie Mellon
	Stanford	Northwestern
	Johns Hopkins	Pennsylvania
	Purdue	Yale
	Georgia Tech	Cornell
B	Penn State	Cal—Davis
	Rensselaer	Vanderbilt
	Colorado	Lehigh

	Oklahoma	Rice
	SUNY-Buffalo	Virginia
	Massachusetts	Notre Dame
	Houston	NC State
	Cal-Riverside	Rochester
	Drexel	Brown
	Connecticut	Ohio State
	Mississippi State	U of Washington
	CUNY	South Carolina
	Virginia Tech	Texas A & M
	Cal-Los Angeles	Iowa State
C	Columbia	Tufts
	Cal-Irvine	Kansas State
	Kentucky	Pittsburgh
	Washington-Saint Louis	Arizona State
	Michigan State	Maryland
	Clemson	Southern Cal
	Rutgers	Clarkson
	Wayne State	New Mexico
	Colorado State	Florida
	Tulane	Illinois Tech
D	Iowa	Case Western Reserve
	Alabama	Arizona
	Washington State	Wayne State
	Tennessee	Virginia Commonwealth
	Louisiana State	Northeastern

E	Akron	Maryland-Baltimore
	Syracuse	Auburn
	Utah	Kansas
	Cincinnati	Texas Tech
	South Florida	Michigan Tech
	Arkansas	Oklahoma State
	Ohio	Illinois-Chicago
	New Jersey Tech	Toledo
	Missouri S & T	Western Michigan
	Missouri	Oregon State
	Louisville	New Mexico State

5) 교육학

집단	대학	
A	Vanderbilt	Harvard
	Texas	Stanford
	Columbia	Johns Hopkins
	UCLA	Oregon
	Northwestern	Pennsylvania
	Wisconsin	Michigan
	California	U of Washington
	Southern Cal	Michigan State
	New York	Boston C
	Ohio State	Kansas

B	Indiana	Illinois
	Virginia	Pittsburgh
	Utah State	Arizona State
	Penn State	Maryland
	Minnesota	Delaware
	Virginia Commonwealth	Connecticut
	Iowa	Florida
	Nebraska	North Carolina
	Purdue	Texas A&M
	Colorado	Georgia
C	Illinois-Chicago	George Washington
	William & Mary	Cal-Irvine
	Washington-St Louis	Lehigh
	Rutgers	Syracuse
	Hawaii	Tennessee
	Arizona	Massachusetts
	Boston U	Florida State
	Temple	SUNY-Albany
	U of Miami	Missouri
	Cincinnati	NC-Greensboro
D	Georgia State	Kentucky
	American	Cal-Davis
	Cal-Santa Barbara	Vermont
	Fordham	Southern Illinois
	Cal-Riverside	Wisconsin-Milwaukee
	Cal-Santa Cruz	Utah

George Mason	Miami U
NC State	Louisville
Auburn	San Diego State
Clemson	Marquette
Oklahoma State	Alabama
Loyola Marymount	Ball State
Baylor	CUNY
Illinois State	Saint John's
NC Charlotte	South Florida
Washington State	Iowa State
Ohio	SUNY-Buffalo
Alabama-Birmingham	Idaho
Mississippi	Oklahoma
Kansas State	Louisiana State

(집단 E)

6) 심리학(전체)

집단	대학	
A	Stanford	Cal-Berkeley
	Harvard	UCLA
	Michigan	Yale
	Illinois	Princeton
	Minnesota	Wisconsin
	MIT	Pennsylvania
	North Carolina	Texas
	U of Washington	Washington-St Louis

	Carnegie Mellon	Columbia
	Cornell	Northwestern
B	Ohio State	Cal-San Diego
	Duke	Indiana
	Johns Hopkins	Cal-Davis
	Chicago	Virginia
	Brown	New York
	Penn State	Cal-Irvine
	Colorado	Iowa
	Vanderbilt	Arizona State
	Emory	Oregon
	Pittsburgh	Arizona
C	Cal-Santa Barbara	Kansas
	Maryland	Southern Cal
	Dartmouth	Michigan State
	Purdue	Florida
	Missouri	Boston U
	Florida State	Oregon Health & Science
	San Diego State	SUNY-Stony Brook
	Temple	Connecticut
	Georgia	Massachusetts
	Rochester	Rutgers
D	Columbia-Teachers C	Illinois-Chicago
	U of Miami	CUNY
	SUNY-Buffalo	Boston C
	Georgia Tech	Tufts

	Cal-Riverside	Kentucky
	Nebraska	Utah
	Virginia Tech	SUNY-Binghamton
	Brandeis	Case Western Reserve
	Georgetown	Iowa State
	Rice	Rutgers-Newark
	Syracuse	Alabama
	Texas A & M	Delaware
	Notre Dame	Oklahoma
	South Florida	Vermont
	Virginia Commonwealth	West Virginia
E	Colorado State	CUNY-City College
	George Washington	IUPUI*
	NC State	Northeastern
	Alabama-Birmingham	Colorado-Denver
	New Mexico	−
	Uniformed Services U of Health Science	−

* Indiana University-Purdue University Indianapolis. 이 대학은 인디애나 주 인디애나 폴리스에 있는 대학으로서 인디애나 대학과 퍼듀 대학이 공동운영하는데, 주관은 인디애나 대학에서 함.

(1) 상담심리학

집단	대학	
A	Missouri	Maryland
	Ohio State	SUNY-Albany
	Iowa	North Texas

	Cal-Santa Barbara	Minnesota
	Arizona State	Virginia Commonwealth
	Notre Dame	Illinois
	Cal-Irvine	Penn State
B	Southern Illinois	Nebraska
	Florida	Akron
	North Carolina	Colorado State
	Stanford	British Columbia, Canada
	UCLA	Kansas
C	Georgia	Texas
	Kent State	U of Washington
	Iowa State	Michigan State
	Oregon	Columbia
	Southern Cal	Denver
D	Tennessee	Wisconsin
	Kansas State	Western Ontario, Canada
	Utah	Syracuse

(2) 임상심리학

집단	대학	
	UCLA	North Carolina
	U of Washington	Wisconsin
	Yale	Duke
A	Illinois	Kansas
	Minnesota	Pennsylvania
	SUNY-Stony Brook	Cal-Berkeley

	Texas	Harvard
	Northwestern	Vanderbilt
	Washington—St Louis	Emory
	Indiana	Penn State
B	Colorado	Iowa
	Pittsburgh	Southern Cal
	Virginia	Boston U
	San Diego State	Temple
	Michigan	Oregon
	Ohio State	Arizona
	Georgia	U of Miami
	Missouri	Arizona State
	SUNY—Binghamton	Florida
C	Maryland	Rutgers
	SUNY—Buffalo	Illinois—Chicago
	Kentucky	West Virginia
	Florida State	Michigan State
	Purdue	Syracuse
	SUNY—Albany	Alabama
	Denver	Massachusetts
	Utah	Virginia Tech
	Loyola—Chicago	Columbia
	Alabama—Birmingham	Nebraska
D	Nevada	Rochester
	Tennessee	Vermont
	Virginia Commonwealth	Wayne State

	Case Western Reserve	Clark
	Fordham	Houston
	Massachusetts−Boston	New Mexico
	South Florida	Texas−Dallas
	Wisconsin−Milwaukee	American
	Auburn	Baylor
	Catholic U of America	George Washington
	Georgia State	IUPUI
	Kent State	Louisiana State
	Marquette	Ohio
E	Palo Alto	St Louis
	Memphis	NC−Greensboro
	De Paul	Oklahoma State
	Saint John's	Texas A & M
	Louisville	Mississippi
	Missouri−St Louis	−

7) 사회학

집단	대학	
A	Cal−Berkeley	Wisconsin
	Princeton	Michigan
	Harvard	Stanford
	Chicago	North Carolina
	Northwestern	Cal−Los Angeles
	Columbia	Indiana

	Pennsylvania	Duke
	New York	Texas
	Cornell	Ohio State
	U of Washington	Penn State
B	Arizona	Maryland
	Minnesota	Yale
	Brown	Johns Hopkins
	Cal-Irvine	CUNY
	SUNY-Albany	Cal-Santa Barbara
	Rutgers	Cal-Davis
	Cal-San Diego	Massachusetts
	Vanderbilt	Emory
	Iowa	Virginia
	Florida State	Southern Cal
C	Boston C	SUNY-Stony Brook
	Texas A & M	Cal-Riverside
	Florida	Illinois-Chicago
	Washington State	Brandeis
	Michigan State	NC State
	Georgia	Illinois
	Notre Dame	Purdue
	Cal-Santa Cruz	Pittsburgh
	Arizona State	Boston U
	New School	Cal-San Francisco
D	Colorado	Connecticut
	Oregon	Delaware

	Kansas	SUNY−Binghamton
	Bowling Green State	Northeastern
	Syracuse	South Carolina
	Virginia Tech	Iowa State
	Louisiana State	Columbia
	Temple	Nebraska
	Baylor	Case Western Reserve
	Georgia State	SUNY−Buffalo
	Missouri	Colorado State
	Howard	Loyola−Chicago
	Southern Illinois	Tulane
	U of Miami	New Hampshire
E	New Mexico	Brigham Young
	American	Fordham
	Kent State	Alabama−Birmingham
	Cincinnati	Kentucky
	Oklahoma	Tennessee
	Cal−Santa Barbara	Florida International

8) 인류학

집단	대학	
A	Harvard	Penn State
	Duke	Stanford
	Michigan	Cal−Berkeley
	Northwestern	Emory

	Cal−San Francisco	Cal−Irvine
	Chicago	Washington−St Louis
	SUNY−Stony Brook	Arizona
	Georgia	New York
	Cal−Los Angeles	Utah
	Johns Hopkins	Cal−Davis
B	Oregon	Illinois
	Cal−Santa Barbara	Brown
	Michigan State	Princeton
	Pennsylvania	Yale
	Texas	Duke
	Syracuse	Massachusetts
	Virginia	Cornell
	Indiana	Columbia
	Connecticut	U of Washington
	North Carolina	Kent State
C	Wisconsin	CUNY
	Cal−Santa Cruz	Tennessee
	Hawaii	Cal−San Diego
	New Mexico	Case Western Reserve
	SUNY−Binghamton	Wayne State
	Cal−Riverside	Alaska
	Rutgers	Kentucky
	Washington State	Arizona State
	Boston U	Florida
	Colorado	Pittsburgh

집단	대학	
D	Rice	Ohio State
	South Florida	Oklahoma
	Wisconsin-Milwaukee	Illinois-Chicago
	SUNY-Buffalo	SUNY-Albany
	Southern Illinois	Missouri
	Texas A & M	Tulane
	Brandeis	Kansas
	American	Iowa
	Southern Methodist	Temple
	Minnesota	Nevada

9) 지리학

집단	대학	
A	Boston U	Cal-Santa Barbara
	Colorado	Cal-Las Angeles
	Clark	Illinois
	Arizona State	Ohio State
	Wisconsin	Maryland
B	Syracuse	Kentucky
	Southern Cal	Arizona
	Penn State	South Carolina
	Cal-Berkeley	Georgia
	SUNY-Buffalo	Oregon
C	Minnesota	Wisconsin-Milwaukee
	Oregon State	Texas

집단	대학	
	Indiana	Texas A & M
	Kansas State	Cal−Davis
	San Diego State	Michigan State
	Tennessee	Idaho
	Southern Illinois	Iowa
D	U of Washington	North Carolina
	Cincinnati	Utah
	Oklahoma	Florida State
	Oklahoma State	Kent State
	Louisiana State	Rutgers
E	Kansas	Florida
	Hawaii	Nebraska
	Connecticut	−

10) 정치학

집단	대학	
	Harvard	Princeton
	Stanford	Michigan
	Yale	Cal−Berkeley
	Columbia	Cal−San Diego
A	Duke	MIT
	Cal−Los Angeles	Chicago
	North Carolina	Washington−St Louis
	Rochester	Wisconsin
	New York	Ohio State

	Minnesota	Cornell
	Northwestern	Illinois
	Texas	Texas A & M
	Cal–Davis	Indiana
	U of Washington	Michigan State
B	Penn State	Maryland
	Pennsylvania	SUNY–Stony Brook
	Iowa	Virginia
	Rice	Cal–Irvine
	Notre Dame	Florida State
	George Washington	Georgetown
	Johns Hopkins	Colorado
	Pittsburgh	Vanderbilt
	Brown	Arizona
	Rutgers	Cal–Santa Barbara
	Florida	Arizona State
C	SUNY–Binghamton	Claremont Graduate
	George Mason	Syracuse
	Cal–Riverside	Georgia
	Kansas	Nebraska
	North Texas	South Carolina
	Boston C	Boston U
	Brandeis	Purdue
D	SUNY–Albany	Illinois–Chicago
	Missouri	Oregon
	Southern Cal	Wisconsin–Milwaukee

	American	City U of New York
	New School for Social Research	Houston
	Massachusetts	Texas-Dallas
	Louisiana State	SUNY-Buffalo
	Connecticut	Kentucky
E	New Mexico	Temple
	Oklahoma	Utah
	Georgia State	Texas Tech
	Missouri-Saint Louis	Tennessee
	Washington State	-

11) 경제학

집단	대학	
	Harvard	MIT
	Princeton	Chicago
	Stanford	Cal-Berkeley
	Yale	Northwestern
	Pennsylvania	Columbia
A	Minnesota	New York
	Michigan	Caltech
	Cal-Los Angeles	Cal-San Diego
	Wisconsin	Cornell
	Brown	Carnegie Mellon
B	Duke	Maryland
	Rochester	Boston U

	Johns Hopkins	Texas
	Penn State	Ohio State
	Virginia	Washington-St Louis
	Boston C	Michigan State
	Illinois	Cal-Davis
	Iowa	North carolina
	U of Washington	Vanderbilt
	Arizona State	Pittsburgh
C	Purdue	Texas A & M
	Cal-Irvine	Cal-Santa Barbara
	Georgetown	Indiana
	Rice	Florida
	NC State	Rutgers
	Colorado	Southern Cal
	owa State	Syracuse
	Emory	Kentucky
	Virginia Tech	CUNY
	Florida State	George Mason
D	George Washington	SUNY-Stony Brook
	Oregon	Brandeis
	Claremont Graduate	Georgia State
	Cal-Santa Cruz	Georgia
	Illinois-Chicago	Notre Dame
	Southern Methodist	SUNY-Albany
	Missouri	Kansas
	Washington State	Houston

Clemson	SUNY−Buffalo
Alabama	Connecticut
Wyoming	−

12) 행정학

집단	대학	
A	Syracuse	Indiana
	Harvard	Georgia
	Princeton	New York
	Cal−Berkeley	Southern Cal
	Carnegie Mellon	Kansas
	U of Washington	American
	George Washington	Michigan
	Wisconsin	Arizona State
	Duke	Florida State
	SUNY−Albany	Kentucky
B	Minnesota	Texas
	Georgia State	Rutgers
	Cal−Los Angeles	Chicago
	North Carolina	Columbia
	Ohio State	Colorado
	Maryland	Texas A & M
	Missouri	Nebraska−Omaha
	Pittsburgh	Cornell
	Arizona	Delaware

	Illinois−Chicago	Virginia Tech
	Cleveland State	George Mason
	Johns Hopkins	Pennsylvania
	CUNY−Baruch	Naval Postgraduate S
	Northern Illinois	Portland State
C	Rutgers	Coonecticut
	Virginia	SUNY−Binghamton
	Brandeis	Brown
	Georgia Tech	NC State
	Virginia Commonwealth	Brigham Young
	CUNY−John Jay	IUPUI
	Northwestern	Central Florida
	NC−Charlotte	North Teas
	Wisconsin−Milwaukee	Florida International
	New School	Northeastern
	Penn State−Harrisburg	Maryland−Baltimore
D	Oklahoma	Auburn
	William & Mary	Louisiana State
	Monterey I of International Studies	San Diego State
	Alabama−Birmingham	Baltimore
	Massachusetts	Missouri−Kansas City
	Oregon	Texas−Arlington
	Utah	Wichita State
E	Willamette	CUNY−City College
	Pepperdine	San Francisco State
	Arkansas	Illinois−Springfield

Louisville	Massachusetts−Boston
U of Miami	Missouri−St Louis
Wayne State	Kansas State
Auburn−Montgomery	Cal State−Los Angeles
Florida Atlantic	−

13) 신문방송학

집단	대학	
A	Columbia	New York
	Northwestern	Stanford
	Syracuse	Cal−Berkeley
	Maryland	Missouri
	North Carolina	Wisconsin
B	American	Auburn
	Ball State	Bowling Green State
	Cal State−Chico	CUNY
	Eastern Illinois	Florida International
	Howard	Iowa State
C	Ithaca College	Kent State
	Louisiana State	Michigan State
	Ohio	San Francisco State
	San Jose State	Colorado
	Dayton	Florida
D	Georgia	Illinois
	Kansas	U of Miami

Montana	Nevada
Oklahoma	Southern Cal
Wisconsin-Milwaukee	Washington & Lee

14) 문헌정보학

집단	대학	
A	Illinois	North Carolina
	Syracuse	U of Washington
	Michigan	Rutgers
	Indiana	Texas
	Drexel	Simmons C
B	Maryland	Pittsburgh
	Wisconsin	Florida State
	Cal-Los Angeles	Wisconsin-Milwaukee
	North Texas	South Carolina
	Tennessee	Kent State
C	Wayne State	Louisiana State
	San Jose State	Alabama
	Oklahoma	SUNY-Albany
	Iowa	Kentucky
	Arizona	Missouri
D	NC-Greensboro	South Florida
	Dominican	Pratt Institute
	Texas Woman's	SUNY-Buffalo
	Catholic U of America	CUNY-Queens

Clarion U of Pennsylvania	Long Island−Brookville
NC Central	Saint John's
Emporia State	Rhode Island

15) 사회사업학

집단	대학	
A	Michigan	Washington−St Louis
	Chicago	U of Washington
	Columbia	North Carolina
	Cal−Berkeley	Texas
	Case Western Reserve	Boston C
	Fordham	Pittsburgh
	Southern Cal	Wisconsin
	Virginia Commonwealth	Boston U
	CUNY−Hunter	New York
	Smith C	Cal−Los Angeles
B	Illinois	Maryland−Baltimore
	Pennsylvania	SUNY−Albany
	Illinois−Chicago	Indiana
	Michigan State	Ohio State
	Rutgers	SUNY−Buffalo
	Denver	Kansas
	Howard	Portland State
	Simmons C	Minnesota
	Bryn Mawr	Connecticut

	Georgia	Houston
	Louisville	Tennessee
	Wayne State	Adelphi
	Arizona State	Florida State
	Loyola–Chicago	Tulane
C	Iowa	Kentucky
	Texas–Arlington	Catholic U of America
	Georgia State	St Catherine
	St Louis	Alabama
	Utah	Wisconsin–Milwaukee
	Yeshiva	Baylor
	Colorado State	Monmouth
	San Diego State	Syracuse
	South Carolina	Cal State–Long Beach
	Cal State–Los Angeles	Dominican
	George Mason	San Francisco State
	San Jose State	SUNY–Stony Brook
D	Temple	Hawaii
	Missouri	NC–Charlotte
	Western Michigan	Vermont
	SUNY–Binghamton	De Paul
	Gallaudet	Louisiana State
	NC State	St Ambrose
	Minnesota–Duluth	North Dakota

16) 영어영문학

집단	대학	
A	Cal-Berkeley	Stanford
	Yale	Columbia
	Harvard	Pennsylvania
	Cornell	Princeton
	Chicago	Duke
	Cal-Los Angeles	Virginia
	Brown	Johns Hopkins
	Michigan	North Carolina
	Rutgers	Texas
	Wisconsin	New York
B	Northwestern	CUNY
	Indiana	Cal-Irvine
	Illinois	Emory
	Ohio State	Cal-Davis
	Penn State	Cal-Santa Barbara
	Iowa	U of Washington
	Vanderbilt	Washington-St Louis
	Maryland	Minnesota
	Pittsburgh	Carnegie Mellon
	Rice	Southern Cal
C	SUNY-Buffalo	Cal-Riverside
	Cal-San Diego	Cal-Santa Cruz
	Illinois-Chicago	Boston U
	Brandeis	Claremont Graduate

	Colorado	Massachusetts
	Notre Dame	Tufts
	Arizona	Florida
	Oregon	Rochester
	Wisconsin−Milwaukee	Arizona State
	SUNY−Binghamton	Georgia
D	Missouri	Miami U
	Michigan State	Syracuse
	Temple	Texas A & M
	Kansas	Nebraska
	Utah	Bryn Mawr
	Fordham	George Washington
	Purdue	SUNY−Stony Brook
	Connecticut	Delaware
	New Mexico	South Carolina
	Tennessee	Louisiana State
E	Northeastern	Ohio U
	Tulane	Kentucky
	Oklahoma	Case Western Reserve
	Florida State	Georgia State
	Howard	SUNY−Albany
	Houston	U of Miami
	Auburn	Iowa State
	Loyola−Chicago	Marquette
	St Louis	Alabama
	Hawaii	−

17) 역사학

집단	대학	
A	Princeton	Stanford
	Cal-Berkeley	Yale
	Harvard	Chicago
	Columbia	Michigan
	Johns Hopkins	Cal-Los Angeles
	Pennsylvania	Cornell
	North Carolina	Duke
	Northwestern	Wisconsin
	Brown	New York
	Texas	Rutgers
B	Virginia	Indiana
	Illinois	Ohio State
	Minnesota	U of Washington
	Vanderbilt	CUNY
	Emory	MIT
	Cal-Davis	Washington-St Louis
	Rice	Cal-San Diego
	Maryland	Brandeis
	Carnegie Mellon	Georgetown
	Illinois-Chicago	Iowa
C	Notre Dame	William & Mary
	Arizona	Cal-Irvine
	Cal-Santa Barbara	Pittsburgh
	Southern Cal	Boston U

	Claremont Graduate	Penn State
	Florida	Princeton Theological Seminary
	Colorado	Georgia
	Kansas	Boston C
	George Washington	Michigan State
	Tufts	Tulane
D	Connecticut	Missouri
	Oregon	SUNY−Binghamton
	George Mason	Temple
	Cal−Santa Cruz	Delaware
	Massachusetts	Rochester
	Arizona State	Jewish Theological Seminary
	Purdue	SUNY−Stony Brook
	Syracuse	Cal−Riverside
	U of Miami	New Mexico
	Oklahoma	Clark
E	Louisiana State	Nebraska
	New Hampshire	Fordham
	Graduate Theological Union	St Louis
	Texas A & M	SUNY−Buffalo
	Kentucky	South Carolina
	American	Case Western Reserve
	Kansas State	Northeastern
	Northern Illinois	Hawaii
	Mississippi	Tennessee
	Utah	−

18) 철 학

집단	대학	
A	Princeton	Rutgers
	Chicago	Cal-Berkeley
	Michigan	MIT
	Carnegie Mellon	New York
	Stanford	Columbia
	Cal-San Diego	Pittsburgh
	Arizona	Memphis
	Cornell	Penn State
	North Carolina	Harvard
	Brown	Duke
B	Notre Dame	Cal-Los Angeles
	Pennsylvania	Connecticut
	Johns Hopkins	Georgetown
	Washington-St Louis	U of Miami
	Cal-Riverside	Ohio State
	SUNY-Stony Brook	Indiana
	Boston C	Rice
	Colorado	Boston U
	Texas	Vanderbilt
	SUNY-Binghamton	Illinois-Chicago
C	Massachusetts	Wisconsin
	Cal-Davis	Florida
	Rochester	Yale
	Utah	South Carolina

	Georgia	Southern Cal
	Minnesota	Oklahoma
	Bowling Green State	Michigan State
	Hawaii	U of Washington
	Fordham	Illinois
	Iowa	South Florida
	Cal-Santa Barbara	SUNY-Buffalo
	Oregon	Kansas
	Catholic U of America	Purdue
	Cal-Irvine	Virginia
	Florida State	CUNY
	Cincinnati	Maryland
D	Claremont Graduate	Tulane
	Missouri	Loyola-Chicago
	SUNY-Albany	Tennessee
	Kentucky	Temple
	Marquette	Dallas
	Nebraska	Arkansas
	Southern Illinois	Wayne State

19) 물리학

집단	대학	
	Caltech	Harvard
A	MIT	Stanford
	Princeton	Cal-Berkeley

	Cornell	Chicago
	Illinois	Cal-Santa Barbara
	Columbia	Michigan
	Yale	Cal-San Diego
	Maryland	Texas
	Pennsylvania	Wisconsin
	Johns Hopkins	Cal-Los Angeles
	Colorado	U of Washington
	Ohio State	Penn State
	SUNY-Stony Brook	Rice
	Rutgers	Cal-Davis
B	Minnesota	Georgia Tech
	Northwestern	Brown
	Carnegie Mellon	Duke
	Cal-Irvine	Michigan State
	Arizona	Florida
	North Carolina	Boston U
	Indiana	New York
	Purdue	Texas A & M
	Cal-Santa Cruz	Virginia
	Washington-St Louis	Arizona State
C	Florida State	Iowa State
	Massachusetts	NC State
	Cal-Riverside	Pittsburgh
	Rochester	Southern Cal
	Rensselaer	Iowa

집단	대학	
D	Notre Dame	Oregon
	Tennessee	Vanderbilt
	Brandeis	Case Western Reserve
	CUNY	Northeastern
	Rockefeller	Utah
	Virginia Tech	Colorado State
	Dartmouth	Rochester Tech
	Syracuse	Connecticut
	Illinois-Chicago	Nebraska
	Boston C	Colorado S of Mines
	Oregon State	Tufts
E	Delaware	Georgia
	Washington State	William & Mary
	Kansas State	SUNY-Buffalo
	Kansas	Kentucky
	New Mexico	Oklahoma
	Texas-Dallas	Drexel
	George Washington	Lehigh
	Montana State	New Mexico State
	Ohio	Tulane
	Hawaii	Missouri

20) 화학

집단	대학	
A	Caltech	MIT

	Cal-Berkeley	Harvard
	Stanford	Illinois
	Northwestern	Scripps Research Institute
	Wisconsin	Columbia
	Cornell	Texas
	Chicago	North Carolina
	Yale	Princeton
	Cal-Los Angeles	Michigan
	Texas A & M	Pennsylvania
B	Johns Hopkins	Penn State
	Purdue	Cal-San Diego
	Minnesota	Georgia Tech
	Indiana	Ohio State
	Cal-Irvine	Colorado
	U of Washington	Cal-San Francisco
	Rice	Cal-Santa Barbara
	Washington-St Louis	Florida
	Utah	Emory
	Iowa State	Michigan State
C	Arizona	Cal-Davis
	Maryland	Pittsburgh
	Boston C	Colorado State
	Duke	Virginia
	Carnegie Mellon	SUNY-Stony Brook
	Rochester	Vanderbilt
	Brown	Florida State

	Georgia	Massachusetts
	Oregon	Southern Cal
	Virginia Tech	Arizona State
D	Boston U	Dartmouth
	NC State	Rutgers
	Cal−Riverside	Delaware
	Brandeis	Case Western Reserve
	New York	Illinois−Chicago
	Iowa	Kansas
	Notre Dame	Louisiana State
	Oregon State	SUNY−Buffalo
	Wayne State	Rensselaer
	Nebraska	South Carolina
E	Tennessee	Washington State
	Clemson	Kansas State
	Rutgers−Newark	Tufts
	Connecticut	Missouri
	Houston	Northeastern
	Syracuse	Cal−Santa Cruz
	Oklahoma	Baylor
	Georgetown	Montana State
	Temple	Tulane
	Alabama	−

21) 생물학

집단	대학	
A	Stanford	Harvard
	MIT	Cal-Berkeley
	Caltech	Johns hopkins
	Princeton	Scripps Research Institute
	Cal-San Francisco	Yale
	Cornell	Washington-St Louis
	Duke	Chicago
	Columbia	Rockefeller
	U of Washington	Wisconsin
	Cal-Davis	Michigan
B	Pennsylvania	Texas-SW Medical Center
	Cal-Los Angeles	North Carolina
	Baylor	Cornell
	Northwestern	Texas
	Colorado	Illinois
	Minnesota	Vanderbilt
	Brown	Case Western Reserve
	Dartmouth	Emory
	Indiana	Alabama-Birmingham
	Arizona	Cal-Irvine
C	Mayo Medical School	Mt Sinai S of Medicine
	Penn State	Rice
	Carnegie Mellon	Michigan State
	Ohio State	Cal-Santa Barbara

	Florida	Georgia
	Massachusetts–Worcester	Pittsburgh
	Southern Cal	Virginia
	Arizona State	Brandeis
	Georgia Tech	New York
	Purdue	Tufts
D	Cal–Riverside	Cal–Santa Cruz
	Iowa	Maryland
	Oregon	Utah
	SUNY–Stony Brook	Colorado–Denver
	Yeshiva	Oregon Health & Science
	Oregon State	Rutgers
	Texas A & M	Connecticut
	Illinois–Chicago	Kansas
	Massachusetts	Notre Dame
	Rochester	Texas H S C–Houston
E	Baylor	Boston U
	Colorado State	Iowa State
	Missouri	NC State
	U of Miami	M & D of New Jersey
	Nebraska	Florida State
	George Washington	Georgetown
	Montana State	San Diego State
	Cincinnati	Montana
	Virginia Tech	Auburn

22) 지구과학

집단	대학	
A	Caltech	MIT
	Cal-Berkeley	Stanford
	Columbia	Penn State
	Arizona	Harvard
	Princeton	Michigan
	Texas	Yale
	Cornell	Cal-Santa Cruz
	U of Washington	Wisconsin
	Arizona State	Brown
	Cal-Davis	Cal-Los Angeles
B	Cal-San Diego	Chicago
	Cal-Santa barbara	Colorado
	Colorado S of Mines	Rice
	Southern Cal	Johns Hopkins
	Minnesota	Virginia Tech
	Washington-Saint Louis	Texas A & M
	Maryland	Oregon State
	SUNY-Stony Brook	Hawaii
	Illinois	Oregon
	Northwestern	Ohio State
C	Purdue	Rutgers
	U of Miami	New Mexico
	Duke	Georgia Tech
	Indiana	New Mexico I of M & T

	Massachusetts	Utah
	Wyoming	North Carolina
	Rhode Island	Rensselaer
	Alaska	Florida
	Kansas	Boston U
	Dartmouth	Louisiana State
D	Cal−Riverside	Oklahoma
	Lehigh	Syracuse
	Houston	Nebraska
	Nevada	Virginia
	Colorado State	Michigan State
	Southern Methodist	Saint Louis
	SUNY−Buffalo	Delaware
	Illinois−Chicago	Iowa
	Maine	New Hampshire
	Rochester	Washington State
E	SUNY−Binghamton	Florida State
	Michigan Tech	Georgia
	Montana	Pennsylvania
	Pittsburgh	South carolina
	CUNY	Iowa State
	SUNY Environmental S & Forestry	Texas Tech
	Missouri	Cincinnati
	Idaho	Nevada−Las Vegas
	Notre Dame	Tennessee
	Texas−El Paso	−

23) 수학

집단	대학	
A	MIT	Harvard
	Princeton	Stanford
	Cal-Berkeley	Chicago
	Caltech	Cal-Los Angeles
	Michigan	Columbia
	New York	Yale
	Cornell	Brown
	Texas	Northwestern
	Minnesota	Pennsylvania
	Rutgers	Cal-San Diego
B	Illinois	Maryland
	Duke	Johns Hopkins
	SUNY-Stony Brook	Penn State
	Purdue	U of Washington
	Georgia Tech	Indiana
	Ohio State	Rice
	North Carolina	Utah
	Carnegie Mellon	CUNY
	Cal-Davis	Illinois-Chicago
	Brandeis	Washington-St Louis
C	Texas A & M	Michigan State
	Arizona	Cal-Irvine
	Boston U	Cal-Santa Barbara
	Colorado	Notre Dame

	Virginia		Dartmouth
	NC State		Georgia
	Southern Cal		Vanderbilt
	Rensselaer		Iowa
	Oregon		Northeastern
	Florida		Pittsburgh
	Virginia Tech		Arizona State
	Emory		Massachusetts
	Missouri		Rochester
	Claremont Graduate		Iowa State
D	Tulane		SUNY−Buffalo
	Cal−Riverside		Houston
	Kansas		Nebraska
	Colorado State		Florida State
	Cal−Santa Cruz		Delaware
	Kentucky		Oklahoma
	Tennessee		Louisiana State
	Oregon State		Syracuse
	Temple		Tufts
	SUNY−Albany		SUNY−Binghamton
E	Case Western Reserve		Kansas State
	Lehigh		Rutgers−Newark
	Connecticut		New Mexico
	Washington State		Clemson
	George Washington		New Jersey Tech

24) 통계학

집단	대학	
A	Stanford	Cal-Berkeley
	Harvard	U of Washington
	Johns Hopkins	Chicago
	Carnegie Mellon	Duke
	North Carolina	NC State
	Texas A & M	Michigan
	Pennsylvania	Wisconsin
	Cal-Berkeley	Minnesota
	Iowa State	Penn State
	Columbia	Cornell
B	Purdue	Ohio State
	Cal-Los Angeles	Florida
	Cal-Davis	Illinois
	Iowa	Yale
	Rutgers	Emory
	Rice	Colorado State
	Florida State	Connecticut
	Michigan State	Boston U
	Pittsburgh	George Washington
	Northwestern	Georgia
C	Missouri	Virginia Tech
	Southern Methodist	Texas H S C-Houston
	Medical C of Wisconsin	Cal-Santa Barbara
	South Carolina	Medical U of South Carolina

	Oregon State	Cal-riverside
	Virginia	Kansas State
	Temple	Baylor
	SUNY-Buffalo	Kentucky
	Case Western Reserve	Oklahoma State
	Virginia Commonwealth	Tulane
D	Alabama	Cincinnati
	Nebraska	Western Michigan
	North Dakota State	–

25) 컴퓨터

집단	대학	
A	Carnegie Mellon	MIT
	Stanford	Cal-Berkeley
	Cornell	Illinois
	U of Washington	Princeton
	Texas	Georgia Tech
	Caltech	Wisconsin
	Michigan	Cal-Los Angeles
	Cal-San Diego	Maryland
	Columbia	Harvard
	Pennsylvania	Brown
B	Purdue	Rice
	Massachusetts	North Carolina
	Southern Cal	Yale

	Duke	Johns Hopkins
	New York	Ohio State
	Penn State	Rutgers
	Cal–Irvine	Virginia
	Northwestern	Cal–Santa Barbara
	Chicago	Minnesota
	Cal–Davis	Colorado
C	Florida	Utah
	Washington–St Louis	Dartmouth
	SUNY–Stony Brook	Virginia Tech
	Boston U	NC State
	Rensselaer	Texas A & M
	Arizona	Rochester
	Arizona State	Indiana
	Cal–Riverside	Cal–Santa Cruz
	Pittsburgh	Michigan State
	Illinois–Chicago	Vanderbilt
D	Northeastern	SUNY–Buffalo
	Case Western Reserve	George Mason
	Iowa State	Oregon State
	Syracuse	Iowa
	Notre Dame	Oregon
	Tennessee	Brandeis
	Naval Postgraduate S	Tufts
	Polytechnic I of New York U	–

26) 간호학

집단	대학	
A	Johns Hopkins	Pennsylvania
	U of Washington	Cal-San Francisco
	North Carolina	Michigan
	Duke	Oregon Health & Science
	Pittsburgh	Yale
	Illinois-Chicago	Iowa
	Maryland-Baltimore	North Carolina
	Case Western Reserve	IUPUI
	Rush	Colorado-Denver
	Virginia	Vanderbilt
B	Arizona State	Boston C
	Columbia	Emory
	New York	Alabama-Birmingham
	Cal-Los Angeles	Kentucky
	Minnesota	Texas HSC-Houston
	Wisconsin	Ohio State
	Arizona	Rochester
	Texas	Georgetown
	Michigan State	Kansas
	Nebraska	Utah
C	Wisconsin-Milwaukee	Texas HSC-San Antonio
	Virginia Commonwealth	Georgia Health Sciences
	Marquette	Penn State
	Arkansas	Florida

	Tennessee HSC−Memphis	Frontier Nursing
	George washington	Loyola−Chicago
	Medical U of South Carolina	Purdue
	St Louis	Missouri
	Massachusetts−Boston	Portland
	San Diego	San Francisco
D	Washington State	Wayne State
	Wesley C	Baylor
	Catholic U of America	Creighton
	MGH I of Health Professions	Texas Tech
	Texas Woman's	Cincinnati
	Louisville	Massachusetts
	Missouri−St Louis	South Florida
	Texas Medical C−Galveston	Texas−Arlington
	the Incarnate Word	Villanova
	Cal State−Los Angeles	George mason
E	Georgia Southern	Indiana State
	Pace	Rutgers−Newark
	Uniformed Services U of the H S	SUNY−Buffalo
	Central Florida	Massachusetts−Dartmouth
	Massachusetts−Worcester	U of miami
	Missouri−Kansas City	New Mexico
	NC−Greensboro	Oklahoma
	South Carolina	Tennessee
	Connecticut	Brigham Young

27) 약학

집단	대학	
A	Cal—San Francisco	North Carolina
	Minnesota	Texas
	Kentucky	Wisconsin
	Ohio State	Purdue
	Michigan	Arizona
	Southern Cal	Utah
	U of Washington	Florida
	Illinois—Chicago	Pittsburgh
	SUNY—Buffalo	Iowa
	Maryland—Baltimore	Tennessee H S C—Memphis
B	Kansas	Virginia Commonwealth
	Cal—San Diego	Colorado—Denver
	Mississippi	Auburn
	Medical u of South Carolina	Rutgers
	Connecticut	Georgia
	West Virginia	Texas Tech
	Arkansas	Cincinnati
	Nebraska	Oklahoma
	Creighton	Missouri—Kansas City
	Northeastern	Oregon State
C	Washington State	Wayne State
	Drake	Mercer
	St Louis C of Pharmacy	Rhode Island
	U of the Sciences in Philadelphia	Butler

	Duquesne	South Carolina C of Pharmacy
	Texas A & M	Houston
	Montana	New mexico
	the Pacific	Campbell
	Wyoming	Albany C of Pharmacy & HS
	Massachusetts Pharmacy & HS	North Dakota State
	Temple	Ferris State
	Idaho State	Samford
	South Dakota State	Southern Illinois
D	St John's	Toledo
	Midwestern	Ohio Northern
	Northeast Ohio Medical	Shenandoah
	Western U of Health Sciences	Hawaii−Hilo
	Louisiana−Monroe	−

28) 수의학

집단	대학	
A	Cornell	Cal−Davis
	Colorado State	NC State
	Ohio State	Pennsylvania
	Wisconsin	Texas A & M
B	Michigan State	Georgia
	Minnesota	Florida
	Tufts	Purdue
	Auburn	Washington State

집단	대학	
C	Iowa State	Virginia Tech
	Kansas State	Illinois
	Missouri	Louisiana State
	Mississippi State	Oklahoma State
	Oregon State	−

29) 치의학

집단	대학	
A	Pennsylvania	Cal−San Francisco
	Michigan	Florida
	Boston U	New York
	Maryland	North Carolina
	Southern Cal	Everest College
B	Alabama−Birmingham	Harvard
	U of Washington	Louisville
	Illinois−Chicago	Connecticut
	Texas−San Antonio	Pittsburgh
	Ohio State	SUNY−Stony Brook
C	Iowa	Case Western Reserve
	Medical U of South Carolina	Colorado−Denver
	Minnesota	Nebraska
	Missouri−Kansas City	New Jersey Dental S
	Kentucky	Columbia
D	SUNY−Buffalo	Tufts
	Oregon Health & Science	Virginia Commonwealth

Louisiana State	Indiana
Medical C of Georgia	Oklahoma
Nova Southeastern	Mississippi
Temple	Tennessee
Marquette	Creighton

30) 농 학

(1) 식품과학

집단	대학	
A	Florida	Illinois
	Tennessee	Massachusetts
	Southern Illinois	Missouri
	Clemson	Cal-Davis
	Rutgers	Cornell
B	Kansas State	Ohio State
	SUNY-Cobleskill	Purdue
	Georgia	Michigan State
	Maine	Minnesota
	Brigham Young	Oregon State
C	Iowa State	Oklahoma State
	Penn	N C State
	Idaho	Mississippi State
	Nebraska	Wisconsin
	Alabama A&M	Middle Tennessee State

집단	대학	
D	Arkansas	Louisiana State
	Maryland	Virginia Tech
	Cal State−Poly	Delaware
	Illinois Tech	Arkansas State
	North Dakota State	Washington State
E	Texas Tech	Arizona
	Wisconsin−River Falls	South Dakota State
	Texas A&M	Cal−Santa Cruz
	Kentucky	Utah State
	Montana State	Connecticut
	Missouri State	Vermont
	Wyoming	Hawaii

(2) 동물자원학

집단	대학	
A	Florida	Illinois
	Cal Poly State−San Louis Obisco	Iowa State
	Kansas State	Colorado State
	Oklahoma State	Cal−Davis
	Virginia Tech	Cornell
B	Ohio State	NC State
	Texas A & M	Michigan State
	Delaware Valley C	Morrisville State
	Penn State	West Virginia
	Purdue	Cal State Poly−Pomona

집단	대학	
C	South Dakota State	Louisiana State
	Clemson	Missouri
	Oregon State	New Hampshire
	Auburn	Wisconsin−River Falls
	Georgia	Minnesota
D	Texas Tech	Vermont
	Mississippi State	Maryland
	Nebraska	SUNY−Cobleskill
	Findley	Wisconsin
	Connecticut	Kentucky
E	Hocking C	Rutgers
	Delaware	Massachusetts
	Angelo State	Sam Houston State
	Tarleton State	Tennessee
	Arkansas	New Mexico State
	Washington State	Santa Fe C

(3) 입학

집단	대학	
A	Georgia	Florida
	Minnesota	Texas A & M
	Michigan State	U of Washington
	Penn State	Wisconsin
	Purdue	Cal−Berkeley
B	NC State	Missouri
	Virginia Tech	Tennessee

West Virginia	Louisiana State
Massachusetts	Northern Arizona
Oklahoma State	Oregon State

(4) 조경학

집단	대학	
A	Ohio State	Texas A & M
	Cal State Poly-Pomona	Cornell
	Louisiana State	Pennsylvania
	Virginia Tech	Kansas State
	Purdue	Georgia
B	Harvard	Virginia
	Michigan	Texas
	Florida International	Oklahoma
	South Florida	Florida
	Iowa	Florida State
C	Rhode Island	Illinois
	Oregon	Kansas
	Wisconsin	U of Washington
	Cal-Berkeley	Southern Cal
	Columbia	Ball State
	Rhode Island S of Design	−

31) 건축학

집단	대학	
A	Harvard	Princeton
	Yale	Michigan
	South Florida	Florida
	Iowa	Florida State
	Rhode Island	Virginia
B	Illinois	Oregon
	Kansas	Cornell
	Wayne State	Texas
	Florida International	Georgia Tech
	Louisville	Pennsylvania
C	Minnesota State	Memphis
	U of Miami	Indiana
	Tennessee	Wisconsin
	Washington-St Louis	Saint Louis
	Savannah C of Art & Design	Wyoming
	CUNY-City College	Hartford

32) 음악

집단	대학	
A	Rochester	Indiana
	Michigan	Juilliard
	Curtis Institute	New England Conservatory
	Northwestern	Oberlin

	Cincinnati	Illinois
	Yale	Florida State
	Manhattan S of Music	Southern Cal
B	Johns Hopkins	North Texas
	Cleveland I of Music	Texas
	Arizona State	Mannes C of Music
	Rice	Colorado
	Wisconsin	Ohio State
C	Hartford	San Francisco Conservatory
	SUNY-Stony Brook	Kansas
	U of Miami	Boston U

33) 미 술

집단	대학	소재지*
	Yale	New Haven, CT
	Rhode Island School of Design	Providence, RI
	School of the Art Institute of Chicago	Chicago, IL
	UCLA	Los Angeles, CA
	Virginia Commonwealth	Richmond, VA
A	California Institute of the Arts	Valencia, CA
	Carnegie Mellon	Pittsburgh, Pa
	Cranbrook Academy of Art	Bloomfield Hills, MI
	Maryland Institute College of Art	Baltimore, MD
	Columbia	New York, NY
	Alfred-State College of Ceramics	Alfred, NY

California College of the Arts	San Francisco, CA
Bard College	Annandale on Hudson, NY
CUNY−Hunter College	New York, NY
Temple	Philadelphia, PA
Cal−San Diego	La Jolla, CA
Washington−St Louis	Saint Louis, MO
Art Center College of Design	Pasadena, CA
Ohio State	Columbus, OH
School of Visual Arts	New York, NY
Wisconsin	Madison, WI
Arizona State	Tempe, AZ
Massachusetts College of Art	Boston, MA
Georgia	Athens, GA
Iowa	Iowa City, IA
Texas	Austin, TX
Otis College of Art & Design	Los Angeles, CA
Pratt Institute	Brooklyn, NY
Rochester Tech	Rochester, NY
Rutgers	New Brunswick, NJ
San Francisco Art Institute	San Francisco, CA
Michigan	Ann Arbor, MI
Cal−Davis	Davis, CA
Illinois	Urbana/Champagne
U of Washington	Seattle, WA
Cornell	Ithaca, NY
Indiana	Bloomington, IN

	Minnesota College of Art & Design	Minneapolis, MN
	New School–Parsons School of Design	New York, NY
	Tufts	Boston, MA
	Arizona	Tucson, AZ
	Cal–Berkeley	Berkeley, CA
	Southern Cal	Los Angeles, CA
	Stanford	Stanford, CA
	Herron School of Art & Design	Indianapolis, IN
	New York	New York, NY
	SUNY–Purchase College	Purchase, NY
	Syracuse	Syracuse, NY
	Illinois–Chicago	Chicago, IL
	Minnesota	Minneapolis, MN
	Pennsylvania	Philadelphia, PA
	Tennessee	Knoxville, TN
	Columbia College	Chicago, IL
C	Ohio	Athens, OH
	Rensselaer Polytechnic	Troy, NY
	Cal–Irvine	Irvine, CA
	Chicago	Chicago, IL
	Colorado	Boulder, CO
	New Mexico	Albuquerque, NM
	North Carolina	Chapel Hill, NC
	University of the Arts	Philadelphia, PA
	Claremont Graduate	Claremont, CA
	Louisiana State	Baton Rouge, LA

	Northwestern	Evanston, IL
	Southern Illinois	Carbondale, IL
	Cincinnati	Cincinnati, OH
	Florida	Gainesville, FL
	Nebraska	Lincoln, NE
	North Texas	Denton, TX
	Oregon	Eugene, OR
	Wisconsin−Milwaukee	Milwaukee, WI
	Boston U	Boston, MA
	Cleveland Institute of Art	Cleveland, OH
	Florida State	Tallahassee, FL
	Pennsylvania Academy of the Fine Arts	Philadelphia, PA
	San Diego State	San Diego, CA
	SUNY−Stony Brook	Stony Brook, NY
	SUNY−Buffalo	Buffalo, NY
	Kansas	Lawrence, KS
D	South Florida	Tampa, FL
	West Virginia	Morgantown, WV
	Cal State−Los Angeles	Los Angeles, CA
	Columbus College of Art & Design	Columbus, OH
	George Mason	Fairfax, VA
	Kent State	Kent, OH
	Mills College	Oakland, CA
	Northern Illinois	DeKalb, IL
	San Jose State	San Jose, CA
	SUNY−New Paltz	New Paltz, NY

	Cal−Santa Cruz	Santa Cruz, CA
	Maryland	College Park, MD
	Massachusetts−Dartmouth	North Dartmouth, MA
E	Cal State−Long Beach	Long Beach, CA
	College of Creative Studies	Detroit, MI
	CUNY−Brooklyn College	Brooklyn, NY
	CUNY−City College	New York, NY
	Edinboro U of Pennsylvania	Edinboro, PA
	Iowa State	Ames, IA
	James Madison	Harrisonburg, VA
	Memphis College of Art	Memphis, TN
	Miami U	Oxford, OH
	Michigan State	East Lansing, MI
	Montana State	Bozeman, MT
	New York Studio School	New York, NY
	San Francisco State	San Francisco, CA
	Tulane	New Orleans, LA
	Cal−Santa Barbara	Santa Barbara, CA
	Connecticut	Storrs, CT
	Kentucky	Lexington, KY
	Massachusetts	Amherst, MA
	Nevada−Las Vegas(UNLV)	Las Vegas, NV
	Utah	Salt lake City, UT
	Washington State	Pullman, WA

＊ 미술 관련 명문대학의 경우 낯선 곳이 많아 소재지를 실었음.

※ 참고로 미국 내 전공별 명문대학원 순위는 다음 사이트에 접속하면 해마다 발표되는 전공별 순위를 엿볼 수 있다.

www.usnews.com/education/best_graduateschools

참고문헌

강윤중 편역(1996). 대학의 의미. 교육신서 211. Riseman D. 저. 서울: 배영사.

김경묵, 우종익(2006). 이야기 세계사 1. 파주: 청아출판사.

김정인 역(1999). 대학의 역사. 파주: 한길사.

김호권 역(1978). 대학의 기원. 삼성문화문고 114. Haskins, C. S. 저. 용인: 삼성
　　미술문화재단. (원전은 1957년에 출판)

박규호 역(2005). 옥스퍼드 & 케임브리지. Sager, P. 저. 서울: 갑인 공방. (원전은
　　2003년에 출판)

박진규 편역(1990). 대학의 위기. Scott, P. 저. 서울: 성원사. (원전은 1984년에
　　출판)

서정복(2005). 소르본 대학: 프랑스 지성의 산실. 살림지식총서175. 파주: 살림.

이광주(2008). 대학의 역사. 살림지식총서 317. 파주: 살림.

이석우(1998). 대학의 역사. 파주: 한길사.

이억순 역(1984). 미국의 대학혁명. 삼성문화문고 186. Riesman, D., & Jencks,
　　C. 저. 용인: 삼성미술문화재단.

이용남(2012). 세계수준의 대학원 발전 방안. 제51회 한림심포지엄. 국내 대학원
　　의 연구역량 제고 및 국내박사의 국제경쟁력 제고 방안(pp. 47-72). 한국과학기
　　술한림원.

이철주 역(1971). 대학의 사명. 을유문고 76. Kerr, C. 저. 서울: 을유문화사. (원전
　　은 1963년에 출판)

이홍우, 박재문, 유한구 역(1994). 서양교육사. Boyd, W. 저. 파주: 교육과학사.
　　(원저는 1964년에 출판)

정봉구 역(1999). 아벨라르와 엘로이즈. 서울: 을유문화사.

한기언 역(1984). 학문의 전당. 삼성문화문고 185. Ben-David, J. 저. 용인: 삼성
　　미술문화재단. (원저는 1976년에 출판)

홍웅선, 김찬희, 이철주 역(1972). 미국의 고등교육: 그의 재평가. 탐구신서 52.

Woodring, P. 저. 서울: 탐구당.

Bok, D. (1982). *Beyond the ivory tower.* Cambridge, MA: Harvard University Press.

Capaldi, E. D., Lombardi, J. V., Abbey, C. W., & Craig, D. D. (2010). *The top American research universities.* Phoenix, AZ: The Center for Measuring University Performance.

Rudy, W. (1984). *The universities of Europe, 1100-1914.* Cranbury, NJ: Associate University Presses, Inc.

Rüegg, W. (1992). Themes. In H. de Ridder-Symoens (Ed.), *A history of the university in Europe, Vol. I: Universities in the middle ages.* New York: Cambridge University Press.

Rüegg, W. (1996). Themes. In H. de Ridder-Symoens (Ed.), *A history of the university in Europe, Vol. II: Universities in early modern Europe.* New York: Cambridge University Press.

Rüegg, W. (2004). Themes. In W. Rüegg (Ed.), *A history of the university in Europe, Vol. III: Universities in the nineteenth and early twentieth centuries.* New York: Cambridge University Press.

www.wikipedia.org

www.graduate-school.phds.org

www.world-newspapers.com

www.thebestcolleges.org

www.education-portal.com

www.campusexplore.com

www.socialpsychology.org

www.usdentalschools.com

www.uscollegerankings.com

찾아보기

Buchheit, P. T. / 91
Buck, P. / 95
Buffet, W. / 93
Bunyan, P. / 184
Bush, G. H. W. / 132
Bush, G. W. / 84, 124, 125

Cabral, A. / 84
Calhoun, J. / 161
Camp, W. / 133, 137
Candler, A. / 96
Capaldi , E. D. / 58
Capra, F. / 89
Carnegie, A. / 54
Carr, E. H. / 26
Carroll / 159
Carroll, J. / 112
Carroll, L. / 25
Carter, J. / 96, 98
Case, Jr , L. / 49, 91
Cassirer, E. / 31
Chamberlain, W. / 104
Cheney, D. / 131
Chomsky, N. / 106, 115
Chopin, F. F. / 22
Christopher, W. / 121, 122
Chu, S. / 84, 119
Chung, C. / 105
Churchland / 117
Clark, J. / 127
Clemens, R. / 125
Clinton, B. / 132
Cohen, W. / 80
Coleman, J. / 118
Conant, J. / 117
Conant, J. B. / 40
Cook, T. / 95
Cooney, J. G. / 80
Cori, T. / 130

Cornell, E. / 49, 90, 94
Craig / 93
Cronbach, L. / 122
Cronkite, W. / 125
Crow, S. / 110
Cummings, E. E. / 99
Curie, M. / 35

Darwin, C. / 26
de Balzac, H. / 22
de Champeaux, G. / 21
De Morgan, A. / 26
Deci, E. / 120
Delany, J. / 182
Dell, M. / 125
Denny / 150
Derrida, J. / 85, 132
Devaney / 159
Dewey, J. / 103
Diamond, N. / 111
Didka / 117
Dilthey, W. / 31
Dole, B. / 80, 104
Donovan / 160, 161
Dorsett / 117
Douglas, K. / 88
Douglas, M. / 88
Dow / 91
Duke, J. B. / 49, 90
Dunaway, F. / 81, 97
Duncan, C. / 119
Dylan, B. / 109

Einstein, A. / 31, 81, 91
Eisenhower, P. / 55, 93
ElBaradei, M. / 111
Eliot, C. / 71
Eliot, C. W. / 40, 50, 52
Eliot, T. S. / 25, 99, 129

Emerson, R. / 99
Emmert, M. / 131, 163
Emory, J. / 51, 96
Engels, F. / 31
Eppes / 204
Erickson / 158
Eukleides, Euclid / 18
Evans, J. / 52

Faulkner, W. / 129
Faust, D. / 41
Fermi, E. / 50
Ferragamo, S. / 111
Festinger, L. / 102
Feuerbach, L. A. / 31
Fichte, J. G. / 30
Field, M. / 50
Fields, J. / 103, 126
Fillmore, M. / 123
Filo, D. / 127
Fisher, H. / 31
Flemming , A. / 114
Flint, C. / 111
Fodor, J. / 120
Fonda, H. / 109
Forbes, M. / 117
Ford, G. / 107, 132
Foster, J. / 133
Franklin, B. / 43, 115
Friedman, M. / 92, 131
Fukuyama, F. / 122

Galbraith, J. / 126
Galenos, Galen / 18
Gallop, G. / 102
Gardner, H. / 99
Garfunkel, A. / 93
Garner, J. / 128
Garrett, M. / 121

내용

저자 소개 ▶

- **이용남**

    서울대학교 사범대학 지구과학교육과 중퇴

    전남대학교 사범대학 교육학과 졸업(문학사)

    서울대학교 대학원 교육학과 졸업(교육학석사)

    서울대학교 대학원 교육학과 박사과정 수료

    미국 미주리 대학교 교육 및 상담심리학과 졸업(Ph.D.)

    전 한국행동과학연구소 연구원

    　　한국대학교육협의회 자문교수

    　　서울대학교 사범대학 교육학과 교류교수

    　　전남대학교 학생생활연구소장

    　　전남대학교 사범대학장

    　　전남대학교 교육대학원장 겸 전국 국립대학 교육대학원장협의회 회장

    　　한국교육원리학회 회장

    　　전남대학교 대학원장 겸 전국 대학원장협의회 회장

    현 전남대학교 사범대학 교육학과 교수(1980~현재)

세계적 명문대학

-해외 유학 및 교류를 위한 세계 명문대학 안내서-

2013년 11월 20일 1판 1쇄 인쇄
2013년 11월 25일 1판 1쇄 발행

지은이 • 이용남
펴낸이 • 김진환
펴낸곳 • (주)**학 지 사**

　　　　　121-837 서울특별시 마포구 서교동 352-29 마인드월드빌딩 5층
대표전화 • 02)330-5114　　　　팩스 • 02)324-2345
등록번호 • 제313-2006-000265호

홈페이지 • http://www.hakjisa.co.kr
커뮤니티 • http://cafe.naver.com/hakjisa

ISBN 978-89-997-0246-4　93370

정가 18,000원

인터넷 학술논문 원문 서비스 **뉴논문** www.newnonmun.com

이 도서의 국립중앙도서관 출판시도서목록(CIP)은 서지정보유통지원시스템
홈페이지(http://seoji.nl.go.kr)와 국가자료공동목록시스템(http://www.
nl.go.kr/kolisnet)에서 이용하실 수 있습니다.
(CIP제어번호: CIP2013023347)